PRINCIPES

DE LA

CONSTITUTION DES BANQUES

ET DE

L'ORGANISATION DU CRÉDIT

PAR

M. ISAAC PEREIRE

DEUXIÈME ÉDITION

PRIX : UN FRANC

EN VENTE:

DENTU, LIBRAIRE
PALAIS ROYAL

GUILLAUMIN, LIBRAIRE
14, RUE RICHELIEU

ET CHEZ LES PRINCIPAUX LIBRAIRES DE PARIS

1865

PRINCIPES

DE LA

CONSTITUTION DES BANQUES

ET

DE L'ORGANISATION DU CRÉDIT

PAR

M. ISAAC PEREIRE

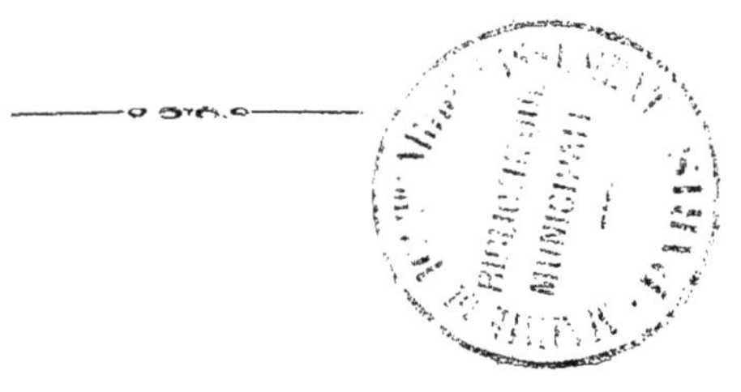

PARIS
IMPRIMERIE ADMINISTRATIVE DE PAUL DUPONT
RUE DE GRENELLE-SAINT-HONORÉ, 45.

1865

TABLE DES MATIÈRES

INTRODUCTION

ÉTAT DE LA QUESTION DES BANQUES. — ENQUÊTE.

Depuis la publication de notre écrit sur les Banques, la question a pris un aspect tout nouveau : le Gouvernement refusait l'enquête. D'après les faits qui se sont produits, et parmi lesquels il faut signaler les réclamations énergiques du commerce, à Paris et à Lyon, et l'adhésion de la Banque elle-même, le Gouvernement a reconnu qu'elle était nécessaire et il l'a ordonnée. Le conseil supérieur du commerce, à qui elle est confiée, a déjà tenu une séance.

M. le ministre d'Etat, qui, au Sénat, en avait repoussé le

principe, comme pouvant offrir quelque danger, et qui en même temps avait combattu le système de la concurrence illimitée en matière de banque, est chargé du soin de présider à l'enquête, et personne ne doute qu'il n'apporte à l'accomplissement de cette délicate mission un esprit impartial et libéral.

L'enquête eût été superflue, s'il ne se fût agi que de constater le mal produit par la manière vicieuse dont la Banque de France exploite son privilége; les funestes conséquences du système actuel sont assez évidentes, elles frappent assez tous les esprits pour qu'on puisse se dispenser d'interroger le commerce à cet égard; mais il n'en est plus de même si cette enquête doit avoir pour but de rechercher les causes du mal et les moyens de le prévenir. En aucun cas, le crédit de la Banque n'aura à en souffrir, car jamais le public ne lui a marchandé sa confiance; cette confiance, au contraire, a toujours été absolue, et nous nous plaisons à reconnaître qu'elle est parfaitement justifiée.

D'ailleurs, nous sommes entièrement de l'avis de M. le ministre d'État sur les graves inconvénients qui pourraient résulter d'une trop grande extension du principe de la concurrence en matière de banques. Nous partageons les scrupules de ceux qui pensent que la circulation fiduciaire est trop importante pour n'être pas entourée des plus sérieuses garanties et pour cesser d'être l'objet du plus sévère contrôle de la part du Gouvernement; autant nous sommes les adversaires du monopole absolu, autant nous sommes opposés à l'excès contraire, au régime d'une liberté illimitée. Mais quand on établit par les faits qui se produisent d'une manière si éclatante les vices et les dangers du système actuel, il ne faut pas croire qu'il n'y ait d'autre moyen d'en sortir que de donner au premier venu le droit de fonder une banque et d'émettre des billets au porteur faisant office de monnaie. Il y a heureusement bien des degrés dans le mode d'application d'un principe, et il ne serait pas équitable de supposer l'abus pour proscrire l'usage.

Nous avons toujours pensé, et nous l'avons exprimé dans la première édition de cet écrit, qu'il ne pouvait y avoir qu'un malentendu sur la question des banques entre M. le ministre d'État et nous, malentendu qui ne pouvait manquer de disparaître après une franche et loyale explication.

Nous ne pouvons considérer M. Rouher comme un adversaire des idées que nous défendons, car nous appartenons à la même école, à la même famille d'économistes.

Le monopole des banques et les restrictions dont son exercice est entouré ne se soutiennent, en effet, qu'avec les arguments dont on se servait jadis à l'appui du système prohibitif.

Ces arguments sont puisés à la même source, à celle de la doctrine de la BALANCE DU COMMERCE, en vertu de laquelle les nations cherchaient autrefois, par toute sorte d'encouragements, à faciliter l'écoulement de leurs produits, et se livraient une guerre acharnée de tarifs pour empêcher l'invasion des produits étrangers, dans le seul but de conserver ou d'attirer les métaux précieux, à la possession desquels s'attachait exclusivement l'idée de la richesse.

Aux tarifs élevés des douanes ont succédé les tarifs plus ou moins élevés de l'escompte, et les surélévations de l'intérêt sont la forme nouvelle qu'ont revêtue de nos jours les primes d'encouragement ou les taxes prohibitives.

La conservation de nos réserves métalliques et leur accroissement, la possession de l'or, en un mot, considérée comme la richesse par excellence, est toujours, aujourd'hui comme autrefois, le but qu'on veut atteindre.

M. Rouher, esprit puissant et logique, ne peut manquer d'apercevoir promptement la liaison d'idées qui existe entre le système actuel des banques et le système *dit* protecteur du commerce, et l'homme qui a eu l'insigne honneur d'attacher son nom à l'établissement de la liberté commerciale en France, c'est-à-dire au libre échange, à la rapide circulation des produits, tiendra à assurer le libre échange, la rapide circulation des capitaux par une meilleure organisation du crédit.

Mais quelles sont les limites de cette enquête?

Il ne doit y en avoir aucune.

Il nous semble, au contraire, indispensable d'examiner au grand jour de la publicité les principes relatifs à la circulation, au mouvement et à la reproduction des capitaux, ainsi qu'aux relations qui doivent exister entre les nations.

Cette enquête doit embrasser tous les faits économiques et toutes les institutions financières. Pour être vraiment féconde, il faut qu'elle ait pour objet d'étudier la valeur respective de ces institutions, de déterminer les moyens de combiner leurs efforts et de combler toutes les lacunes de notre organisation financière.

Les questions de principes doivent être examinées les premières, parce que de la solution qu'elles devront recevoir dépendent toutes les applications.

Comment prononcer, en effet, sur la meilleure constitution des banques, si on n'a pas des opinions arrêtées sur la balance du commerce, sur le rôle des métaux précieux, sur les causes qui influent sur le taux de l'intérêt?

L'examen de la théorie de la *balance du commerce* conduira, nous n'en doutons pas, à en faire définitivement justice, et dissipera les préjugés qui existent encore, dans certaines régions financières, sur les exportations de numéraire et sur la prétendue nécessité de défendre l'encaisse des banques, comme si l'on devait aider ces établissements à éluder leurs engagements, comme si l'argent était d'une nature supérieure à celle des autres marchandises.

C'est à l'existence de préjugés qui prennent leur source dans la théorie de la *balance du commerce* qu'il faut attribuer les crises si fréquentes de nos jours.

En recherchant les causes qui agissent sur le taux de l'intérêt, on pourra se convaincre que ce taux est complétement indépendant de la quantité des métaux précieux existant dans un pays, à plus forte raison de la portion que possèdent les banques.

La relation établie entre ces deux faits est purement factice et arbitraire.

Les banques doivent être tenues de fournir au commerce et à l'industrie des capitaux à bon marché, les capitaux qu'elles prêtent, en dehors de leurs propres fonds, ne leur coûtant rien, puisqu'elles ont l'*usage gratuit de la monnaie fiduciaire;* mais l'usage de cette *monnaie fiduciaire* ne leur est accordé qu'à charge par elles d'en faire le service à leurs risques et périls, et sous condition de maintenir constamment sa valeur au niveau de la valeur métallique.

Rien ne saurait les dispenser de cette obligation, et c'est cependant ce qu'on fait en cherchant les moyens de défendre leur encaisse.

Il ne sera pas difficile de démontrer que cette idée de la *défense de l'encaisse* est radicalement fausse ; c'est comme si on voulait trouver le moyen d'éviter à un négociant l'inconvénient de payer ses dettes, sous le prétexte que le numéraire destiné à les acquitter l'appauvrirait en sortant de sa caisse, et appauvrirait le pays s'il venait à être exporté.

Cette idée conduit en outre à paralyser les banques, et par suite à suspendre la vie commerciale.

Il n'y a qu'une justification possible pour le monopole, c'est de faire mieux que la liberté, c'est de rendre des services supérieurs à ceux que procurerait le régime de la concurrence.

Or, faire mieux en pareille matière, n'est-ce pas distribuer abondamment le crédit commercial, et le distribuer à bon marché?

Avec un régime libéral pour les banques, l'abondance des capitaux n'aurait d'autre limite que celle des bénéfices obtenus dans l'industrie qu'elles exerçent ; les capitaux ne manqueraient assurément pas tant que ces bénéfices seraient aussi élevés qu'ils le sont aujourd'hui, tant qu'ils n'auraient pas été réduits au taux des autres industries.

Les restrictions dont la Banque fait un si fréquent usage, sous le voile de la prudence et de la modération, ne peuvent donc se justifier; elles sont de nature à faire légitimement regretter, au contraire, l'absence de toute concurrence.

On est ainsi conduit à examiner s'il ne serait pas utile de prescrire un maximum d'intérêt dans le système du monopole, et à rechercher s'il n'est pas nécessaire, dans tous les cas, de diviser au moins les fonctions du crédit pour remédier à l'impuissance absolue d'un seul établissement à pourvoir à tous les besoins d'une grande nation.

Ce sera rendre aussi un grand service au pays que d'apprécier ces banales accusations d'immobilisation de capitaux, dans lesquelles il serait plus sage de ne voir autre chose que l'application des forces dont disposent les sociétés modernes à la réalisation de travaux destinés à augmenter considérablement la masse des produits offerts à la consommation générale.

Il sera surtout essentiel de se rendre compte des causes de la dépréciation des titres d'actions et d'obligations des grandes entreprises d'utilité publique, et du nombre de ces titres qui sont flottants sur le marché; il ne le sera pas moins de rechercher si cette dépréciation provient uniquement de leur abondance ou de l'abandon dans lequel ils ont été laissés par la Banque.

Les travaux que représentent ces titres n'ont pu être exécutés qu'avec des capitaux existants; on n'a pu, en effet, pourvoir à l'entretien des ouvriers qui y ont concouru qu'avec les denrées alimentaires ou autres produites antérieurement.

Les épargnes de la nation, ou les produits qui forment ces épargnes, se sont trouvés ainsi transformés en placements avantageux, reproductifs.

Mais, pour que les titres qui constatent l'accomplissement de ces œuvres d'utilité publique puissent acquérir toute leur valeur, il faut en faciliter le classement dans les mains entre lesquelles ils restent à l'état de placement définitif; leur valeur est encore subordonnée au taux du revenu auquel se fera leur capitalisation, et ce taux dépend ordinairement de l'intérêt adopté par les banques.

En vain objecte-t-on, pour justifier l'abandon dans lequel sont laissés ces titres, qu'ils ne représentent que des immeubles, que les actions et obligations de chemins de fer ont ce caractère, et qu'une banque d'escompte et de prêt ne doit pas faire d'immobilisations.

Il n'y a pas, au contraire, de valeurs d'une réalisation plus prompte et plus facile que celles qui, comme les actions et les obligations de chemins de fer, sont chaque jour l'objet de transactions multipliées.

L'enquête aujourd'hui ouverte, en s'étendant à cet objet, ne saurait avoir pour résultat d'obliger la Banque à augmenter ses avances sur les fonds publics, ou même à les continuer s'il lui convenait d'y renoncer; on aurait seulement à examiner s'il n'est pas indispensable que ces avances soient faites, et, dans le cas de l'affirmative, si elles ne doivent pas être faites par des établissements autres que la Banque, au refus de celle-ci, si elles ne doivent pas être effectuées surtout avec plus de régularité et plus de libéralité que par le passé.

Les théories de la Banque, en matière d'avances, changent trop fréquemment, en effet, suivant les circonstances. Tantôt les avances sur rentes et actions de chemins de fer montent à des chiffres très-élevés, tantôt elles s'abaissent subitement aux proportions les plus exiguës ; quelquefois de très-grands écarts se produisent d'un mois à l'autre, sans qu'on puisse y voir aucun motif tiré de la situation générale des affaires.

Pourquoi les avances sur rentes ont-elles varié à des époques très-rapprochées, entre 167 et 17 millions, et les avances sur actions de chemins de fer de 123 à 44 millions (1)?

Le dernier rapport de la Banque constate que les avances sur effets publics et chemins de fer n'atteignent pas, pour 1864, la moitié du chiffre qu'elles représentaient en 1863.

De 909,249,700 francs en 1863, elles sont tombées à 423,278,100 francs en 1864, soit une diminution de 575,971,600 francs.

La Banque s'applaudit d'avoir amené ce résultat en maintenant le taux d'intérêt de ces avances à 1 % au-dessus du taux de l'escompte.

Lorsque la Banque allègue, pour motifs de sa résistance à vendre ses rentes, le danger de produire une trop forte dépréciation dans les cours, pourquoi n'hésite-t-elle jamais lorsqu'il s'agit d'imposer aux autres cette même dépréciation et en même temps celle de toutes les valeurs, en diminuant brusquement ses avances, et en rejetant ainsi subitement une masse de titres sur la place?

Il ne faut pas chercher ailleurs la cause d'une partie des perturbations qu'éprouve le marché des fonds publics.

Les attaques dirigées contre les opérations d'emprunts ou de travaux publics exécutés à l'étranger tiennent encore à l'existence des préjugés enfantés par la théorie funeste de la balance

---

(1) Ces avances représentent une somme de rentes, d'actions ou d'obligations beaucoup plus forte encore, parce que la Banque ne prête sur ces titres qu'une portion de leur valeur.

du commerce; il sera nécessaire, par conséquent, d'en apprécier la valeur, d'en mesurer la portée.

On pourra facilement démontrer que ces emprunts et ces travaux, dont l'utilité internationale ne saurait être contestée, sont précisément un puissant moyen de faciliter au dehors le placement des produits de notre agriculture et de notre industrie.

Tout se lie et s'enchaîne dans l'œuvre de la production.

S'il n'existait pas un certain nombre de capitalistes français disposés à accepter des titres de rente, d'actions ou d'obligations d'entreprises étrangères, en payement de ces produits, nos exportations ne se seraient pas élevées assurément au chiffre colossal qu'elles ont atteint depuis quelques années.

On verra, par des preuves officielles, incontestables, qu'il est inexact de prétendre, comme le fait la Banque de France, que ces titres de rentes, d'actions ou d'obligations, aient été payés par des exportations de numéraire à l'étranger; ils ne l'ont été, en réalité, qu'avec l'excédant de notre production; mais, quand même ils auraient été payés en valeurs métalliques, comment nous serions-nous procuré ces métaux, si ce n'est contre des produits dus à la fécondité de notre sol ou à notre travail, puisque le territoire de la France ne contient ni mines d'or ni mines d'argent?

L'émission de ces emprunts et la création de ces entreprises ont eu, en outre, pour effet, de faire du marché français le centre des capitaux de l'Europe.

Notre pays ne garde d'ailleurs des nouveaux titres que ce

qu'il lui convient d'en conserver, et il n'a réellement gardé qu'une fraction de ceux qui ont été émis en France.

Toutes les restrictions apportées en France à la cote des titres d'emprunts ou d'entreprises étrangères nous paraissent, par conséquent, plutôt nuisibles qu'utiles, quand elles ne sont pas inspirées par des motifs de moralité ou par la nécessité de sauvegarder de grands intérêts politiques.

Nous sommes loin, toutefois, de nous opposer à ce que l'excès d'activité que la France reporte au dehors soit consacré à des œuvres d'amélioration intérieure ; ce champ d'exploitation fournirait certes de très-larges emplois de capitaux, mais il faudrait alors l'étendre au lieu de le circonscrire ; tant qu'on n'aura pas créé ces nouveaux emplois à l'intérieur, on peut tenir pour certain qu'il sera impossible d'empêcher les capitaux disponibles de chercher des placements avantageux à l'étranger.

Nous nous unissons en conséquence à la Banque de France pour demander que l'enquête à laquelle on va procéder soit aussi large que possible.

Il sera surtout nécessaire de se rendre compte de la nature du taux de l'intérêt, des inconvénients des variations auxquelles il est soumis aujourd'hui, des avantages qui découlent d'une certaine fixité, d'une fixité relative, et de l'abaissement successif que ce taux doit subir.

Cette question devrait sortir parfaitement élucidée de la discussion solennelle qui va s'ouvrir.

Et puisqu'on a attaqué les intentions des hommes qui ont pris part à cette grande discussion, on pourra, dans cette enquête, apprécier le véritable mobile de tous les actes, dans l'attaque comme dans la défense ; on verra si les plaintes soulevées à l'occasion de l'état imparfait du crédit en France remontent à l'incident d'une lutte toute récente, ou si, au contraire, on ne réclame pas depuis longtemps déjà contre la résistance et la force d'inertie que la Banque de France a opposées trop systématiquement à l'amélioration des conditions du crédit.

On a pu voir déjà, par la date des annexes qui se trouvent dans les premières éditions de cet écrit, que les questions relatives à l'organisation des banques et au perfectionnement de la Banque de France en particulier étaient l'objet d'études approfondies et de propositions précises dès 1830.

On peut consulter utilement aussi la discussion de 1840 sur le renouvellement du privilége de la Banque.

On peut pareillement rappeler ce qui s'est passé dans le sein de la commission du Corps législatif qui eut à procéder à l'examen de la loi de 1857 (1) sur le renouvellement du privilége de la Banque de France.

Cette commission était composée de MM. Ouvrard, *président ;* Dumiral, *secrétaire ;* Devinck, *rapporteur ;* Busson-Billault, Bodin, Legrand et Louvet.

Son rapport n'était qu'une longue et sérieuse critique du projet de loi, et nous nous trouvons entièrement d'accord avec les principes qui y sont exprimés sur les questions de l'augmentation du capital des Banques et de l'emploi qu'on doit en faire.

---

(1) Nous avions été, mon frère et moi, entendus par cette commission ; nous lui avions soumis la plupart des idées qui sont reproduites dans cet écrit et que nous avions déjà publiées en 1830.

Comment et par quel abus du raisonnement a-t-on pu émettre les théories qui servent de base à l'organisation actuelle de la Banque de France, relativement au caractère exclusif de garantie que doit présenter le capital d'une banque et à l'immobilisation qui a été la conséquence de cette manière absolue d'envisager la question ?

Il est indispensable de fixer définitivement ce point de doctrine.

Ce rapport réclamait enfin formellement en faveur du Gouvernement un droit de révision du privilége de la Banque avant l'époque fixée pour son expiration.

On ne fit droit à aucune de ces observations, dont on peut cependant apprécier aujourd'hui la justesse.

La question de légalité nous paraît encore devoir occuper une place très-importante dans les délibérations du Conseil supérieur du commerce, en dehors des considérations tirées de l'intérêt public.

Quelle que soit la valeur des déclarations faites par l'auteur de l'exposé des motifs de la loi de 1857 sur les dispositions de la Banque à se prêter aux vues ultérieures du Gouvernement, il ne saurait être indifférent de connaître l'étendue des droits dont l'État se trouve investi, et de savoir s'il possède encore, ce que nous croyons fermement, toutes les facultés qu'il avait antérieurement au décret du 27 avril 1848.

Cette question de légalité se réduit à des termes très-simples :

Les droits et priviléges de la Banque remontent aux lois des 24 germinal an XI et 22 avril 1806.

La loi du 24 germinal an XI ne s'occupe pas seulement de la Banque de France; elle prévoit dans les articles 31 à 36 la création de *banques indépendantes* dans les départements, et en règle les conditions.

L'article 9 du décret du 18 mai 1808 limite formellement le privilége de la Banque de France aux villes où elle aura établi des comptoirs.

La loi du 30 juin 1840, qui prorogea le privilége de la Banque de France, ne fit que confirmer le principe des banques *indépendantes*, en statuant qu'elles ne pourraient être créées ou prorogées qu'en vertu d'une loi; ce qui, dans la pensée du membre de la Chambre qui prit l'initiative de cette proposition, était un moyen de les multiplier en les enlevant à l'omnipotence des bureaux.

Le décret du 27 avril 1848 n'a d'autre objet que la réunion avec la Banque de France des banques départementales qui y sont nominativement désignées.

Enfin, la loi du 9 juin 1857 a prorogé le privilége de la Banque jusqu'au 31 décembre 1897.

Aucune des dispositions des lois ou décrets précités n'a été abrogée.

La loi du 9 juin 1857, comme celle du 30 juin 1840, ne fait que confirmer les lois antérieures en ces termes :

« Le privilége conféré à la Banque de France par les lois des « 24 germinal an XI, 22 avril 1806 et 30 juin 1840, dont la « durée expirait le 31 décembre 1867, est prorogé de trente « ans, et ne prendra fin que le 31 décembre 1897. »

On remarquera enfin que le décret de 1848, auquel on voudrait faire remonter le privilége exclusif que réclame la Banque pour toute la France, n'est pas même mentionné dans la loi du 9 juin 1857.

Il ne peut être considéré comme autre chose qu'un simple acte de fusion, ainsi que le reconnaît du reste la Banque, dans le recueil qu'elle a publié des lois, décrets et ordonnances qui la concernent, en le qualifiant elle-même de *Décret portant réunion de la Banque de France et des Banques de Rouen, de Lyon, etc.*

D'après ce qui précède, il paraît hors de doute que le privilége de la Banque se trouve limité, après comme avant 1848, au lieu de son siége et aux villes où elle a des succursales; on ne saurait exciper d'une jouissance absolue pendant un certain nombre d'années pour lui donner une portée qui ne se trouve pas exprimée dans la loi, car le privilége n'est de sa nature qu'une exception, une dérogation au droit commun; il est de droit étroit, et ne saurait s'augmenter par la seule puissance du fait.

On comprend que si la question de légalité sérieusement discutée doit recevoir une pareille solution, la réorganisation du crédit en France ne trouverait plus d'obstacles dans l'existence d'un privilége dont l'exercice exclusif a déjà produit les inconvénients les plus graves.

En dehors de toute idée préconçue sur la nature et la portée de cette réorganisation, qui ne serait frappé des dangers de la situation présente?

N'y a t-il pas, en effet, matière à réflexion dans l'existence d'un monopole comme celui dont jouit la Banque de France, monopole en vertu duquel il est permis à un petit nombre d'administrateurs irresponsables de régler souverainement les destinées du commerce et de l'industrie, d'augmenter ou de diminuer à leur gré les crédits à accorder à telle ou telle branche de la production, à tel ou tel individu ; de modérer ou d'exciter le travail dans toute la France ; d'agir par la fixation de l'intérêt sur tous les revenus mobiliers ou immobiliers, d'exercer enfin une influence dominatrice sur le cours de tous les fonds publics, de toutes les valeurs ?

N'est-on pas encore frappé de l'antagonisme qui existe entre la Banque de France et les autres établissements de crédit, de l'état de suspicion dans lequel on tient l'industrie des travaux publics, celle dans laquelle viennent se résumer toutes les autres ?

Il est bien loin de notre esprit d'attaquer les personnes ; nous ne discutons que des principes ; mais sur ce terrain, où nous entendons rester, nous le demandons à tout esprit impartial, le pouvoir dont le conseil de régence de la Banque est investi n'exigerait-il pas, pour être convenablement exercé, des qualités qui se trouvent difficilement dans la nature humaine?

N'y a-t-il pas dès lors urgence à modérer l'étendue de ce pouvoir ?

N'y a-t-il pas enfin, dans tous les cas, une division de fonctions nécessaire et par suite de laquelle la combinaison des efforts pourrait succéder à la lutte regrettable qui existe aujourd'hui entre toutes les institutions existantes ?

PRINCIPES

DE LA

CONSTITUTION DES BANQUES

ET

DE L'ORGANISATION DU CRÉDIT.

I

De l'Unité du papier de banque.

Les partisans du monopole exploitent au profit de la Banque le sentiment d'unité qui existe en France pour maintenir la centralisation exagérée des opérations de crédit ; ils cherchent dans ce but à assimiler l'unité du papier à l'unité de la monnaie, à en faire deux unités distinctes, correspondantes, parallèles.

C'est une erreur.

En fait de monnaie, qu'elle soit réelle ou fiduciaire, il ne peut exister et il n'existe en réalité qu'une seule unité, celle de la monnaie métallique.

La monnaie fiduciaire n'est que la représentation de la monnaie métallique et ne doit s'appuyer que sur elle.

L'*unité* du *papier de banque*, comme celle de la *monnaie métallique*, n'est autre que le *franc*.

L'unité de la *monnaie* est le *franc*, pesant cinq grammes d'argent au titre de 900 avec ses multiples et sous-multiples ; les monnaies d'or pèsent 15 fois 1/2 moins que la même somme en espèces d'argent ; l'unité de la monnaie dérive elle-même de l'unité métrique, du MÈTRE, qui est la quarante-millionième partie du méridien terrestre. Nous ne connaissons pas d'autre unité (1).

Il ne faut pas confondre l'*unité* avec l'*uniformité* des agents de la circulation.

La question d'unité ou de diversité du papier de banque, d'unité ou de pluralité des banques, n'est qu'une question de garantie à exiger des établissements de crédit à qui pourrait être confiée la fonction d'émettre du papier fiduciaire, une question de surveillance de la part des pouvoirs publics, une question de proportion à déterminer entre le chiffre de l'encaisse métallique et celui de la circulation de chaque banque.

Les discussions qui se sont ouvertes relativement à la préfé-

---

(1) Tous les poids, mesures et monnaies de la France reposent sur une seule unité, *le mètre*, quarante-millionième partie du méridien terrestre.

Les différentes *mesures de longueur* et les *mesures itinéraires* (myriamètre et kilomètre, hectomètre, décamètre, mètre, décimètre, centimètre et millimètre) dérivent du mètre et sont chacune dix fois plus grande que la mesure suivante.

L'unité de surface est le *mètre carré;* l'unité des surfaces agraires est le décamètre carré ou *are* avec son multiple l'*hectare*, et son centième le *centiare* ou mètre carré.

On évalue les volumes en *décimètres cubes* ou *litres* avec ses multiples, l'hectolitre et sa partie le *centilitre;* ensuite on compte par *stères* ou *mètres cubes*.

L'unité de poids est le *gramme*, poids d'un *centimètre cube d'eau*, et le *kilogramme* ou poids d'un *décimètre cube* d'eau.

rence exclusive à donner au principe de l'unité des banques sur celui de la pluralité, et réciproquement, ne sauraient aboutir. Elles ont donné lieu à de brillantes luttes oratoires, à des publications remarquables ; mais ces débats, ces écrits auxquels la passion s'est mêlée, peuvent être considérés comme des plaidoyers dans lesquels les avantages et les inconvénients de chaque système ont été mis en relief, et nécessairement exagérés de part et d'autre. La vérité se trouve dans une solution moyenne ; il faut la rechercher dans l'observation impartiale des principes de la matière.

Il y a plus à dire contre le principe de l'unité des banques que contre celui de la pluralité. Aux excès qui, dans certains pays, ont été souvent la conséquence de l'abus du dernier système on peut opposer les excès beaucoup plus graves qui, partout, sont résultés de l'adoption du premier.

L'histoire des grands établissements de crédit n'est pas brillante, et l'on peut affirmer que l'appui seul du pouvoir les a préservés d'un naufrage certain, en les plaçant, à des moments critiques en dehors du droit commun, en donnant à leurs billets le privilége du cours forcé ; sans cet appui, ils auraient tous succombé et seraient ainsi devenus la cause des plus grandes calamités.

Il est vrai de dire que la plupart de ces établissements ont été presque toujours compromis par des exigences gouvernementales ; mais, il faut le reconnaître, ils ont d'autant moins cherché à s'y soustraire qu'ils comptaient précisément sur leur complaisance envers le pouvoir pour obtenir les faveurs dont ils ont été l'objet, les facilités qu'on leur a laissées d'abuser de leur crédit afin de s'assurer des bénéfices plus considérables.

Partout, en l'absence de contrôle ou de concurrence, ces grands établissements se sont laissé entraîner à étendre leur circulation, en même temps que, pour grossir leurs dividendes, ils détournaient leur capital de sa destination ; oubliant que ce capital devait rester constamment disponible pour faire face aux éventualités de remboursement, ils l'immobilisaient dans des placements sur l'État afin de se procurer de plus beaux revenus.

La répétition des mêmes abus par toutes les banques investies d'un privilége exclusif semble être la loi commune des établissements de crédit placés dans les mêmes conditions; il y a, dès lors, nécessité de chercher à ces abus un correctif sérieux, efficace.

Il ne s'agit pas, d'ailleurs, d'opposer au monopole une liberté sans limite.

Nous reconnaissons, au contraire que le droit d'émission de la monnaie fiduciaire, comme celui de la monnaie métallique, est un attribut de la souveraineté, qu'il ne peut s'exercer qu'en vertu d'une délégation formelle et qu'il doit être entouré des plus sérieuses garanties.

Mais il faudrait aussi qu'il y eût obligation pour l'État de veiller à la sincérité de la monnaie fiduciaire avec autant de soin qu'il veille à celle de la monnaie métallique, de n'en pas laisser affaiblir le gage, et, dans ce but, de renoncer à user de son omnipotence pour absorber d'une manière permanente les ressources des établissements de crédit.

Entre autres garanties que l'État a le droit et le devoir de stipuler et de faire observer, il en est trois essentielles, savoir :

l'existence d'un capital proportionné à l'importance des services à rendre, la disponibilité incessante de ce capital et le maintien d'un encaisse suffisant pour assurer constamment la convertibilité des billets en espèces.

Hors de là il n'y a que trouble et confusion, danger de crises sans cesse renaissantes, craintes sérieuses de rétablissement du cours forcé.

Et cette dernière éventualité n'est pas une vaine chimère. Elle pourrait naître, à chaque instant, des incidents de la situation présente ; on semble même y préparer l'opinion par la propagation de fausses théories sur la difficulté de retenir le numéraire en France, sur le danger de son exportation ; et, chose singulière, ce sont ces mêmes craintes, qui dérivent de l'existence du monopole actuel, d'un monopole sans contrôle comme sans contre-poids, qu'on exploite habilement à son profit.

Cet état de choses est pour le moins aussi gros d'inconvénients et de dangers que le serait le régime d'une liberté illimitée. Mais, entre ces deux extrêmes, il y a, grâce à Dieu, bien des degrés, et, sans remonter très-loin dans le passé, il suffirait, pour rassurer les esprits les plus timorés, de citer ce qui, avant 1848, se passait en France, où neuf banques départementales fonctionnèrent pendant plus de trente années, concurremment avec la Banque de France, et à la satisfaction de tout le monde. Sous l'empire de ce régime, on peut dire qu'il n'y eut, entre ces divers établissements de crédit, qu'émulation de bien public, désir commun de servir le commerce aux meilleures conditions ; et, de fait, jamais l'intérêt n'a été plus modéré en France que pendant cette longue période durant laquelle, à une seule exception près, l'escompte n'a point dépassé le taux de 4 %, quelles qu'aient été ses variations dans les pays voisins : sur certaines places même, comme à Lyon et à Marseille, il était descendu à 3 1/2 et à 3 %, tandis que, depuis la loi de 1857, non-seulement l'escompte a été élevé jusqu'à 10 % pour toute la France, mais il a été modifié quarante fois; et depuis le 6 novembre 1863, notamment, c'est-à-dire depuis treize mois, il a été tenu entre 7 et 8 % et n'a jamais été au-dessous de 6 %.

L'exception à laquelle nous venons de faire allusion s'est manifestée en 1847, année de disette, où l'escompte fut porté, pour un temps très-court, à 5 %. On a essayé de justifier cette dérogation au principe de la fixité de l'escompte par l'exportation de numéraire qu'avait occasionnée l'achat de grains à l'étranger ; mais le résultat de l'acquisition par l'empereur de Russie des rentes que possédait alors la Banque de France est venu révéler la véritable cause de cette élévation de l'escompte, à laquelle la Banque n'avait été contrainte en réalité que par l'immobilisation de son capital.

La vente à la Russie des rentes de la Banque eut pour effet immédiat de ramener l'abondance dans ses caisses, de rendre possible la réduction immédiate de l'escompte au taux ordinaire de 4 % et de relever le cours de tous les fonds publics.

Il faut le reconnaître enfin, jamais les fonds publics n'ont atteint des cours plus élevés que sous le régime de la pluralité des banques en France; jamais les emprunts ne se sont négociés à de meilleures conditions qu'à cette époque, bien que la prospérité générale fût loin d'être alors parvenue au degré de développement qu'elle a atteint de nos jours.

L'isolement des banques départementales était le seul inconvénient qu'on pût leur reprocher. Il y aurait eu une grande utilité à établir entre elles et avec la Banque de France des rapports qui eussent permis de concilier les avantages de l'unité avec ceux d'une certaine indépendance et d'une bonne division du travail; mais leur fusion n'était nullement nécessaire.

La nécessité de cette fusion est née uniquement de l'impuissance de la Banque de France, dans la crise amenée par les événements politiques, à tenir ses engagements, à remplir la condition du remboursement de ses billets en espèces, par suite aussi de l'immobilisation de son capital.

Elle avait réclamé et obtenu le cours forcé en 1848.

La coexistence de billets à cours forcé et de billets remboursables en espèces était impossible; du moment que le cours forcé était devenu nécessaire pour un établissement, il le devenait pour tous les autres : il fallait dès lors les confondre et les réunir, afin que la surveillance de l'administration supérieure fût plus complète et plus efficace.

C'est ainsi qu'on est arrivé à l'unité matérielle, ou, pour parler plus exactement, à l'uniformité du papier de banque, car, au fond, l'unité existait de fait avant comme après 1848, puisque, comme nous l'avons dit en commençant, l'unité du papier n'est autre que celle de la monnaie métallique, la monnaie fiduciaire ne devant en être que la représentation.

Voici, au surplus, à l'appui de l'opinion développée dans ce chapitre, celle d'un ancien ministre anglais justement célèbre, de M. Huskisson :

« La monnaie, dit-il, est une quantité déterminée d'or ou d'argent. La monnaie, les espèces métalliques d'un pays, sont une partie de son capital.

La circulation en papier n'est pas une partie du capital d'un pays, c'est une certaine somme de crédit circulant. Quiconque achète donne, — et quiconque vend reçoit — une certaine quantité d'or ou d'argent pur, qui est l'équivalent de l'objet acheté ou vendu ; ou bien, s'il donne ou reçoit du papier au lieu de monnaie, il donne ou reçoit un objet qui n'a de valeur que parce qu'il stipule le payement d'une quantité déterminée d'or ou d'argent. Aussi longtemps que cet engagement continuera à être ponctuellement rempli, le papier, naturellement, circulera concurremment avec les espèces contre lesquelles il est ainsi à tout instant convertible.

« Par conséquent, la monnaie et le papier, promettant de payer des espèces, sont tous les deux les communes mesures et les représentants de la valeur de toutes les denrées. Mais la monnaie métallique seule est l'équivalent universel; — la circulation en papier est le représentant de cette monnaie. »

II.

Du Monopole de la Banque de France.

La question de l'unité de papier cache ici une question de monopole, ou plutôt, dans le cas particulier, l'abus du monopole.

La Banque de France, délivrée de toute concurrence, à l'aide de ce grand mot d'unité, profite de sa situation privilégiée pour s'affranchir de toute règle, pour faire peser de lourdes charges sur le commerce et l'industrie et pour priver de plus en plus les fonds publics de tout concours, de tout soutien.

Les affaires du pays ont décuplé; les titres représentant la richesse mobilière, rentes, actions et obligations, ont plus que quintuplé depuis dix ans. La Banque de France aurait dû proportionner ses ressources propres à ces nouveaux besoins, à ce nouvel état de choses; tout au contraire, elle les a diminuées en retirant de l'industrie qu'elle exploite la totalité de son capital, en l'immobilisant en divers placements permanents, et particulièrement en rentes, comme aurait pu le faire un simple particulier qui, sans autre souci que celui de son intérêt personnel, n'aurait eu aucun devoir à remplir envers des tiers.

De cette absence complète de capital disponible résultent les plus graves perturbations, les phénomènes les plus anormaux,

Cette situation, pleine de dangers pour le public, est féconde en bénéfices pour la Banque.

Ainsi, lorsque des besoins, non pas exceptionnels, mais seulement ordinaires, viennent à se produire à certaines époques dans le commerce et font un vide plus ou moins grand dans l'encaisse métallique de la Banque, au lieu de chercher à combler ce vide par la réalisation successive de son capital, elle a recours aussitôt au moyen facile de l'élévation du taux de l'intérêt, et comprime ainsi des besoins très-naturels, très-légitimes, au moment même où ils se manifestent.

Si les besoins qui ont donné lieu à cette élévation du taux de l'intérêt trouvent à se satisfaire ailleurs, les caisses de la Banque se remplissent de nouveau, par suite de la diminution de ses escomptes et de ses avances sur effets publics.

S'ils ne trouvent pas ailleurs cette satisfaction, les emprunteurs sont obligés de subir toutes les conditions qu'il peut plaire à la Banque de leur imposer, et si, malgré les plus fortes élévations du taux de l'intérêt, la Banque ne parvient pas à faire rentrer les demandes d'escompte dans les limites de ses convenances, elle restreint la durée des crédits, ou bien elle tarife d'une manière différente le papier à trente jours, celui à soixante jours et celui à trois mois, et va même jusqu'à prohiber les échéances de la troisième ou de la deuxième catégorie.

La seule perspective de ces restrictions suffit pour comprimer toute réclamation sur l'élévation de l'intérêt ; car, ce que redoutent les commerçants avant tout, c'est de ne pouvoir faire escompter le papier qu'ils reçoivent en payement, et de se trouver ainsi exposés à ne pas faire honneur à leurs engagements.

Malheur à qui ferait entendre une plainte !

Comment tout négociant ne craindrait-il pas, en effet, d'offenser les arbitres de qui dépendent son honneur et sa fortune, les hommes dont il est justiciable en dernier ressort, et qui forment un tribunal suprême, irresponsable, dont les arrêts non motivés sont sans appel.

La Banque peut donc user de son monopole en toute liberté, sans se préoccuper des réclamations qui pourraient s'élever au sein du commerce, mais qui n'oseront jamais se produire individuellement.

Nous disions dans la première édition de cet écrit : Les choses changeraient de face si une enquête était ordonnée, et l'on pourrait apprécier alors toute l'étendue du mal résultant du régime actuel. La seule crainte d'une enquête suffirait pour déterminer la Banque à adopter immédiatement les mesures propres à rémédier au mal.

L'enquête a été décidée, et les faits n'ont pas tardé à justifier nos prévisions.

A nos observations sur l'abus du monopole exercé par la Banque on a cru répondre en disant que l'industrie de l'escompte du papier était libre en France, que tout le monde pouvait s'y livrer, et que, dès lors, les plaintes qu'on faisait entendre étaient sans fondement.

Oui, certes l'industrie de l'escompte est libre, mais en ce sens que chacun est libre de placer ses capitaux comme il le veut ; les placements de cette nature peuvent même recevoir une extension correspondant aux facilités de crédit que procure la Banque de France, mais nul ne peut, comme elle, disposer gratuitement des capitaux prélevés sur les besoins de la circulation. C'est cette différence de position qui constitue le monopole dont la Banque est investie, monopole résultant des priviléges qui lui sont exclusivement concédés, et particulièrement de la faculté exclusive d'émettre, sans intérêts, 7 à 800 millions de billets, et quelquefois davantage, ce qui produit en sa faveur une subvention annuelle d'au moins 30 à 40 millions, soit, pour les trente années de prolongation consentie, en 1857, 900 à 1,200 millions.

Avec une pareille subvention, avec un pareil avantage sur tous les autres établissements, il n'y a pas de concurrence possible ; tout doit graviter dans l'orbite de la Banque, chacun doit subir sa loi.

Nul ne peut avoir d'existence indépendante de la Banque de France.

Sa position privilégiée lui donne, en réalité, le droit absolu de régler comme elle l'entend le taux de l'intérêt dans toute l'étendue de l'empire français.

L'élévation du taux de l'escompte l'enrichit ; mais, si elle le jugeait convenable à ses intérêts du moment, la Banque pourrait le réduire sans compromettre sa situation ; ses bénéfices pourraient bien en être affaiblis, mais ils n'en subsisteraient pas moins, puisque les capitaux dont elle se sert ne lui coûtent rien, et que son propre capital, qui n'est à ses yeux qu'une sorte de cautionnement, se trouve avantageusement placé en rentes sur l'État, et mis ainsi en dehors des risques de son commerce.

La situation est-elle la même pour les autres établissements ou pour les particuliers qui se livrent à l'escompte? Non, sans doute, car ils sont réduits à leurs propres ressources, et ne peuvent s'en procurer de nouvelles qu'à titre onéreux.

Toute tentative de concurrence avorterait donc misérablement, de quelque côté qu'elle vînt, tant que la Banque sera seule à profiter des avantages considérables dont elle jouit actuellement sans partage.

Mais pourquoi ferait-on concurrence à la Banque de France? Tous les capitalistes n'ont-ils pas, au contraire, un intérêt direct à l'imiter, à marcher sur ses traces? Les actes de la Banque de France se répercutent ainsi successivement dans toutes les relations de prêt et d'emprunt, et les bénéfices que réalise cet établissement, au moyen de l'élévation de l'escompte, ne deviennent bientôt qu'une faible partie du riche tribut qui est prélevé en France, par l'augmentation de l'intérêt, sur la propriété et sur le travail.

Le mal serait tolérable encore s'il ne s'agissait que d'un tribut plus ou moins élevé à payer au capital; mais, lorsque l'intérêt absorbe le taux ordinaire des bénéfices, comme cela a eu lieu déjà pour quelques industries, force est bien à ces industries de s'arrêter au bout d'un certain temps : un malaise général ne tarde pas à se faire sentir, la confiance se resserre, et, de proche en proche, la consommation diminue, le travail se ralentit, les épargnes s'épuisent et les faillites se multiplient.

Voilà les résultats déplorables de l'élévation de l'escompte, tels qu'ils ressortent de l'expérience de ces dernières années ; et cependant les économistes qui ont pris la défense de la Banque ont porté cette pratique à la hauteur d'une doctrine.

Élever le taux de l'escompte, c'est ce qu'on appelle *donner des avertissements salutaires au commerce,* amener des liquidations utiles.

Les déclamations et les sophismes ne manquent pas pour justifier un pareil système.

Nous ne nous arrêterons pas aux déclamations, parce que les répliques auxquelles elles donneraient lieu pourraient faire perdre à cette discussion le caractère de démonstration que nous tenons à lui conserver.

Nous ne nous occuperons que des sophismes qu'on fait entendre sans cesse et qui malheureusement sont répétés de confiance et accrédités ainsi par les hommes les plus sérieux.

Le principal, le seul argument qu'on invoque en faveur de l'élévation de l'escompte, c'est la nécessité d'attirer les métaux précieux, de les conserver, et, comme dit M. Hubert Delisle :

« *De défendre pied à pied l'encaisse des banques par des mesures vives et pénibles pour le commerce, mais moins cruelles que les désastres qui suivraient la disparition des réserves métalliques des encaisses des banques de l'Europe*, car la rareté et même l'absence de ces ressources indispensables ébranlerait le crédit public, fondé sur la certitude du remboursement sans délais des billet de circulation.

« C'est par l'élévation de l'escompte que les premières institutions de l'Europe croient devoir défendre leurs métaux précieux, et cela de la manière la moins dommageable pour les affaires du pays. Par ce mécanisme, la Banque avertit de la crise, dont elle ressent les premiers effets, le commerce et l'industrie trop confiants dans un avenir dont ils n'aperçoivent pas encore les périls. Ils sont, dès lors, forcés à ralentir un mouvement trop accéléré et à attendre des instants meilleurs. Cette surélévation du taux de l'escompte attire dans la caisse de la Banque les espèces métalliques conservées inertes par la grande timidité des particuliers et appelle même celles de l'étranger qui, ne trouvant pas un intérêt aussi considérable dans les placements sur leurs marchés, sont apportées en France lors de l'exhaussement de l'intérêt (1). »

On le voit, le but qu'on se propose est bien nettement indi-

(1) Rapport de M. Hubert Delisle au Sénat sur une pétition relative à la Banque de France et à la Banque de Savoie.

qué ; tout doit être sacrifié à cette poursuite ardente des métaux précieux ; on y marche systématiquement, nous devrions dire aveuglément, sans se rendre compte de l'efficacité des moyens, au prix même de la ruine du commerce. C'est ainsi que, pour déterminer l'importation de l'or et de l'argent, on ne craint pas de provoquer, par l'élévation de l'escompte et les restrictions de crédit, l'avilissement des prix de toutes les marchandises au profit de l'étranger.

Pour montrer que nous n'exagérons rien, il suffira de reproduire le passage suivant du discours prononcé au Sénat, dans la séance du 30 mai dernier, par M. de Germiny, l'un des défenseurs de la Banque et de son système :

« Quand le prix du crédit ou de l'argent s'élève, on achète moins ; lorsqu'on achète moins, le prix de la marchandise baisse et doit baisser jusqu'au point où les bas prix attirent et sollicitent les capitaux, qui reviennent alors. C'est assez triste à dire, mais il faut avoir le courage de le constater, car c'est une vérité utile : dans les crises monétaires, commerciales ou financières, c'est *l'abaissement du prix de toutes choses qui seul peut les faire cesser et rétablir l'équilibre ;* en d'autres termes, pas de retour à la vérité de la valeur des choses sans liquidation de toutes les exagérations, de toutes les illusions. Plus on la retarde cette *liquidation*, plus on gâte la situation ; elle peut être douce si elle est faite à temps ; trop tardive, elle produit des catastrophes. Voilà en quoi *les avertissements de la Banque de France ont tant d'autorité et sont si* SALUTAIRES ; elle ne règle pas le prix de l'argent : elle voit l'état des affaires, avertit en modérant l'usage des crédits dont elle dispose, et MALHEUR à qui ne comprend pas ses avertissements ! »

M. de Germiny a du moins le courage de son opinion ; il ne prend la peine ni de la dissimuler ni de l'affaiblir.

Il ne réclame rien moins en faveur de la Banque, et cela ouvertement, que le droit de décréter des crises dans ce qu'il envisage comme un grand intérêt public, celui de conserver ou d'attirer l'argent en France.

C'est une véritable dictature, et la pire de toutes, car elle est exercée par un pouvoir anonyme, irresponsable, par un pouvoir qui, à tort ou à raison, peut être soupçonné de céder aux impulsions de l'intérêt privé.

Elle est grande, certes, la responsabilité des hommes qui ne craignent pas de proclamer de pareilles doctrines et d'appliquer les mesures qui en sont la conséquence, car tout en les jugeant nécessaires, ils n'hésitent pas à reconnaître qu'elles sont vives et cruelles. Elles sont cruelles, en effet, puisqu'elles ont pour résultat de jeter un trouble profond au sein du commerce et de l'industrie, de détruire les projets les mieux conçus, et d'amener enfin la dépréciation de toutes les propriétés, de toutes les valeurs, l'abaissement du prix de toutes choses, des fruits de la terre comme des produits du travail.

Pour oser adopter de semblables mesures, pour accepter la responsabilité des maux qu'elles entraînent, il faut, en vérité, se croire doué d'un jugement bien sûr, se sentir armé d'un grand courage.

Mais de quels remords seraient agités ces mêmes hommes, s'ils avaient la conscience de la complète inutilité de ces moyens violents, même pour le but qu'ils poursuivent, de la fausseté radicale des principes auxquels ils se rattachent !

La réapparition de pareilles idées, exhumées des doctrines arriérées de la balance du commerce, a lieu de causer une pénible surprise, après les travaux économiques qui les ont mises à néant, et surtout depuis le triomphe définitif des principes de la liberté commerciale.

Le système prohibitif n'avait d'autre raison d'être que le crédit dont jouissaient jadis ces idées étroites et erronées : chaque peuple rêvait le monopole de la vente à l'étranger et cherchait à se soustraire à l'obligation d'acheter ; une nation n'était censée avoir fait de bonnes affaires que quand elle avait obtenu de l'or ou de l'argent en échange de ses produits, ou du moins lorsqu'elle avait à recevoir, en fin de compte, un solde, une balance en espèces, la possession des métaux précieux étant considérée comme le bien suprême.

Tous les tarifs de douane étaient combinés sous l'influence de ces idées, dans le but d'empêcher la sortie de ces métaux et d'en faciliter l'entrée.

Quand même on ne se serait pas trompé sur l'importance exclusive attribuée à la possession des métaux précieux, les efforts contraires résultant de l'adoption de ce système par toutes les nations devaient se neutraliser et auraient suffi pour en annuler les effets.

Le seul résultat de ces luttes stériles était d'entraver les échanges, de les rendre onéreux et de comprimer partout l'essor du travail, seule source de la richesse.

C'est ce qui est aujourd'hui universellement admis, excepté à la Banque de France, où l'on confond encore le *crédit* avec l'*argent*, la *richesse* avec le *numéraire*, l'*intérêt* avec le *prix* de l'argent, et où l'on n'hésite pas à élever l'escompte, à restreindre les crédits, à suspendre le travail, dans le vain espoir de conserver des réserves métalliques ou de les accroître.

« Vouloir mettre en sa faveur la balance du commerce, dit Jean-Baptiste Say, c'est-à-dire vouloir donner des marchandises et se les faire payer en or, c'est ne vouloir point de commerce ; car le pays avec lequel vous commercez ne peut vous donner en échange que ce qu'il a. Si vous lui demandez exclusivement des métaux précieux, il est fondé à vous en demander aussi ; et du moment qu'on prétend de part et d'autre à la même marchandise, l'échange devient impossible. Si l'accaparement des métaux précieux était exécutable, il ôterait toute possibilité de relations commerciales avec la plupart des États du monde.

« Lorsqu'un pays vous donne en échange ce qui vous convient, que demandez-vous de plus? Que peut l'or davantage? Pourquoi voudriez-vous avoir de l'or, si ce n'est pour acheter ensuite ce qui vous convient ?

« Un temps viendra où l'on sera bien étonné qu'il ait fallu se donner tant de peine pour prouver la sottise d'un système aussi creux, et pour lequel on a livré tant de guerres. »

On ne réfléchit pas qu'il en est des élévations de l'escompte comme des tarifs de douane ; chacun suit naturellement l'exemple de son voisin, et toutes les mesures de ce genre, fussent-elles bonnes, ce qui n'est pas, en provoquent de semblables de la part des banques étrangères ; elles se détruisent ainsi mutuellement, et, dès lors, il aurait mieux valu ne pas les prendre.

On ne peut jamais d'ailleurs empêcher la sortie des matières d'or et d'argent d'un pays, quand ce pays n'a pas d'autre moyen de payer ses dettes ou d'acheter les produits dont il a besoin.

Il y a déjà plus d'un siècle que Voltaire, sans être un financier, reconnaissait avec son rare bon sens les vrais principes du crédit et les exposait avec précision dans son *Dialogue entre un philosophe et un contrôleur général des finances:*

« Défendre la sortie des matières d'or et d'argent est un reste de barbarie et d'indigence ; c'est à la fois vouloir ne pas payer ses dettes et perdre le commerce. C'est, en effet, ne pas vouloir payer, puisque, si la nation est débitrice, il faut qu'elle solde son compte avec l'étranger ; c'est perdre le commerce, puisque l'or et l'argent sont non-seulement le prix des marchandises, mais sont marchandises eux-mêmes. »

Nous aurons à examiner, dans les chapitres suivants, le vrai caractère de l'or et de l'argent et la facilité avec laquelle on peut s'en procurer quand on a les moyens d'en acheter ; en attendant, nous ne saurions mieux faire que de terminer ce chapitre par les lignes suivantes, empruntées encore à Voltaire *dans le même Dialogue :*

« LA VRAIE RICHESSE D'UN ROYAUME N'EST PAS DANS L'OR ET L'ARGENT ; ELLE EST DANS L'ABONDANCE DE TOUTES LES DENRÉES ; ELLE EST DANS L'INDUSTRIE ET DANS LE TRAVAIL. IL N'Y A PAS LONGTEMPS QU'ON A VU SUR LA RIVIÈRE LA PLATA UN RÉGIMENT ESPAGNOL DONT TOUS LES OFFICIERS AVAIENT DES ÉPÉES D'OR, MAIS ILS MANQUAIENT DE CHEMISES ET DE PAIN. »

III.

L'élévation du taux de l'intérêt est-elle la conséquence forcée, inévitable de la diminution de l'encaisse de la Banque de France, et n'y a-t-il pas d'autres moyens de maintenir le niveau de l'encaisse reconnu nécessaire ?

La Banque n'a d'autre motif d'élever le taux de l'intérêt que la diminution de son encaisse.

Ce motif n'est pas contesté, et l'orateur qui, au Sénat, a fait l'apologie de la Banque avec le plus de zèle, M. de Germiny, avait déjà proclamé l'efficacité de la mesure dans les termes suivants :

« *Jamais la hausse de l'escompte ne manque l'effet qu'elle doit produire. Nous n'hésitons pas à en user : son résultat se fait rarement attendre et toujours la justifie.* »

Nous sommes loin de nier l'effet que doit produire, dans un temps donné, l'élévation du taux de l'intérêt sur la réduction du chiffre des escomptes et, par suite, sur une élévation correspondante de l'encaisse métallique. Cet effet est loin toutefois d'être aussi prompt, aussi certain que l'affirme M. de Germiny, et l'expérience que nous venons de faire l'atteste suffisamment, puisque le résultat s'est fait attendre depuis le 8 octobre 1863 jusqu'à ce jour, bien que, pendant cette longue période, le taux de l'escompte se soit constamment maintenu entre 7 et 8 %.

Reste à examiner si, le fait étant admis, il a une raison d'être, et si, au lieu de recourir à la mesure ruineuse, déplorable de l'élévation indéfinie de l'escompte pour conserver ses espèces ou en accroître la quantité, la Banque ne pourrait pas s'en procurer par des moyens plus simples, plus naturels, et peut-être plus efficaces.

Or, l'élévation du taux de l'intérêt par la Banque de France n'indique pas autre chose que la négligence, de sa part, des moyens réguliers de remplir ses caisses.

Ces moyens consisteraient tout simplement dans la réalisation de son capital ou dans l'augmentation de ce capital, si celui dont elle dispose aujourd'hui, après avoir été réalisé et ramené à sa destination, était reconnu insuffisant.

Le capital de la Banque d'Angleterre, y compris sa réserve, est de 440 millions ; celui de la Banque de France, y compris sa réserve, n'est que de 213 millions.

Elle a donc de la marge pour se mettre seulement au niveau de la Banque d'Angleterre, dont la circulation en billets est cependant beaucoup moins forte que la sienne.

Avec de nouvelles ressources, la Banque de France pourrait *acheter* tout l'or qui lui serait nécessaire pour maintenir son encaisse.

Mais pourrait-elle se procurer ces ressources?

On ne saurait élever de doute à cet égard.

Les capitaux ne manquent pas en France ; on en trouve pour toutes les bonnes industries : celle des chemins de fer a absorbé des milliards, et de pareilles sommes, dont la pensée seule eût effrayé l'imagination il y a vingt ans à peine, ont été réunies avec une extrême facilité; l'industrie exercée par la Banque étant beaucoup plus lucrative que celle des chemins de fer, les fonds dont elle aurait besoin, quelle qu'en fût l'importance, afflueraient dans ses caisses au moindre appel, si elle se décidait à augmenter son capital. La Banque n'aura cependant jamais recours à un semblable moyen, à moins d'y être contrainte par une force supérieure, sous la pression de nécessités évidentes d'ordre public, par la raison toute simple qu'une augmentation de capital aurait pour effet de réduire les bénéfices qu'elle réalise aujourd'hui avec une mise de fonds relativement faible.

On peut en juger par l'opiniâtreté avec laquelle elle s'est constamment refusée à la vente de ses rentes, vente qui aurait pu mettre 150 millions de numéraire à sa disposition, et l'aurait placée pour longtemps à l'abri de toute crainte sur l'insuffisance de son encaisse (1).

Mais, dit-on, la vente de ces rentes ne changerait rien à sa situation; elle ne ferait que diminuer la masse des billets en circulation, sans augmenter son encaisse métallique.

On confond ici l'apparence avec la réalité.

Certainement les rentes que vendrait la Banque pourraient bien en grande partie lui être payées en billets; un payement de cette nature aurait évidemment pour effet de diminuer la quantité des billets en circulation, d'augmenter ainsi l'impor-

(1) C'est à tort que la Banque déclare *immobilisées*, dans ses situations hebdomadaires, les rentes qu'elle a achetées à l'Etat en 1857. Rien dans la loi ne justifie cette prétendue *immobilisation*, dont il n'a, du reste, été fait mention dans les comptes publics de la Banque que longtemps après la convention de 1857, et comme pour annuler l'effet des demandes de réalisation de ces rentes, maintes fois formulées dans la presse depuis bien des années.

tance relative de l'encaisse, et par conséquent d'atténuer considérablement, sinon de faire disparaître le danger des demandes de remboursement résultant d'une disproportion entre la circulation des billets et l'encaisse métallique ; ce premier résultat ne serait déjà pas une chose indifférente, puisque c'est à la crainte de ce danger que nous devons toutes les élévations de l'escompte.

Mais peut-on dire que les choses en resteraient là, et qu'une fois rentrés, les billets donnés en payement des rentes de la Banque ne reverraient plus le jour? On se tromperait étrangement si on s'arrêtait à cette hypothèse, car, la masse des billets qui étaient dans la circulation avant la réalisation des rentes n'ayant pas cessé d'être nécessaire, l'ancien niveau de la circulation fiduciaire ne tarderait pas à se rétablir par la seule force des choses ; il ne s'écoulerait pas beaucoup de temps, en effet, avant que les billets, dont la circulation aurait été momentanément privée, se trouvassent tout naturellement remplacés dans les caisses de la Banque par l'or qui y entre incessamment, et qui y affluerait alors en quantités beaucoup plus considérables. M. de Germiny, dans son discours au Sénat, n'a-t-il pas déclaré qu'à certains jours de chaque mois, la quantité de numéraire qui rentre à la Banque, à Paris seulement, est de 4 à 5 millions ? Qu'on juge par là de la rapidité avec laquelle les billets donnés à la Banque en payement de ses rentes reviendraient dans la circulation.

Il n'a jamais été question d'ailleurs de vendre brusquement la totalité des rentes que possède la Banque et d'en recevoir immédiatement le payement intégral ; dans tous les cas, les versements devraient être échelonnés : dès lors, aucune réduction sensible n'aurait lieu dans la circulation des billets, et le trésor de la Banque se grossirait sucessivement de tout le montant des rentes vendues (1).

En vendant ses rentes, la Banque ne ferait que rétablir le capital des actionnaires dans la forme sous laquelle il a été primitivement versé par eux, c'est-à-dire en ESPÈCES.

Il ne pouvait en être différemment au moment où la Banque a été fondée, attendu qu'il n'était pas possible d'opérer des versements en billets avant que ces *billets* existassent ; les augmentations de capital qui ont eu lieu depuis cette époque ne modifient en rien le raisonnement : peu importe, en effet, que le capital ait été plus ou moins élevé au début, le fait originel du payement des actions de la Banque en *espèces* n'en subsiste pas moins. Ces espèces, fournies par les actionnaires de la Banque, représentaient bien une partie des économies du pays, et n'avaient pu arriver dans leurs mains que par voie d'échange contre d'autres produits; elles constituaient ce que nous appelons un capital *réel*, un capital *effectif*, *positif*, *tangible*. Avec ce capital, la Banque a pu acheter des rentes, à titre de placement temporaire ou définitif,

---

(1) Supposons la réalisation des rentes de la Banque et des 60 millions dus par le Trésor formant ensemble 200 millions.

Une opération de cette nature rentrerait dans la catégorie des emprunts publics dont les versements s'opèrent successivement, de mois en mois; or, en admettant que ces rentes vendues fussent payables par dixièmes, soit 20 millions en souscrivant et le surplus à raison de 20 millions par mois, la Banque pourrait acheter de l'or à livrer dans les proportions et aux époques correspondant aux versements qu'elle aurait à recevoir; les billets qui lui seraient remis pour ces versements mensuels ne feraient que transiter chez elle, et son encaisse serait bel et bien accru par une semblable opération de 20 millions dans le premier mois, et de 180 millions dans les neuf mois suivants, sans que la circulation des billets nécessaires au mouvement commercial en eût été en aucune façon dérangée.

et s'en considérer bien légitimement comme propriétaire incommutable ; elle n'aurait pas eu cette qualité de propriétaire au même degré pour la portion des rentes qui aurait été acquise au delà du montant de son capital, avec les moyens de crédit dont elle dispose , par la raison que, ces moyens de crédit venant à manquer, la Banque se serait trouvée dans la nécessité de réaliser cette portion de rentes pour satisfaire aux remboursements qui lui auraient été demandés par ses créanciers.

Mais, de même qu'elle a pu *acheter* des *rentes* avec les *espèces* qu'elle tenait de ses actionnaires, de même elle peut *acheter* aujourd'hui des *espèces* au moyen de la vente de ces mêmes *rentes*.

La raison économique de l'efficacité de la vente des rentes de la Banque pour grossir son trésor n'est autre que celle du principe bien clairement établi par Jean-Baptiste Say, et en vertu duquel les *produits s'échangent contre des produits, les valeurs contre d'autres valeurs*.

Mais, pour faire disparaître complétement la confusion que pourrait faire naître dans les esprits l'argument du payement des *rentes* avec des *billets* et non avec de l'argent, éclaircissons par les faits la démonstration que nous venons de donner.

On ne peut pas se refuser à admettre comme réelle, incontestable, l'hypothèse du payement du capital de la Banque en *espèces* au moment de sa fondation.

Admettons que la Banque ait conservé son capital tout entier en *espèces*, à titre de fonds de roulement, pour faire face aux demandes de remboursement de ses billets, ou bien qu'après avoir acheté des rentes comme placement temporaire, elle les ait réalisées, et examinons comment se présenterait dans ce cas la situation de la Banque, en prenant pour base les comptes mêmes publiés par elle au 1er décembre 1864 :

SITUATION DE LA BANQUE DE FRANCE DANS CETTE HYPOTHÈSE.

Capital..........................	fr.	182,500,000	»
Comptes courants.................		230,592,770	81
Billets au porteur................		742,316,325	»
Billets à ordre...................		6,618,144	13
Dividendes à payer et divers.......		15,531,811	81
Bénéfices d'escompte et d'intérêt (2e semestre)....................		21,882,517	05
Bénéfices mis en réserve..........		32,948,066	12
Ce qui forme un total de...........	fr.	1,232,389,634	92

qui serait représenté de la manière suivante, dans l'hypothèse admise où la Banque n'aurait plus de rentes :

Argent monnayé et lingots.........	fr.	477,396,100	65
Avances sur lingots et monnaies.....		24,215,253	95
Portefeuille......................		585,009,388	44
Avances sur rentes, actions et obligations..........................		67,650,010	»
Avances à l'État..................		60,000,000	»
Hôtel et mobilier		8,455,168	»
Divers		7,249,806	80
Dépenses d'administration.........		2,413,907	08
Somme égale.........	fr.	1,232,389,634	92

On voit que tous les articles de cette situation resteraient les mêmes, sauf celui de l'encaisse, qui, augmenté de tout le montant des rentes actuellement dans le portefeuille de la Banque, se trouverait ainsi porté à un chiffre qui permettrait de revenir au taux d'intérêt des époques les plus favorisées et d'étendre les facilités du commerce (1).

L'encaisse, dans ce cas, ne serait donc pas indépendant du capital de la Banque, de la forme sous laquelle ce capital serait représenté.

Une des règles constitutives de la comptabilité en partie double, c'est qu'on ne peut pas toucher à l'un des termes quelconques du *passif* sans atteindre un terme correspondant à *l'actif*, et réciproquement.

Or, en vertu de ce principe élémentaire, l'encaisse qui se serait augmenté en dernière analyse du capital des rentes vendues, comme nous venons de le voir, ne pourrait plus être entamé que dans l'un des trois cas que nous allons indiquer :

1° Dans celui où une portion des billets actuellement en circulation viendrait au remboursement ;

2° Dans celui où les créanciers par comptes courants demanderaient le remboursement d'une portion de leurs dépôts ;

3° Dans le cas où, le chiffre des billets et celui des comptes courants restant les mêmes, le chapitre des escomptes ou celui

(1) Nous avons supposé les rentes de la Banque vendues aux prix d'achat, bien qu'il dût en résulter une perte, afin de ne pas toucher à ses comptes de bénéfices, notre seul but étant de donner une démonstration de fait relativement à la question spéciale des rentes que possède cet établissement.

des avances aurait éprouvé une augmentation, cette augmentation ne pouvant alors avoir lieu que par un prélèvement sur l'encaisse.

L'un de ces cas venant à se produire, la Banque aurait à examiner si ses ressources sont à la hauteur des besoins, et s'il y a lieu pour elle d'aviser au moyen de les accroître.

Les espèces que procurerait à la Banque la réalisation de ses rentes seraient puisées dans le pays pour la presque totalité, et ne feraient pas une brèche sensible dans la masse de numéraire que nous possédons ; car, il ne faut pas s'y tromper, par suite de toutes les accumulations antérieures, la France recèle en son sein une véritable mine de métaux précieux, et l'une des plus riches.

Mais il serait encore possible de se procurer aussi promptement qu'on le voudrait de l'or, en quantité correspondante aux rentes vendues, par des achats opérés directement à l'étranger.

Le mécanisme à l'aide duquel pourrait s'effectuer l'écoulement des billets qui seraient rentrés dans les caisses de la Banque par le payement de ces rentes consisterait alors dans l'acquisition des *lettres de change* nécessaires pour solder les achats d'or à l'étranger ; et l'on peut affirmer que, dans ce cas, les billets ainsi *restitués* à la circulation ne s'échangeraient plus contre des espèces que dans les proportions ordinaires, suivant un mouvement alternatif de *va-et-vient* qui, dans les circonstances normales, finit toujours par s'équilibrer.

En résumé, les rentes que possède la Banque ne sont pas placées dans une catégorie différente de celles qui appartiennent à des particuliers ou de celles qui sont émises par l'État lorsqu'il fait un nouvel emprunt. La vente des unes et l'émission des autres ne diminuent aucunement, en définitive, la masse des billets en circulation ; elles ont plutôt pour effet d'augmenter l'encaisse de la Banque.

Qu'on veuille bien nous dire si, parmi les particuliers possesseurs de rentes, il en est un seul qui mette en question la possibilité d'en obtenir à sa volonté l'équivalent en or.

C'est cette certitude même qui forme un des principaux éléments de leur valeur.

Ce qui est vrai pour les individus cesse-t-il de l'être pour la Banque ?

Les rentes entrent, il est impossible de le contester, dans la masse des objets échangeables d'un pays, des objets qui ont une valeur qui leur est propre ; avec elles on peut se procurer toutes les choses dont on a besoin, les matières métalliques comme toute autre marchandise, et ces matières métalliques ne manquent certes pas en France, comme nous le disions tout à l'heure : il y en a plus que partout ailleurs; mais nul n'a le pouvoir de les obtenir, autrement que par voie d'emprunt, sans donner une contre-partie équivalente.

Les hypothèses et les considérations auxquelles nous venons de nous livrer sont d'une évidence incontestable, mais mieux encore, nous pouvons invoquer la puissance irrécusable des faits.

Sans remonter à la fondation de la Banque, nous aurions pu nous borner à citer ce qui avait eu lieu lorsque la Banque a procédé, en 1857, à l'augmentation de son capital, et a fait ainsi rentrer dans ses caisses une somme de cent millions dont elle a eu l'entière disposition pour ses affaires pendant près de deux ans.

Non-seulement le montant de ses billets en circulation n'a pas diminué par l'effet du payement d'une somme aussi considérable, mais l'encaisse en a éprouvé une amélioration qui s'est fait sentir longtemps, attendu que le montant des rentes achetées au Gouvernement, porté au crédit du compte courant du Trésor au commencement de 1860 seulement, n'a été retiré de la Banque que successivement.

Les années qui suivirent cette augmentation du capital de la Banque peuvent être citées parmi celles pendant lesquelles l'intérêt a été au taux le plus bas depuis 1857.

Il faut ajouter cependant, pour ne rien omettre, que l'élévation de l'escompte à 10 % et les restrictions de crédit qui accompagnèrent les mesures rigoureuses de 1857 avaient produit dans le commerce un profond sentiment d'effroi, et que ce sentiment n'a pas peu contribué, pendant les années suivantes, à réduire considérablement le portefeuille de la Banque.

Rien n'est encore plus décisif qu'un fait, et celui que nous allons rappeler vient donner la plus éclatante confirmation aux raisonnements qui précèdent : nous voulons parler de l'offre qui fut faite publiquement, au moment du dernier emprunt, au printemps de l'année dernière, d'acheter les rentes de la Banque aux conditions de l'émission de cet emprunt, avec la clause additionnelle d'en payer le montant en or ou en argent.

Les souscripteurs, qui étaient prêts alors, le seraient également aujourd'hui, à la condition d'une réduction de l'escompte correspondante au relèvement de l'encaisse.

Nous ne saurions considérer comme sérieuse l'objection qui est faite à la transformation des *rentes* de la Banque en *espèces*, sous le prétexte que cette modification ferait perdre au *capital* son caractère de garantie aux yeux de ses créanciers, ou l'exposerait à des risques nouveaux.

Comment peut-on prétendre, en effet, que le capital de la Banque cesserait de présenter une garantie suffisante, du moment qu'il se trouverait réalisé en espèces ?

Les risques auxquels ce capital serait exposé sont nuls, au contraire, sous la forme de *numéraire ;* ils n'existent réellement que sous la forme de *rentes*, par suite de la dépréciation possible des cours, et ils se sont même déjà réalisés pour celles que possède la Banque.

Serait-ce encore parce que ce capital, converti en espèces, pourrait être absorbé par des besoins imprévus? Mais à moins que la Banque n'éprouvât dans son industrie des pertes auxquelles elle est naturellement exposée et aux suites desquelles elle ne pourrait en aucun cas se soustraire, ces espèces seraient représentées par des valeurs correspondantes, *par des effets de commerce*, et, sous cette dernière forme, nous ne craignons pas d'affirmer que son capital ne cesserait pas de présenter les mêmes garanties.

Que la Banque dise donc si son commerce d'escompte lui a jamais occasionné des pertes appréciables ; qu'elle évalue en même temps les sacrifices que lui aurait fait subir, en 1848, la vente des rentes qu'elle possédait alors, si la mesure du *cours forcé* n'était venue fort à propos la dispenser de l'obligation de les réaliser.

Tout le monde n'a pas eu la chance d'échapper à un pareil

danger. L'ancienne Compagnie du chemin de fer de Paris à Lyon a perdu à cette époque 8 à 10 millions sur des rentes dont elle avait fait l'achat comme placement de fonds, et qu'elle a dû vendre à tout prix pour entretenir ses chantiers.

Ce ne peut être encore que par une fausse analogie avec les compagnies d'assurances qu'on a pu être amené à considérer le *capital* des banques comme ne devant avoir qu'un caractère de *garantie*, comme pouvant jouer, à ce titre, un rôle purement *passif*.

Ce caractère exclusif de garantie dépend essentiellement de la fonction que le *capital* est appelé à remplir dans une société.

Dans les compagnies d'assurances, il ne sert qu'à couvrir les pertes que la compagnie pourrait éprouver ou à offrir aux assurés une garantie suffisante pour le remboursement de leurs risques. On n'en a pas besoin pour autre chose ; il peut par conséquent, dans ce cas, être placé en rentes sans le moindre inconvénient.

Mais il en est autrement des banques d'escompte et de circulation qui, se trouvant continuellement exposées à des demandes de remboursement, n'ont d'autre moyen d'y pourvoir que par leur propre capital, dont le rôle est nécessairement *actif;* il faut bien qu'elles puissent compter sur ce capital lorsque surviennent ces moments de panique où tout le numéraire déposé peut disparaître subitement. Les banques sont obligées de prévoir l'éventualité de pareilles circonstances dans lesquelles elles se trouveraient réduites à leurs propres forces.

Soustraire le capital des banques à leurs affaires, c'est donc méconnaître la nature de ces établissements et les exposer aux dangers les plus sérieux.

Le capital des banques ne saurait davantage être considéré comme un cautionnement.

Généralement, dans toute société, l'idée de *cautionnement* n'emporte que celle d'une fraction du *capital* ; il en diffère complétement, il en assure l'emploi régulier, et, en cas de pertes, il sert à en maintenir l'intégrité.

C'est dans cet esprit que, par la loi de germinal an XI, la Banque de France avait été autorisée à convertir en rentes la portion des bénéfices qui devait être mise en réserve ; on ne disposait de la sorte que d'une portion minime de ces bénéfices. Mais ici c'est le capital tout entier qui se trouve absorbé pour un usage exceptionnel, pour une éventualité qui ne s'est jamais réalisée.

Voici ce qu'on trouve à ce sujet dans l'exposé des motifs de cette loi à l'appui de notre opinion :

« .... Le Gouvernement, en respectant les principes de « la propriété des actionnaires, et même leur répugnance à voir convertir « leur capital primitif en dette publique, s'est borné à ne soumettre à cette « conversion qu'une portion des bénéfices de la Banque, bénéfices qui, « naissant du privilége et de la loi qui le concède, sont évidemment « susceptibles d'être frappés par les conditions qu'elle dictera au profit « de l'intérêt général. Ainsi le fonds primitif de la Banque ne sera ni « *dénaturé* ni *altéré*, une simple portion de ses bénéfices sera convertie « en 5 °/₀ consolidés. »

Nous avions donc raison de le dire, l'objection à laquelle nous répondons n'est vraiment pas sérieuse.

On dit encore que, les rentes de la Banque étant réalisées, leur produit serait bientôt absorbé par les demandes d'escompte qui ne tarderaient pas à surgir.

Cela ne pourrait du moins avoir lieu que du consentement de la Banque, par la raison qu'elle a le droit de disposer comme elle l'entend du capital qui lui appartient, tandis que n'étant pas propriétaire de celui avec lequel elle travaille aujourd'hui et qui n'est autre chose que la confiance du public lui faisant crédit jusqu'à concurrence de 7 à 800 millions de billets en circulation, et de 2 à 300 millions en comptes courants, elle n'est pas maîtresse de régler les besoins de ses créanciers d'après ses convenances.

Tout le monde a pu déjà apprécier le secours qu'aurait apporté dans ces derniers temps à la Banque la disponibilité d'un capital de 150 millions venant renforcer son encaisse ou augmenter ses moyens d'escompte.

Nous n'avons pas, d'ailleurs, d'objection absolue à ce que la Banque possède des rentes, si elle y tient absolument ou si cela convient au Gouvernement ; nous reconnaissons même qu'un placement de cette nature a peut-être son bon côté, si on le considère comme ressource éventuelle, comme supplément de garantie; mais, dans ce cas, il faudrait qu'elle augmentât en conséquence l'importance de son capital, parce que la première condition qui lui est imposée est celle de maintenir constamment son encaisse à un niveau suffisamment élevé, et cette condition ne peut être remplie sûrement que par l'emploi de ses ressources propres.

Avant de se donner le *luxe* des placements, il faut avoir le *nécessaire*, et le nécessaire pour une Banque, c'est un fonds de roulement suffisant, une réserve métallique en rapport avec ses besoins.

Ce qu'on peut déduire de ce qui précède, c'est que toutes choses restant en l'état, dans la situation actuelle de la Banque, le chiffre des escomptes et des avances restant ce qu'il est, la vente de ses rentes aurait pour effet certain, nécessaire, absolu, d'augmenter son encaisse métallique, d'une manière permanente, d'une somme égale au montant de ces rentes, et de faire disparaître ainsi le seul motif qu'on allègue pour légitimer les surélévations de l'escompte.

L'or ainsi obtenu et qui appartiendrait en toute propriété à la Banque ne pourrait plus sortir de ses caisses que par l'effet d'un nouveau développement d'affaires.

Dans ce cas enfin, la Banque n'aurait, selon nous, d'autre moyen de satisfaire à ces nouveaux besoins que celui de l'augmentation de son capital.

Nul n'admettra, en effet, qu'avec un capital fixe, invariable, la Banque puisse satisfaire indéfiniment à des besoins croissants dans des proportions de plus en plus considérables, si nous en jugeons par l'exemple que nous fournit le passé.

IV.

De la facilité avec laquelle on peut toujours obtenir de l'or, et des moyens de s'en procurer.

Nous avons à justifier ce que nous avons affirmé relativement à la facilité avec laquelle on pourrait se procurer de l'or en quantité presque illimitée.

L'or et l'argent sont répandus en grande abondance sur toute la surface de la terre par l'effet d'une accumulation non interrompue pendant une longue suite de siècles. D'une nature presque inaltérable, ils ont l'un et l'autre toutes les qualités de la durée et se prêtent ainsi admirablement aux réserves qu'on en peut faire.

Sauf le léger mouvement de baisse qui se produisit, spécialement dans la valeur de l'or, pendant les années qui suivirent la découverte des mines de la Californie, les conditions d'exploitation de ces métaux ont peu changé, et leur prix n'a, par conséquent, éprouvé aucune variation appréciable.

Les centres actuels de production sont assez puissants pour suffire à tous les besoins ; les quantités d'or et d'argent introduites en Europe depuis vingt années, et qui se sont élevées à plus de seize milliards, le démontrent suffisamment, et indiquent en même temps un développement de richesse énorme pendant cette période. Ce développement, on ne saurait le méconnaître, est particulièrement dû au perfectionnement des voies de communication, et c'est au moyen de la richesse qui en a été la conséquence que l'Europe a pu payer ces seize milliards de métaux précieux.

On comprend que, dans ces conditions, les variations de prix soient très-faibles pour une marchandise qui est produite en aussi grande abondance, qui a tous les caractères de l'universalité et qui a cours dans le monde entier; aussi, quelles que soient les quantités qu'on en veuille acheter ou vendre, on est sûr de pouvoir le faire avec facilité, sans crainte de provoquer des mouvements sensibles, comme en éprouverait inévitablement le prix de toutes les autres marchandises, dans les mêmes cas, celui du blé lui-même, qui se rapproche le plus du caractère des métaux précieux sous le rapport de l'usage universel dont il est l'objet.

Mais pour se procurer de l'or, comme pour se procurer du blé, il faut, ainsi que nous l'avons dit plus haut, avoir à fournir une contre-valeur réelle, une *richesse véritable.*

L'élévation du taux de l'intérêt n'y peut rien, à moins qu'on ne veuille ou qu'on ne puisse l'obtenir par voie d'emprunt, ce qui n'est pas la manière dont la Banque comprend l'influence de l'élévation du taux de l'escompte sur l'abondance des métaux précieux.

Les banques obtiennent bien de l'or en échange de leurs billets, mais elles ne peuvent le conserver qu'à la condition expresse de ne pas excéder les bornes des besoins et de la confiance.

C'est pourquoi le mode auquel la Banque de France a eu quelquefois recours pour se procurer des matières d'or et d'argent, et qui consiste à en acheter avec une prime plus ou moins forte et à le payer à l'aide d'émissions de billets surabondantes, n'a jamais été qu'un expédient essentiellement éphémère ; il témoignait du moins d'un désir sincère, sinon très-éclairé, de remplir les engagements contractés envers le Gouvernement et envers le public.

C'est ce que faisait autrefois la Banque, dans le but louable de maintenir le taux de l'escompte à 4 %.

Elle y était parvenue, quoique péniblement, par l'emploi exclusif de ce procédé pendant de longues années.

Mais ce mode très-coûteux avait pour effet d'encourager un commerce interlope qui, par des moyens quelconques, cherche à produire la rareté des métaux précieux dans les caisses des deux principales banques de l'Europe, afin de profiter des différences qu'il fait naître dans leur valeur, en agissant alternativement sur la Banque de France et sur la Banque d'Angleterre.

Les agents de ce commerce vendaient à bénéfice aujourd'hui à la Banque de France l'or qu'ils venaient lui réclamer le lendemain au pair avec les billets mêmes qu'ils en avaient reçus la veille ; et, quoique la Banque fût au courant de ces manœuvres, elle n'en subissait pas moins la loi, parce qu'elle trouvait dans ces ressources précaires et illusoires un soulagement temporaire qui lui permettait d'éloigner l'emploi des seules mesures propres à constituer d'une manière définitive les réserves métalliques dont elle avait besoin.

On peut juger, par les chiffres que nous allons indiquer, de la valeur du système employé par la Banque pour se procurer de l'or, et de l'exploitation dont elle a été longtemps, dont elle est encore l'objet de la part de certains intermédiaires :

En 1855, ses achats d'or ont atteint le chiffre de			260,000,000 fr.
En 1856,	—	—	559,900,000
En 1857,	—	—	564,633,000

et les primes et commissions qui sont restées entre les mains des intermédiaires pour ces opérations se sont élevées à la somme énorme de

15,893,111 fr. 17 c.

laquelle a été prélevée tout entière sur l'industrie française en sus des bénéfices réalisés par la Banque (1).

Après 1857, la Banque a bien essayé de remplacer ces achats d'or par les élevations du taux de l'intérêt ; mais le commerce n'y a rien gagné : seulement les bénéfices de la Banque se sont augmentés de toute la somme économisée en primes et en commissions.

Aujourd'hui elle emploie à la fois les deux systèmes, et le tribut imposé à l'industrie n'a fait que s'accroître.

La Banque entretient ce commerce de métaux qui est dirigé contre elle en le commanditant, en lui accordant des facilités exceptionnelles, en faisant à un faible intérêt, il est vrai, des avances sur dépôt de lingots d'or et d'argent (2).

En Angleterre, la Banque n'est qu'un entrepôt où chacun

---

(1) Pendant ces trois années, la Banque avait sollicité et obtenu du Gouvernement l'autorisation d'élever temporairement le taux de l'intérêt.

(2) Cet intérêt est ordinairement de 1 %. Il avait été porté dans ces derniers temps à 2 % ; mais, par une mesure récente, la Banque vient de l'élever à 3 %.

peut déposer des lingots contre des billets, et les retirer à sa volonté contre des billets, avec la seule différence des frais de monnayage dont elle bénéficie; à ces conditions, elle est tenue d'acheter tous ceux qu'on lui apporte et de vendre tous ceux qu'on lui demande : ces lingots qu'elle reçoit ainsi font dès lors partie de son trésor, et viennent le grossir (1).

Il n'en est pas de même en France, où les lingots sur lesquels la Banque fait des avances ne font pas partie de son trésor, n'augmentent pas son encaisse, ne sont pas, en un mot, à la disposition de tous les porteurs de ses billets; les prêts qu'elle fait sur les dépôts de cette nature n'ont d'autre résultat que de permettre aux agents de ce commerce de faire monter le prix des métaux précieux et d'attendre le moment favorable pour lui revendre ceux qu'ils ont retirés de la circulation, de ses propres caisses souvent, avec une prime qui leur laisse un bénéfice plus ou moins important en sus du recouvrement des pertes d'intérêt qu'ils ont subies.

La Banque prête ainsi sur une marchandise qui ne produit rien par elle-même, qui n'acquiert cette faculté que lorsqu'elle circule et se transforme.

Le seul mobile de ceux qui consentent à payer un intérêt pour conserver de l'or improductivement dans les caves de la Banque n'est autre que l'espoir d'en retirer une prime, et toute

---

(1) Toute personne aura, comme par le passé, le droit d'exiger des billets, sur dépôt d'or, et devra recevoir en billets une valeur de 3 liv. 17 sh. 9 deniers pour chaque once d'or, au titre légal de 916 2/3 (Standard Gold), tandis que, lorsqu'elle viendra demander le remboursement de ces mêmes billets, elle devra recevoir de l'or au prix de 3 liv. 17 sh. 10 deniers et demi par once, la différence de 1 denier et demi par once étant employée en frais de monnayage. (*Discours de Robert Peel sur le bill du renouvellement de la charte de la Banque d'Angleterre en 1844.*)

prime donnée à l'or a pour effet de le raréfier, de déprécier les billets et d'amener des demandes de remboursement.

Pour maintenir l'abondance de l'or dans la circulation, il faut que sa valeur s'équilibre exactement avec celle du papier de banque et ne la dépasse jamais, ce qui arrive lorsqu'on produit ou lorsqu'on constate ce trouble par une prime.

C'est donc la Banque elle-même qui fournit aux marchands d'or les capitaux nécessaires pour diminuer son encaisse, et par contre-coup celui de la Banque d'Angleterre.

Elle consacre à ces prêts, dans certaines années, une somme presque égale à celle qui est employée en avances sur rentes.

Ne ferait-elle pas mieux de se passer des intermédiaires qui la pressurent, et de se livrer elle-même au commerce des matières d'or et d'argent, ainsi que l'y autorisent ses statuts ?

N'aurait-elle pas agi bien plus sagement et d'une manière beaucoup plus intelligente, si une partie des capitaux qui ont été immobilisés en rentes ou prêtés sur dépôt de lingots avait été employée en achat de LETTRES DE CHANGE sur les places où se fait le commerce des métaux précieux, et particulièrement sur Londres ?

Avec ces lettres de change, elle aurait pu toujours, A SA VOLONTÉ, se procurer, dans la mesure qu'elle aurait fixée elle-même, tout l'or dont elle aurait eu besoin.

Une pareille opération était naturellement indiquée, elle était élémentaire ; et on aurait pu éviter, en y recourant, ces abus du taux de l'intérêt qui, sans remédier à rien, ont été la véritable, la seule cause des crises dont le pays souffre depuis si longtemps.

L'élévation du taux de l'escompte par la Banque n'étant déterminée que par l'insuffisance de son encaisse, il est bien évident que si, comme on vient de le démontrer, il était possible de remédier à cette insuffisance, soit par des mesures propres à assurer à la fois la disponibilité et le bon emploi des ressources de cette institution, soit même, au besoin, par l'augmentation de ces ressources, il est évident, disons-nous, que, dans ce cas, l'élévation du taux de l'intérêt ne serait plus nécessaire.

Il est donc complétement inexact de prétendre, comme on l'a avancé, en s'autorisant même de l'autorité du comte d'Argout, qu'on soit placé entre le danger du cours forcé et la nécessité des élévations de l'escompte ; il suffit tout simplement, pour échapper à ces deux extrémités également déplorables, de se conformer à la loi commune, d'acheter les métaux précieux dont on a besoin, comme les Compagnies de chemins de fer achètent leurs rails et leurs machines, avec des capitaux réels, avec des capitaux dont on est propriétaire, que, par conséquent, on n'est pas tenu de rembourser, et non au moyen d'émissions illimitées de papier payable à vue.

La réalisation du capital versé par les actionnaires de la Banque, et à défaut l'augmentation de ce capital, fourniraient les CAPITAUX RÉELS dont nous parlons, ceux dont nul ne pourrait réclamer le remboursement.

En réalité, la seule règle à prescrire aux banques consiste dans l'observation rigoureuse du rapport reconnu nécessaire entre l'encaisse métallique et la circulation des billets, de telle sorte que jamais on n'ait à craindre de ne pouvoir satisfaire aux demandes de remboursement. On doit excepter évidemment les cas de force majeure, tels que ceux de révolution, d'invasion, ou autres de même nature.

Les Gouvernements devraient s'attacher à maintenir cette règle, sans se préoccuper des moyens que sauraient bien trouver les banques pour s'y conformer.

D'après les principes que nous posons, les vœux que nous formons, on voit combien sont peu fondés les reproches de témérité et d'imprudence qu'on est dans l'habitude d'adresser à ceux qui se permettent de critiquer le système suivi par la Banque de France.

C'est, au contraire, cette institution elle-même qui, par l'oubli des vrais principes, la négligence des véritables règles de la prudence, ou par le désir d'accroître ses bénéfices, désir dont elle ne se rend peut-être pas compte, compromet trop fréquemment la sûreté de la circulation, et n'y pourvoit que par l'emploi de mesures de salut public, ruineuses pour le commerce et le crédit, mais fort avantageuses pour ses actionnaires et pour des intermédiaires coûteux, dont elles augmentent considérablement les revenus et les profits.

V.

L'élévation du taux de l'escompte est-elle l'expression de la rareté ou de l'exportation du numéraire? Le taux de l'intérêt représente-t-il le prix naturel de l'argent?

On entend souvent dire, et on a fini par croire généralement, que le taux de l'intérêt est l'indication du prix de l'argent; qu'il doit être naturellement plus élevé quand l'argent est rare ou quand les besoins du commerce amènent une certaine exportation de numéraire.

Cette opinion, qui est très-répandue, repose sur une fausse notion de la nature de l'argent, du rôle qu'il joue réellement dans les relations industrielles et commerciales.

L'or et l'argent sont des marchandises comme tous les autres produits du sol ou de l'industrie humaine; comme ces produits, ils ont un prix absolu qui résulte des frais de production, et un prix relatif qui dépend de leur abondance ou de leur rareté; ce dernier se traduit par la hausse ou par la baisse de leur valeur vénale. Ainsi l'or et l'argent, selon les circonstances, gagnent une prime ou subissent une perte; en d'autres termes, les marchandises ou autres valeurs contre lesquelles ils s'échangent haussent ou baissent relativement, en ce sens qu'on en donne une quantité plus ou moins grande pour une même somme.

C'est de cette manière que se manifestent les variations dans le prix de l'or ou de l'argent.

Elles ne se manifestent jamais par la hausse ou la baisse du taux de l'intérêt, ce taux n'étant que l'expression du rapport de l'ensemble des capitaux de toute nature avec la demande qui en est faite.

L'or et l'argent s'achètent, comme toute marchandise, par voie d'échange direct ou indirect avec d'autres produits.

« Sans doute, dit Smith, un pays qui n'a point de mines en propre est obligé de tirer son or et son argent des pays étrangers, comme il faut en tirer ses vins, s'il n'a pas de vignobles à lui. Je ne crois pas cependant nécessaire que le gouvernement dirige son attention sur l'un plutôt que sur l'autre de ces deux objets. *Un pays assez riche pour acheter du vin se procurera toujours le vin dont il a besoin; de même que s'il a de quoi acheter de l'or et de l'argent, il ne manquera jamais de ces métaux, pour lesquels, ainsi que pour toutes les autres marchandises, il faut toujours donner un certain prix.* »

« L'or et l'argent, dit encore Ricardo, s'achètent comme toutes les autres marchandises, à la condition qu'on ait des produits à donner en échange. »

Tout pays pourrait, en effet, s'il lui en prenait la fantaisie, transformer à sa volonté, dans un temps donné, la plus grande partie, la totalité même de ses épargnes en argent (1); il ne

(1) Le mot *argent* est employé ici dans son acception générique ; il s'applique à la fois à l'*or* et à l'*argent ;* il en est de même pour le mot *or*, quand il est employé seul.

résulterait de cette thésaurisation qu'un renchérissement dans le prix des métaux précieux à l'étranger, et par suite une activité nouvelle donnée à l'exploitation des mines. Mais une pareille opération aurait pour conséquence d'appauvrir le pays qui l'aurait tentée en le faisant tomber dans l'inaction, dans l'immobilité; elle produirait un effet directement opposé à celui qu'on en attendrait au point de vue du taux de l'intérêt, puisque ces richesses, improductives sous cette forme, seraient ainsi soustraites à l'alimentation du travail, à la reproduction. L'intérêt s'élèverait au lieu de s'abaisser.

Quesnay, le père de la science économique en France, exprime en ces termes la même pensée :

« L'argent n'est pas la richesse dont les hommes ont besoin pour leur jouissance. Ce sont les biens nécessaires à la vie et à la reproduction annuelle de ces biens mêmes qu'il faut obtenir. Convertir des productions en argent pour soustraire cet argent aux dépenses profitables à l'agriculture, ce serait diminuer d'autant la reproduction annuelle des richesses. La masse d'argent ne peut s'accroître dans une nation qu'autant que cette reproduction elle-même s'y accroît; autrement, l'accroissement de la masse d'argent ne pourrait se faire qu'au préjudice de la reproduction annuelle des richesses. Or, le décroissement de cette reproduction entraînerait nécessairement, et bientôt, celui de la masse d'argent et l'appauvrissement de la nation; au lieu que la masse d'argent peut décroître dans une nation sans qu'il y ait décroissement de richesses chez cette nation, parce qu'on peut en bien des manières suppléer à l'argent quand on est riche, et qu'on a un commerce facile et libre; mais rien ne peut suppléer, sans perte, au défaut de reproduction annuelle des richesses propres à la jouissance des hommes. On doit même présumer que le pécule d'une nation pauvre doit être à proportion plus considérable que celui d'une nation riche; car il ne leur en reste à l'une et à l'autre que la somme dont elles ont besoin pour leurs ventes et pour leurs achats. Or, chez les nations pauvres on a beaucoup plus besoin de l'entremise de l'argent dans le commerce; il faut y payer tout comptant, parce que l'on ne peut s'y fier à la promesse de presque personne. Mais chez les nations riches il y a beaucoup d'hommes connus pour riches, et dont la promesse par écrit est regardée comme très-sûre et bien garantie par leurs richesses ; de sorte que toutes les ventes considérables s'y font à crédit, c'est-à-dire par l'entremise de papiers valables, qui suppléent à l'argent et facilitent beaucoup le commerce. Ce n'est donc pas par le plus ou moins d'argent qu'on doit juger de l'opulence des États. »

. . . .

« Il est pourtant vrai, et je l'ai déjà fait observer, qu'avec plus d'argent on peut être plus pauvre. On ne consomme point l'argent en nature ; une richesse en argent ne se réalise que par l'échange qu'on en fait contre des choses usuelles : cette richesse n'est donc point une richesse *absolue*, une richesse par elle-même ; elle n'est, au contraire, qu'une richesse *relative*, une richesse dont la valeur dépend absolument de la quantité de choses usuelles qu'on peut se procurer en échange de son argent. »

Le véritable, le seul moyen d'obtenir la possession de tout l'*argent* dont on a besoin n'est donc pas de le retenir ou de l'attirer par un intérêt élevé, c'est de travailler et de produire. La nation qui pourra avoir le plus d'argent sera toujours la nation la plus industrieuse et par conséquent la plus riche. Tout ce qui nuit au travail, à l'œuvre de la production, comme le fait la hausse de l'intérêt, tout ce qui tend à entraver l'essor du commerce en gênant la circulation des métaux précieux, à limiter les échanges ou la liberté du placement des capitaux, n'a d'autre effet que d'affaiblir la fortune d'un pays, de diminuer sa puissance d'acquérir, et de réduire plutôt que d'augmenter sa circulation monétaire.

Le taux de l'intérêt ne résulte en aucun cas directement de la quantité de numéraire que possède une nation, parce que l'*argent* seul ne constitue pas la *richesse*.

« En général, dit encore Quesnay, on n'a qu'une idée très-fausse de la richesse, et conséquemment du meilleur état possible d'une nation. Nombre de gens, par le terme de richesse, n'entendent autre chose que de l'argent; ils se persuadent que l'argent est *le principe et la mesure de la prospérité d'une nation......* »

Les formes même du langage familier s'y prêtent et contribuent à propager les erreurs répandues sur la nature de l'*argent.*

Ainsi l'on dit vulgairement, *intérêt de l'argent*, pour l'intérêt, le loyer du capital, uniquement parce que tous les capitaux s'expriment et ne peuvent s'exprimer qu'en argent, mesure commune de toutes les valeurs; mais on peut s'y tromper, et on s'y trompe généralement. Au fond, ce n'est jamais en réalité de l'argent qu'on emprunte, ce sont exclusivement les objets qu'on peut se procurer avec l'argent, lequel n'est pas toujours à l'état métallique et peut être suppléé, comme il l'est effectivement, soit par des billets de banque, soit par des virements de compte, soit par un système de compensations, comme celui qui est pratiqué en Angleterre.

Le taux de l'escompte dépend, non de l'abondance ou de la rareté de l'argent, mais de l'importance des capitaux qu'un pays peut consacrer à ce genre d'opérations, et l'importance de ces capitaux dépend, à son tour, du taux des bénéfices que procure cette industrie.

Les capitaux qui pourraient alimenter l'industrie de l'escompte seraient d'autant plus considérables, dans l'hypothèse de la liberté des banques, que les divers établissements de crédit pouvant participer alors à la riche subvention que procure la faculté d'émission de billets sans intérêts, leurs bénéfices augmenteraient et dépasseraient certainement de beaucoup la moyenne de ceux des autres industries.

C'est ce qui a lieu pour la Banque de France; les bénéfices qu'elle réalise sont énormes; ils ne seront guère dans la présente année au-dessous de 25 °/₀ de son capital actuel, soit presque le double pour son capital ancien, malgré les sacrifices résultant des fausses mesures qu'elle prend pour acheter inutilement, à l'aide d'une émission surabondante de billets, des quantités d'or qui ne tardent pas à s'écouler de nouveau.

Ce ne seraient donc pas, nous le répétons, les capitaux qui pourraient faire défaut à une industrie aussi lucrative, si cette industrie était libre. Elle ne l'est malheureusement pas, et on comprend que la Banque, en possession d'un privilége qu'elle a considéré jusqu'ici comme inattaquable, ne soit pas très-jalouse d'accroître son capital, afin de ne pas diminuer ses bénéfices; n'est-il pas plus commode, en effet, de dissimuler l'exiguïté relative de ce capital par des surélévations de l'escompte? C'est ainsi que le pays supporte tous les inconvénients d'un monopole excessif, et que l'intérêt général se trouve subordonné à ce qu'on peut appeler, dans toute la force du mot, un intérêt privé.

Ajoutons que, dans le cas particulier, la Banque, travaille avec un capital exclusivement prélevé sur la circulation *et qui, par conséquent, ne lui coûte rien*; elle ne peut donc pas prétexter de la *cherté de l'argent* pour élever son escompte.

La seule monnaie dont elle se serve, ce sont ses billets, et cette monnaie n'étant pas *chère* pour elle, ses exigences sont dès lors sans justification.

La Banque ne saurait davantage arguer de la faible quantité des billets qu'elle peut mettre en circulation, car cette quantité, déjà très-considérable, tend à augmenter sans cesse, au fur et à mesure du développement du commerce et de l'accroissement des échanges.

Mais elle s'est trop habituée à considérer ce capital fiduciaire comme une propriété du même genre que toutes les autres.

Elle ne devrait pas oublier cependant que ce n'est pas pour accroître la fortune de quelques familles que le Gouvernement s'est dépouillé de la faculté d'émission de la monnaie fiduciaire ; et on ne peut voir sans protestation l'usage qui est fait d'un privilége dont la concession ne peut se justifier que par l'intérêt public.

Les raisons tirées de l'exportation du numéraire pour légitimer l'élévation de l'intérêt rentrent dans ce que nous venons de dire relativement à l'effet de l'abondance ou de la rareté de l'argent.

Ces raisons, fausses en fait, ne supportent même pas l'examen. Elles ne font, comme nous l'avons déjà dit, que reproduire, pour les exploiter, les préjugés d'un autre âge.

Remarquons d'abord que ceux qui parlent de l'exportation de l'or et de l'argent omettent toujours de parler de l'importation ; cependant, en prenant une certaine période de temps, on constate que l'importation des matières d'or ou d'argent en France dépasse de beaucoup l'exportation.

Il y a nécessairement des oscillations d'une année à l'autre, suivant les circonstances spéciales, comme une disette ou une guerre, par l'effet desquelles les relations ordinaires d'échange viennent à être troublées ; mais il faut considérer le fait général seulement et non l'exception.

C'est d'ailleurs précisément la qualité spéciale des matières d'or et d'argent de servir d'auxiliaires, d'intermédiaires dans de semblables circonstances ; le numéraire est la marchandise par excellence, la marchandise type, celle qui, comme nous l'avons déjà dit, a un cours universel, qui va partout, et que nous devons tenir en réserve pour faciliter nos relations avec les pays étrangers, lorsque nous ne pouvons leur fournir les produits de notre sol ou de notre industrie dans une proportion correspondante au besoin que nous avons des leurs, ou lorsque nous ne pouvons les payer par délégation de ce que nous doit une autre contrée.

L'or et l'argent remplissent ainsi, à l'extérieur, la fonction qui leur est dévolue à l'intérieur, dans la pratique ordinaire de la vie.

Ils remédient à l'impossibilité absolue de l'échange direct en nature.

« L'opinion, dit Bastiat, que l'exportation du numéraire constitue une perte étant très-répandue, et, selon nous, très-funeste, qu'il nous soit permis de saisir cette occasion d'en dire un mot.

. . . .

. . . . « Par où l'on voit que, par l'intervention de la monnaie, *le troc de service contre service* se décompose en deux échanges. On rend d'abord un service contre lequel on reçoit de l'argent, et l'on donne ensuite l'argent contre lequel on reçoit un service. Ce n'est qu'alors que le *troc* est consommé.

« Il en est ainsi pour les peuples.

« Quand il n'y a pas de mines d'or et d'argent dans un pays, comme c'est le cas pour la France et l'Angleterre, il faut nécessairement rendre des *services effectifs* aux étrangers pour recevoir leur numéraire. On les nourrit, on les abreuve, on les meuble, etc.; mais tant qu'on n'a que leur numéraire, on n'a pas encore reçu d'eux les *services effectifs* auxquels on a droit. Il faut bien en arriver à la satisfaction des besoins réels, en vue de laquelle on a travaillé. La présence même de cet or prouve que la nation a satisfait au dehors des besoins réels et qu'elle est créancière de services équivalant à ceux qu'elle a rendus. Ce n'est donc qu'en exportant cet or contre des produits consommables qu'elle est *efficacement* payée de ses travaux.

« En définitive, les nations entre elles, comme les individus entre eux, se rendent des *services réciproques*. Le numéraire n'est qu'un moyen ingénieux de faciliter ces *trocs de services*. Entraver directement ou indirectement l'exportation de l'or, c'est traiter le peuple comme on traiterait un chapelier à qui l'on défendrait de jamais retirer de la société, en dépensant son argent, des services aussi efficaces que ceux qu'il lui a rendus. »

. . . .

On peut être sans crainte sur les moyens de se procurer des métaux précieux : tant que la Californie, l'Australie, le Mexique et les autres points du globe qui en produisent ne cesseront pas d'en fournir, tout pays qui en aura besoin pourra toujours en obtenir, soit directement, soit indirectement, avec les produits de son sol ou de son industrie.

La quantité que chacun peut en recevoir n'a d'autre limite que les moyens qu'il a de les payer : — c'est tout simplement une question de prix.

La France achète tous les ans des matières d'or ou d'argent pour une somme qui s'est élevée en moyenne depuis douze années à 146 millions, mais elle est tenue d'en fournir effectivement la contre-valeur. Cette obligation de payer ce qu'on achète, toute vulgaire qu'elle puisse être, n'en est pas moins communément acceptée; tout le monde s'y soumet, à l'exception de la Banque, qui seule voudrait s'y soustraire, en s'obstinant à ne mettre dans son industrie aucun fonds qui lui appartienne pour satisfaire aux nécessités que cette industrie comporte; elle croit sérieusement avoir trouvé, dans l'élévation du taux de l'intérêt, une nouvelle source de production de l'or et de l'argent. C'est là un problème dont on chercherait aussi vainement la solution que le faisaient les alchimistes autrefois lorsqu'ils s'acharnaient, sans résultat possible, à la poursuite du grand œuvre; mais, plus heureuse, la Banque trouve indirectement dans sa méthode les moyens de s'enrichir, alors que les crédules alchimistes ne recueillaient de leurs laborieux efforts que ruine et déception.

Si la Banque a lieu de s'applaudir du résultat qu'elle obtient de l'application de ses doctrines, il n'en est pas de même du public, qui en souffre, et qui par conséquent est fondé à lui rappeler qu'elle est tenue de se servir de ses capitaux pour remplir ses caisses. Qu'elle consacre à cette destination ceux dont elle a disposé pour un usage étranger à l'objet de son commerce, en les immobilisant en rentes; qu'elle en appelle de nouveaux si elle ne peut dégager les anciens, et, on peut en être sûr, toutes les difficultés disparaîtront immédiatement.

Nous avons dit que, en prenant une période quelconque, même de plusieurs années seulement, l'importation des métaux précieux en France dépassait de beaucoup l'exportation.

En effet, dans la période de 1827 à 1864, il est entré en France 4 milliards 478 millions de francs de numéraire, soit près de 118 millions par an.

Ce chiffre est plus élevé si l'on n'embrasse que les douze dernières années: du 1er janvier 1853 au 31 décembre 1864, les états de douane constatent une importation de numéraire de 1,753,008,000 francs, ce qui porte la moyenne annuelle à 146 millions.

L'importation a été supérieure à l'exportation dans les années même où la Banque a élevé son escompte.

Il en a été de même en Angleterre.

Du 1er janvier 1858 au 31 décembre 1862, les entrées ont dépassé les sorties de 8,954,777 £, ou 223,869,425 francs, soit 44 millions, année moyenne (1).

Quels que soient les doutes qu'on ait pu élever sur l'exactitude absolue des états de douane, les erreurs supposées peuvent bien modifier, mais non détruire les résultats constatés.

Eh bien, cet excès d'importation des métaux précieux n'a eu aucune action sur l'abaissement du taux de l'intérêt. Un fait récent est venu en donner une nouvelle démonstration.

Dans les derniers jours du mois d'août, il est arrivé à Londres, venant du Mexique, une somme d'argent de 25 millions de francs, et cet arrivage n'a produit aucun effet; il n'a apporté et ne pouvait apporter aucun soulagement au marché des capitaux, qu'il ne faut pas confondre avec celui des métaux précieux.

Le taux de l'escompte n'a pas varié; mais, en revanche, nous ne serions pas surpris que la valeur vénale de l'argent eût baissé (2).

Dans les cas de cette nature, la question de prix est, en effet, la seule qui soit en jeu; elle domine le marché à tel point que la moindre différence, la moindre variation dans la valeur relative de l'or et de l'argent suffit pour en provoquer le déplacement, pour opérer le remplacement de l'un par l'autre, pour

(1) Les importations d'or et d'argent n'avaient pu être constatées en Angleterre avant le mois de novembre 1857.

(2) Quand on parle de baisse pour le métal, or ou argent, il ne s'agit pas que de différences très-minimes, car, en raison de leur emploi et de leur nature, le prix de l'or et de l'argent ne peut varier que dans des limites très-restreintes.

donner lieu à ce qu'on appelle des arbitrages, à des échanges de ces deux natures de métaux entre les diverses places de l'Europe.

Ainsi, depuis la découverte des mines de la Californie et de l'Australie, le prix de revient de l'or ayant baissé, et, par suite, la valeur relative de l'argent s'étant élevée, l'or, en fait, a pris chez nous la place de l'argent comme étalon, comme l'instrument, comme le moyen le plus commun, le plus général des échanges.

Cette différence entre l'or et l'argent était très-légère ; mais, toute faible qu'elle était, elle a suffi cependant à déterminer le renouvellement de la plus grande partie de notre stock métallique ; nous avons vendu notre argent, et nous l'avons remplacé par de l'or, que nous avons acheté en telles quantités que le besoin s'en est fait sentir. Cette opération a été bonne pour le pays, qui en a retiré un bénéfice important.

Dans la période décennale du 1er janvier 1853 au 31 décembre 1862, les quantités d'argent que nous avons vendues se sont élevées à la somme de 1,707,549,208 francs ; mais, par contre, nous avons acheté de l'or pour une somme de 3,235,875,884 francs, ce qui a produit l'excédant d'importation de 1,528,326,676 francs que nous avons constaté plus haut.

C'est sans motif comme sans raison qu'on redoute les exportations de numéraire ; ces mouvements d'espèces sont, au contraire, un signe de l'activité du travail, une source de prospérité pour l'industrie ; cet or, que nous vendons contre des produits qui nous sont nécessaires, nous l'avons acheté avec ceux de notre sol ou de notre travail. Supprimez, par la pensée, l'intervention des métaux précieux, et les échanges de produits qui ont lieu par leur intermédiaire cesseront aussitôt de se faire ou ne se feront que dans des proportions très-restreintes.

Loin donc d'entraver la sortie de l'or ou de l'argent, on ne saurait trop l'encourager, certain qu'on peut être que l'industrie et le commerce sauront toujours les remplacer en quantités correspondantes ou supérieures, suivant leurs besoins.

Essayer de contrarier ce mouvement serait non-seulement un acte dangereux et inutile, mais un acte de suprême folie.

La Banque ne fait cependant pas autre chose quand, au lieu de se pourvoir de numéraire par les moyens ordinaires, par ceux qu'emploie le commerce pour ses propres besoins, elle élève le taux de son escompte pour le retenir, dans le but avoué de contrarier les achats de coton, de soie ou de blé, qui, dans certains pays, ne peuvent être opérés que *l'argent à la main*, comme le dit M. Hubert Delisle.

Ce système est faux; il est condamné par l'expérience et réprouvé par l'intérêt manifeste de la communauté. Sans efficacité pour produire le résultat qu'on en attend, il n'est qu'une source de gêne et de trouble ; il désorganise la production, il est la cause la plus ordinaire de toutes les crises.

Il faut enfin se rendre à l'évidence, et reconnaître que l'élévation du taux de l'intérêt est sans influence sur l'abondance ou la rareté du numéraire, et réciproquement.

Il faut reconnaître qu'il n'y a pas d'autre moyen de maintenir l'abondance du numéraire que de l'acheter et de le payer, *produits en main*, comme font les pays qui nous le payent, à leur tour, avec du coton, du blé, de la soie ; d'ailleurs, si on voulait rechercher sur qui devrait retomber la perte qu'on pourrait éprouver pour s'en procurer, on n'hésiterait pas à reconnaître que c'est sur la Banque, et non sur le pays, lorsque seule elle en éprouve le besoin, lorsque seule elle est appelée à en tirer profit ; c'est la matière première de son industrie.

Le prix de l'argent n'exprime que sa valeur intrinsèque ou vénale ; il n'a aucun rapport avec le taux de l'intérêt, qui n'est que le prix du loyer des capitaux en général, et les capitaux d'un pays, comme l'a si bien dit Voltaire, comprennent l'ensemble de tous ses biens, de tous ses approvisionnements, de toutes ses épargnes, la richesse, suivant ses propres expressions, consistant dans le sol et dans le travail, et non dans la possession d'une quantité plus ou moins grande de numéraire (1).

Et si l'on désirait, à l'appui de l'opinion que nous exprimons ici, une autorité plus grande que celle de Voltaire, une spécialité

---

(1) Voici encore à cet égard un dialogue curieux, extrait des *Mélanges* de Voltaire, entre un philosophe indien et un habitant de Cachemire :

« LE PHILOSOPHE. — Qu'appelez-vous être riche ?

« LE BOSTANGI. — Avoir beaucoup d'argent.

« LE PHILOSOPHE. — Vous vous trompez. Les habitants de l'Amérique méridionale « possédaient autrefois plus d'argent que vous n'en aurez jamais ; mais, étant sans in- « dustrie, ils n'avaient rien de ce que l'argent peut procurer : ils étaient réellement dans « la misère.

« LE BOSTANGI. — J'entends ; vous faites consister la richesse dans la possession d'un « terrain fertile.

« LE PHILOSOPHE. — Non ; car les Tartares de l'Ukraine habitent un des plus beaux « pays de l'univers, et ils manquent de tout. L'opulence d'un État est comme tous les « talents qui dépendent de la nature et de l'art. Ainsi, la richesse consiste dans le sol « et dans le travail. Le peuple le plus riche et le plus heureux est celui qui cultive le « plus le meilleur terrain ; et le plus beau présent que Dieu ait fait à l'homme est la « nécessité de travailler. » (*Embellissements de Cachemire. Mélanges*, tome III.)

Les Bostangi de nos jours auraient encore beaucoup à apprendre du philosophe indien.

irrécusable, nous n'aurions qu'à citer Adam Smith, qui s'exprime en ces termes dans un chapitre sur la Balance du commerce :

« Il serait trop ridicule que je m'appliquasse sérieusement à démontrer que la richesse ne consiste pas dans le numéraire ou dans l'or et l'argent, mais bien dans ce que l'argent achète, et dans ce qui n'a de valeur que par l'achat. Sans doute que l'argent fut toujours une partie du capital d'une nation ; mais on a vu qu'il n'en fait qu'une petite partie, et qu'il en est toujours la moins avantageuse. »

VI.

Comment sont déterminés les mouvements d'exportation ou d'importation du numéraire? — Théorie du change et du commerce des métaux précieux.

Nous avons vu dans le chapitre précédent qu'il n'y avait aucun rapport entre le taux de l'intérêt et l'abondance ou la rareté de l'argent.

Il n'y en a pas davantage entre le taux de l'intérêt et les mouvements d'exportation ou d'importation du numéraire.

Ce sont deux ordres de phénomènes entièrement distincts, et qui sont soumis à des lois essentiellement différentes.

De temps immémorial, le taux de l'intérêt a été plus élevé en France que sur les principales places de l'Allemagne et de la Hollande, et pourtant les réserves métalliques de ces pays n'ont pas passé dans le nôtre.

L'intérêt est en ce moment très-élevé aux États-Unis, en Espagne, en Autriche; il l'a été également dans ces derniers temps en Russie.

Le courant de l'or a suivi cependant une direction tout opposée à celle que le taux de l'intérêt semblerait indiquer.

Ces pays, contrairement à l'opinion commune, ont généralement exporté de l'or au lieu d'en recevoir (1).

Sans parler pour le moment de l'Angleterre, dont nous nous occuperons spécialement, nous pouvons citer l'exemple de l'Espagne, où l'intérêt est monté jusqu'à 12 et 14 %, et qui cependant nous a envoyé, en 1864, près de 34 millions et demi de numéraire.

Nous en avons également reçu, dans des proportions plus fortes encore, de l'Autriche et de l'Association allemande (94 millions en 1864).

Les États-Unis eux-mêmes, où l'intérêt est fort élevé, nous en ont envoyé.

L'Italie seule présente une exception à cet égard pour les années 1862 et 1863; les emprunts qu'elle a faits chez nous ont nécessité des exportations de numéraire qui se sont élevées dans ces deux années à 141 millions et demi.

Mais, en 1864, les importations de numéraire provenant de ce pays ont repris le dessus; elles ont dépassé les exportations de 1,900,000 francs.

De pareils faits font justice complète des erreurs propagées sur l'écoulement de notre numéraire à l'étranger, par suite des grandes entreprises européennes auxquelles la France a eu la gloire de coopérer, et dont elle a recueilli en partie les profits, et sur le prétendu danger qui aurait pu en être la conséquence; ils mettent à néant les attaques mal fondées et irréfléchies, les insinuations malveillantes auxquelles ces erreurs ont servi de prétexte.

---

(1) Voir le tableau des exportations et des importations du numéraire.

Quand un pays place des capitaux à l'étranger, ce n'est pas nécessairement de l'or qu'il envoie ; il ne le fait qu'à défaut des produits de son sol ou de son industrie, et lorsqu'il envoie de l'argent, c'est à la condition de se l'être procuré d'avance par la vente de ses produits.

« Les capitaux, dit Jean-Baptiste Say, cherchent les lieux où « ils trouvent de la sûreté et des emplois lucratifs, et abandon- « nent peu à peu les lieux où l'on ne sait pas leur offrir de tels « avantages ; *mais pour déserter, ils n'ont nul besoin de se* « *transformer en* NUMÉRAIRE. »

Nous sommes loin de nier cependant qu'il existe une certaine solidarité entre les divers pays. Quand les capitaux sont abondants sur un point, ils ont une tendance à se porter partout où ils sont rares ; mais cette solidarité n'a pas l'importance qu'on veut bien lui attribuer, particulièrement en ce qui concerne l'emploi momentané de capitaux sous la forme de l'escompte.

On ne déplace pas des sommes très-considérables pour le simple bénéfice d'une différence temporaire d'intérêt ; on aurait d'ailleurs d'autant plus de difficulté à le faire que ces déplacements s'opèrent généralement par des particuliers qui procèdent à l'aide de crédits demandés aux banques, crédits nécessairement limités, et qu'elles sont toujours libres de restreindre.

Ce que nous disons des capitaux en général est surtout vrai de l'importation et de l'exportation de l'or et de l'argent.

Les mouvements de l'or et de l'argent ne sont déterminés en général que par les besoins de la liquidation des échanges entre les nations.

Un pays exporte du numéraire quand la masse de ses importations de marchandises ou de valeurs de toute sorte dépasse celle de ses exportations, et réciproquement.

Ce solde qu'on paye ou qu'on reçoit en espèces est ce qu'on appelle la Balance du Commerce.

On croyait autrefois que ce solde en espèces représentait le bénéfice ou la perte d'une nation dans son commerce extérieur. C'est pourquoi chacun s'efforçait de faire pencher la balance en sa faveur par la combinaison des tarifs de douane.

Le contraire était plus rapproché de la vérité, car plus une nation est industrieuse moins elle importe d'argent; elle préfèrera toujours le remplacer par des matières premières qui lui permettront d'alimenter le travail de ses ateliers.

Ainsi l'Angleterre aime mieux recevoir de l'Amérique du coton que de l'or.

Le rôle que jouent les métaux précieux dans les échanges s'explique non-seulement par les qualités intrinsèques qu'ils possèdent et que nous avons déjà indiquées, mais encore par le consentement commun de tous les peuples à les admettre pour une valeur fixe, déterminée, pour une valeur *certaine* dans toutes les relations d'achat et de vente.

C'est une marchandise légalement *tarifée*, sous la garantie de l'empreinte du souverain.

L'échange de deux valeurs serait, en effet, extrêmement difficile si le prix des deux était incertain; tout se simplifie au contraire lorsque l'incertitude ne porte que sur l'une d'elles, le débat entre l'acheteur et le vendeur se trouvant alors réduit à un seul terme.

Mais si l'or et l'argent sont légalement tarifés comme *monnaie*, cette monnaie a des formes, des divisions différentes dans chaque pays.

La proportion d'alliage est également différente.

Enfin, le rapport entre la valeur de l'or et celle de l'argent ne peut pas être établi d'une manière rigoureusement absolue ; sur un point il est favorable à l'or, sur un autre il est favorable à l'argent.

De là, la prépondérance, comme monnaie légale ou réelle, de l'or dans un pays, de l'argent dans un autre.

Ces usages divers, ces différences sont encore l'une des causes principales des mouvements d'espèces.

On nomme *change*, l'industrie, et *arbitrages*, les opérations auxquelles se livrent un certain nombre de banquiers pour établir un équilibre constant entre les monnaies des divers pays, en profitant des différences qui sont le résultat des erreurs commises par les gouvernements, soit dans la fixation du rapport des deux métaux, soit dans la fabrication des monnaies. Ces opérations ont été longtemps d'autant plus lucratives qu'elles étaient plus obscures, que la confusion était plus grande et l'état des monnaies plus défectueux.

L'unité décimale, ainsi que les perfectionnements apportés dans la fabrication des monnaies, feront disparaître un jour, il faut l'espérer, les complications actuelles, et réduiront l'importance de ce commerce.

On peut encore assigner une autre cause aux mouvements des espèces ou plutôt au déplacement du numéraire ; nous voulons parler de l'existence dans un pays d'un papier-monnaie ou d'un papier de banque déprécié ; aussitôt que cette dépréciation se manifeste, l'or gagne une prime correspondante et cesse, plus ou moins, suivant les proportions que prend cette dépréciation, d'être l'agent ordinaire des échanges ; c'est le papier qui le remplace. Les prix s'établissent immédiatement sur la base de cette monnaie dépréciée, laquelle sert également au règlement de toutes les dettes.

L'or disparaît des pays qui sont dans cette situation ; il est exporté dans ceux où il est toujours resté la mesure de la valeur et où il peut commander une plus grande somme de travail, s'échanger avec une plus grande quantité de produits.

C'est le cas dans lequel se trouvent les États-Unis, la Russie, l'Autriche, et l'Espagne elle-même, quoique à un moindre degré.

Avant l'existence de la lettre de change, tous les débiteurs de l'Angleterre étaient obligés d'envoyer de l'argent dans ce pays pour y solder leurs achats, et les négociants anglais devaient faire de même vis-à-vis de leurs créanciers à l'étranger.

C'était un double transport d'espèces auquel se trouvaient contraints les deux pays pour solder la totalité de leurs achats et la totalité de leurs ventes.

L'usage de la lettre de change a permis d'éviter tous ces grands mouvements d'espèces.

Ces opérations se sont considérablement simplifiées ; les débiteurs de l'Angleterre achètent les traites que les créanciers de celle-ci ont à tirer sur elle, et s'en servent pour solder le montant de leurs dettes.

Dans l'hypothèse où le chiffre des exportations de l'Angleterre balancerait celui des importations, il n'y aurait pas un seul écu mis en mouvement entre les deux pays ; l'offre des lettres de change étant égale à la demande, le prix des traites sur l'Angleterre se renfermerait exactement dans les limites du rapport fixé pour la *parité* des monnaies des deux pays.

Ce rapport, ou autrement dit, le *pair du change*, qui est intrinsèquement de 25 fr. 22 c. 15 1/2 pour une livre sterling en comparant les quantités d'or pur contenues dans les monnaies des deux pays, n'est en réalité que de 25 fr. 16 c. 70, si l'on tient compte des frais de monnayage, et peut s'élever dans certains cas à 25 fr. 20 c. 75 (1).

Dans le cas de l'égalité des exportations et des importations entre la France et l'Angleterre, nous avons vu que le prix des lettres de change devrait être exactement égal au pair commercial.

Si les exportations de l'Angleterre dépassaient les importations, ce prix serait supérieur au pair ; le contraire aurait lieu si les importations de ce pays excédaient les exportations.

Le prix des lettres de change baisserait ou monterait de toute la différence nécessaire pour permettre l'importation de l'or et de l'argent en Angleterre ou leur exportation, et cette différence représente en moyenne les frais de transport et les bénéfices des banquiers.

---

(1) Si l'on tient compte des frais de monnayage, et il ne peut en être autrement dans la pratique, le pair du change variera de 25 fr. 16 c. 70 à 25 fr. 20 c. 75, suivant la source où on aura puisé l'or. Il sera de 25 fr. 16 c. 70, si on achète à Londres des *souverains* ou si on prend des *lingots* à la Banque d'Angleterre qui, aux termes de la loi, ne peut les délivrer qu'en y ajoutant les frais de monnayage, et il ressortira à 25 fr. 20 c. 75 si on achète des lingots sur le marché, au prix auquel la Banque d'Angleterre les reçoit, c'est-à-dire à 3 £ 17 sh. 9 pence pour une once d'or au lieu de 3 £ 17 sh. 10 pences 1/2, prix auquel elle les rend.

Lorsque la livre sterling peut être obtenue à Paris au cours de 25 fr. 10 c. à 12 c. 1/2, les banquiers français trouvent un bénéfice suffisant pour acheter des lettres de change sur Londres afin de faire venir de l'or à Paris, une différence de 7 centimes environ couvrant tous leurs frais (1).

Le prix de la livre sterling dépend encore de la prime qu'obtient l'or à Paris ou à Londres.

Lorsque c'est la Banque de France qui paye cette prime, et il en est ordinairement ainsi, le prix de la livre sterling peut être augmenté d'autant.

Or, l'examen des cotes pendant un grand nombre d'années permet de constater que le change avec l'Angleterre est à Paris généralement au-dessous du pair, ce qui indique que les exportations de la France pour l'Angleterre dépassent les importations, qu'en outre, l'or, à très-peu d'exceptions près, y a constamment obtenu une prime plus ou moins forte, et qu'il y a eu par conséquent, presque toujours, avantage à faire venir de l'or de ce pays, comme cela a eu lieu effectivement jusqu'ici sur une grande échelle.

Les résultats officiels de notre commerce extérieur, en ce qui concerne l'Angleterre particulièrement, viennent confirmer les indications que fournit le cours du change.

---

(1) Le contraire devrait être vrai ; on devrait pouvoir expédier de l'or en Angleterre, quand le prix de la livre sterling s'élève, à Paris, dans la même proportion au-dessus du pair ; il n'en est pas cependant tout à fait ainsi, par la raison que, à Paris, on ne trouve pas de lingots et qu'on ne peut expédier que des napoléons sur lesquels on a à supporter la perte des frais de monnayage et de l'usure du métal ; on ne peut guère envoyer de l'or en Angleterre que lorsque la livre sterling est à 25 fr. 37 c. 1/2 environ ou au-dessus de ce cours dans la proportion du montant de la prime de l'or.

Le solde de notre commerce avec l'Angleterre a toujours été, en effet, en faveur de l'exportation de nos produits.

Une partie notable de l'excédant des produits exportés par la France doit nécessairement se solder en numéraire; il ne pourrait en être autrement.

Le tableau suivant, établi d'après des documents officiels, offre le résumé et la constatation de tous les résultats que nous venons d'indiquer.

Il montre la parfaite concordance des divers éléments dont se compose le commerce des métaux précieux ou qui influent sur sa direction ; il indique à la fois les causes et les effets correspondants ; on pourra y remarquer, enfin, la parfaite régularité avec laquelle les faits viennent se produire comme pour témoigner de leur obéissance aux lois qui les régissent :

COMMERCE DES MÉTAUX PRÉCIEUX ENTRE LA FRANCE ET L'ANGLETERRE.

ANNÉES.	MARCHANDISES.		NUMÉRAIRE.		CHANGE MOYEN de l'année.	PRIMES et PERTES SUR L'OR.
	Importées en France.	Exportées en Angleterre.	Importé en France.	Exporté en Angleterre		
	FR.	FR.	FR.	FR.	FR. C.	POUR MILLE.
1848.	50,100,000	218,700,000	113,400,000	5,500,000	25 40	19 74 prime
1849.	95,300,000	253,000,000	148,100,000	1,300,000	25 43	12 58 Id.
1850.	111,200,000	312,100,000	119,100,000	10,500,000	25 37	14 63 Id.
1851.	102,300,000	376,600,000	111,600,000	16,600,000	25 28	6 04 Id.
1852.	133,300,000	405,900,000	76,500,000	47,000,000	25 35 1/2	1 à 5 Id.
1853.	146,700,000	598,400,000	302,600,000	36,900,000	25 03 1/2	2 10 Id.
1854.	103,700,000	536,600,000	421,500,000	17,700,000	25 01	3 14 *perte*
1855.	152,600,000	448,400,000	323,200,000	60,500,000	25 13	1 58 prime
1856.	177,200,000	532,100,000	359,100,000	157,100,000	25 29	6 40 Id.
1857.	425,270,000	548,500,000	371,660,000	258,900,000	25 23 1/2	6 05 Id.
1858.	370,500,000	576,200,000	316,300,000	426,050,000	25 11	1 33 *perte*
1859.	406,700,000	774,000,000	512,990,000	188,890,000	25 05	0 75 *perte*
1860.	454,200,000	806,400,000	335,100,000	113,800,000	25 13	0 04 prime
1861.	555,100,000	619,800,000	67,970,000	123,100,000	25 32	1 à 1/4 Id.
1862.	656,100,000	834,200,000	287,500,000	76,600,000	25 21	pair à 2 Id.
1863.	691,800,000	1,039,800,000	213,900,000	62,280,000	25 25	pair à 4 Id.
1864.			280,868,132	44,470,904	25 24	3 54 Id.

On peut déduire de ce tableau les conséquences suivantes :

Nos importations de numéraire ne sont que la contre-partie de nos exportations de marchandises ; c'est ainsi que nous payons avec nos produits les métaux précieux que nous achetons à l'Angleterre, qui, elle-même, les paye avec les siens aux pays d'où elle les tire.

Le cours du change indique parfaitement ce double mouvement d'exportation de marchandises et d'importation de métaux précieux ; toutefois, le cours moyen ne peut fournir qu'une indication générale et approximative, parce qu'il est impossible de connaître l'importance des exportations et des importations qui peuvent avoir eu lieu sous l'influence de tel ou tel cours.

Enfin les primes de l'or, qui généralement n'ont d'autre cause que les besoins spéciaux de la Banque, viennent quelquefois modifier d'une manière anormale le cours du change ; celui-ci monte en effet en raison directe de l'élévation de la prime sur l'or.

Le résultat final reste le même, avec cette seule différence que la Banque a payé inutilement des primes considérables pour enrichir des intermédiaires parasites à ses dépens, et, en dernière analyse, aux dépens du commerce, qui finit toujours par payer tous les frais de ces fausses manœuvres.

La perte qu'éprouva l'or en 1858 provient des envois qui nous en furent faits contre de l'argent.

L'argent était exporté parce que sa valeur relative avait augmenté, et, par la même raison, le mouvement inverse avait lieu pour l'or, dont la valeur avait baissé, et qui ne pouvait être vendu qu'à perte; l'argent gagnait une forte prime; aussi sortit-il pendant cette année plus d'argent qu'il n'entra d'or; c'est ce qui explique l'excédant d'exportation que présente le tableau.

La même observation s'applique aux années suivantes.

Nos échanges avec l'Espagne se soldent également en faveur de la France, comme on peut le voir par l'excédant d'exportation des exercices suivants; qui a été de

130,055,589 francs, en 1862,

173,832,079 — 1863.

Le cours du change n'a pu que réfléchir exactement cet état de choses.

Ce cours est, en ce moment, pour l'Espagne, de 4 fr. 95 à 5 francs pour une piastre, lorsque le pair de la piastre est de 5 fr. 26.

On a donc aujourd'hui un avantage incontestable à faire venir d'Espagne du numéraire au lieu d'en envoyer ; mais cet avantage est atténué par la prime de 2 à 3 % qu'on paye à Madrid pour en obtenir.

Cette prime donnée pour obtenir de l'or ou de l'argent indique, dans ce pays, une situation monétaire anormale, et devient une nouvelle cause d'exportation du numéraire; elle justifie, ce que nous disions plus haut, de l'effet produit par l'existence d'une monnaie fiduciaire dépréciée.

Chaque fois, en effet, que l'or cesse d'être une valeur fixe, une valeur *certaine* par rapport à toutes les autres, et cela a lieu quand il est recherché avec une prime, on l'exporte nécessairement.

Donner une prime pour se procurer de l'or, comme le fait quelquefois la Banque de France, c'est donc déprécier dans une exacte proportion la valeur relative des billets, encourager les demandes de remboursement de ces mêmes billets, favoriser le retrait de l'or ou de l'argent de la circulation dans un but de spéculation; c'est encore faire monter artificiellement le prix des traites sur l'étranger, et augmenter ainsi les charges de l'importation; c'est ne servir en définitive que les intérêts de quelques maisons assez riches, assez puissantes pour être en mesure d'agir sur toutes les places pour profiter des moindres variations dans les cours du change ou dans le prix des métaux précieux.

Il est certain que le cours du change, quand il n'est pas faussé par des opérations à contre-sens, doit indiquer parfaitement la direction que prend ou que doit prendre l'or.

Il demeure conséquemment bien établi que les mouvements d'exportation ou d'importation des métaux précieux, dont nous venons d'indiquer les causes réelles, n'ont aucun rapport avec les variations du taux de l'intérêt.

Toutes les observations à cet égard peuvent se concentrer particulièrement sur les mouvements entre la France et l'Angleterre, ou plutôt entre Paris et Londres, parce que ces deux places sont considérées à juste titre comme les régulatrices du change; elles centralisent, en effet, en grande partie la liquidation des échanges du monde entier.

Or, on pourra constater bientôt, d'après des chiffres officiels, que, avant comme après la loi de 1857, il y a eu fréquemment des écarts de 1 1/2 à 3 % entre le taux d'intérêt des deux Banques, tantôt en faveur de Paris, tantôt en faveur de Londres, sans que l'encaisse de l'une ou de l'autre ait eu le moins du monde à en souffrir.

L'expérience démontre encore que, dans ces mêmes années où l'or prenait tout naturellement la direction de la France, par les raisons que nous avons données, l'encaisse de la Banque d'Angleterre est resté constamment très élevé; ce qui prouve que le commerce des métaux précieux en Angleterre s'alimente aux véritables sources, c'est-à-dire aux pays de production, et qu'il est constamment à la hauteur de tous les besoins intérieurs ou extérieurs.

On a pu se convaincre enfin, par les faits qui viennent d'être exposés, que les envois d'espèces en France étaient, de la part de l'Angleterre, forcés, inévitables; quelles qu'eussent été les variations du taux de l'intérêt, ce courant ne pouvait être détourné.

La Banque de France n'avait donc absolument rien à craindre pour ses réserves métalliques de l'élévation de l'escompte chez nos voisins.

Notre pays a toujours obtenu, contre ses produits, toute la quantité d'or dont il a eu besoin; il devait compter, à ce titre, sur celle qui lui était due en échange du surplus des produits exportés en Angleterre. La Banque seule en a manqué, parce qu'elle n'a pas employé les mêmes procédés; au lieu d'acheter tout simplement de l'or avec son capital, elle ne l'a fait qu'en augmentant inutilement la masse déjà considérable de ses engagements; et, malgré les nombreux avertissements qui lui ont été donnés, elle a persisté dans ce système si funeste au commerce.

En agissant ainsi, la Banque a trop oublié que sa situation vis-à-vis des porteurs de ses billets était celle de débiteur à créancier; que plus un débiteur multiplie ses engagements, plus sa position devient précaire et dangereuse; qu'il ne peut l'améliorer qu'en faisant intervenir son capital dans les proportions reconnues nécessaires.

L'emploi qu'elle aurait pu faire de son capital, en prévision de ses besoins éventuels d'espèces, eût même été très-fructueux; car, si elle avait voulu en consacrer une partie à des achats de lettres de change sur Londres, elle aurait pu profiter de l'élévation de l'escompte en Angleterre pour effectuer des placements à 8 et à 9 %, tandis qu'en adoptant la voie qu'elle a suivie, elle a gêné le commerce, et a travaillé contre le but même qu'elle se proposait, attendu que les maisons qui sont obligées de recourir au crédit pour fournir à la Banque l'or que celle-ci leur demande, ont dû nécessairement exiger d'elle une prime plus forte pour se couvrir du supplément d'intérêt qui leur était imposé.

Le cours du change est donc indépendant de l'encaisse des banques et du taux de l'intérêt. Cette indépendance confirme les principes que nous avons posés en commençant, et réduit à néant les fausses assertions acceptées par les esprits superficiels qui, s'arrêtant à l'apparence des choses, se persuadent, contrairement à tous les faits, que la fixation arbitraire de l'intérêt peut avoir une action quelconque sur l'importance de nos réserves métalliques.

VII.

La Banque de France est-elle dans la nécessité d'élever le taux de son intérêt lorsque ce taux vient à être élevé en Angleterre, afin de préserver son encaisse du danger de l'exportation du numéraire?

Quand on invoque le principe de la solidarité pour justifier l'élévation de l'intérêt en France, c'est surtout de l'Angleterre qu'il s'agit, parce qu'avec ce pays les relations de toute sorte sont très-nombreuses, et que le taux de l'intérêt y éprouve des variations très-fréquentes ; on a même plus particulièrement en vue la Banque d'Angleterre, dont les actes semblent faire loi pour la Banque de France.

Les faits que nous avons établis dans le chapitre précédent, les principes généraux que nous avons exposés, peuvent déjà faire juger combien peu cette solidarité est redoutable pour nos réserves métalliques.

Il est temps d'examiner plus spécialement la question, de l'approfondir au point de vue des deux Banques et de la réaction qu'elles peuvent exercer l'une sur l'autre.

La préoccupation constante de la Banque de France est le danger que fait courir à son encaisse la hausse du taux de l'escompte à la Banque d'Angleterre.

Ce danger, contre lequel on cherche à se prémunir par les mesures les plus violentes, se trouve caractérisé de la manière suivante dans le rapport présenté au Sénat par M. Hubert Delisle :

« Un écart quelque peu important entre le taux de l'escompte de la Banque de Londres et celui de la Banque de France ferait passer dans celui des deux pays privés du numéraire l'encaisse de la Banque la plus richement pourvue.

« Force est donc de conjurer par des surélévations momentanées le taux de l'escompte, pour qu'il n'y ait ni temps d'arrêt dans la circulation de la monnaie fiduciaire, ni ébranlement de la confiance indispensable aux transactions commerciales et au crédit public. »

Telle est la doctrine de la Banque.

Elle est nettement définie, et mise en avant avec une imperturbable assurance, comme si elle défiait toutes les objections.

Disons d'abord que cette mobilité du taux de l'intérêt chez nos voisins tient à l'organisation très-restrictive et très-défectueuse de son principal établissement de crédit, organisation entièrement différente de celle du nôtre, et dont les Anglais commencent à voir clairement les vices.

Nous commençons par admettre que le taux de l'intérêt en Angleterre soit assez élevé pour déterminer les banquiers français à y faire passer de grands capitaux.

Comment s'y prendront-ils? Est-ce bien sous la forme d'exportation d'espèces que cette opération s'accomplira?

Avant de recourir à ce moyen, qui est généralement le plus coûteux, on achèterait toutes les lettres de change que les créanciers de l'Angleterre auraient à tirer sur ce pays, et on n'arriverait aux exportations de numéraire que si la matière des lettres de change, toujours extrêmement abondante, venait à s'épuiser, ou du moins à se raréfier, au point de présenter moins d'économie que l'envoi des espèces, malgré les frais de transport et les risques inhérents à cette nature de remise.

Admettons encore que, pour se procurer les moyens de profiter de cette différence entre le taux d'intérêt des deux Banques, les banquiers qui se livrent à ce genre d'opérations fassent argent de leur portefeuille par la voie de demandes d'escompte à la Banque de France. Il faudrait d'abord que ces demandes prissent une certaine importance pour attirer l'attention de la Banque, et elles ne mériteraient de l'éveiller que si elles étaient accompagnées de retraits d'espèces assez considérables; dans ce cas, la Banque, mieux placée que qui que ce soit pour apprécier les causes et les motifs des demandes d'escompte qui lui sont faites, aurait parfaitement le droit d'écarter celles qui lui paraîtraient d'une nature dangereuse pour son encaisse; quelques avertissements suffiraient pour contenir ces demandes dans des limites modérées.

C'est de cette manière que procédaient autrefois les anciens gouverneurs, MM. d'Argout, Vernes et Gautier, avec l'autorité que leur donnait une longue expérience, et c'était la seule chose qu'il y eût à faire dans un ordre d'idées restrictif, limitatif.

On évitait ainsi de punir la communauté tout entière de la faute de quelques-uns; on ne modifiait pas les conditions normales de toutes les opérations commerciales d'un pays, par le motif que quelques changeurs auraient essayé de donner une extension inaccoutumée à leurs opérations.

Quelle pourrait être, d'ailleurs, l'étendue de ces opérations? Dépend-il de quelques banquiers de faire passer subitement les réserves métalliques d'un pays dans un autre? Auraient-ils la force et le crédit nécessaires pour cela?

Il faudrait, comme nous venons de le voir, être bien peu au courant des faits et de la situation respective des deux pays pour supposer que l'Angleterre pût avoir besoin de notre or et de notre argent au point de nous inspirer, même momentanément, de sérieuses inquiétudes.

C'est le contraire qui est la vérité.

Il n'est pas permis d'ignorer, en effet, que l'Angleterre est le grand marché des matières d'or et d'argent, le principal, sinon le seul intermédiaire de ce commerce entre l'Amérique et l'Europe; qu'elle est toujours abondamment pourvue de ces métaux précieux; que c'est elle qui nous fournit la presque totalité de ceux que nous importons, et que ce n'est que très-exceptionnellement que cet ordre de choses peut se trouver interverti.

Ainsi, dans la période décennale dont les résultats ont été publiés par l'administration des douanes, du 1er janvier 1853 au 31 décembre 1862, on trouve que les matières d'or et d'argent que nous avons reçues d'Angleterre se sont élevées à...................... fr. 3,297,965,398
et celles que nous lui avons envoyées à.. 1,109,656,516

Ce qui donne pour les dix ans un excédant d'importation de................ fr. 2,188,308,882

et pour la moyenne de chaque année. fr. 218,830,888

En 1863, le solde des métaux précieux importés de l'Angleterre a été de........................ fr. 151,587,580

En 1864, il a été de................ fr. 236,400,000

En présence de pareils résultats, on voit combien sont vaines les terreurs dont les directeurs de la Banque paraissent agités, et l'on peut affirmer qu'en abandonnant les choses à leur cours naturel, ce qui serait le parti le plus sage assurément, les espèces que nous pourrions envoyer accidentellement en Angleterre ne tarderaient pas à nous revenir par le seul effet de la baisse que des envois d'une certaine importance pourraient produire sur le marché anglais dans le prix de cette marchandise.

Elles reviendraient d'autant plus promptement que ce n'est nullement le besoin d'espèces, ainsi qu'on le verra plus loin, qui détermine l'élévation de l'escompte chez nos voisins.

Ce besoin, d'ailleurs, s'il venait à se manifester, ne serait jamais que très-exceptionnel.

En Angleterre, où l'économie des moyens est poussée jusqu'à ses dernières limites, on a imaginé les procédés les plus ingénieux pour diminuer l'emploi du numéraire. Tout ce qui excéderait une certaine quantité de métaux précieux indispensable aux besoins du commerce étant considéré comme une force perdue, serait bientôt exporté pour être transformé en objets directement utiles.

On sait, en effet, qu'avec un stock métallique qui ne s'élève pas à la moitié de celui que nous possédons, l'Angleterre est parvenue à réaliser, à l'aide du système des virements de compte et des compensations en usage dans les clearing-houses, une masse d'opérations commerciales, d'échanges, infiniment plus considérable que celle qui a lieu chez nous.

C'est ainsi qu'elle a pu rendre disponible une somme de 2 à 3 milliards d'espèces qui était improductive, et dont l'emploi lui a fourni de nouvelles ressources pour augmenter son fonds de roulement, étendre ses chemins de fer et accroître son matériel de machines, d'engins et d'instruments de toute sorte.

Mais, dira-t-on, ce n'est pas tant des besoins généraux du commerce anglais que nous voulons parler que de ceux de la Banque d'Angleterre, dont la situation spéciale, suffisamment indiquée par l'élévation de son escompte, peut nécessiter de grandes importations d'or.

De ce côté encore, le danger est tout à fait illusoire, ainsi que nous le démontrerons lorsque nous expliquerons le mécanisme spécial de la Banque d'Angleterre, et s'il y a un des deux établissements qui ait à redouter les atteintes de son voisin, on verra que ce n'est pas le nôtre.

C'est le plus souvent, au contraire, la Banque de France qui est la cause directe des élévations de l'escompte à Londres, par suite des achats d'or auxquels elle se livre à l'aide de moyens factices, et généralement aux dépens de la Banque d'Angleterre.

Au lieu d'attaquer ainsi les réserves métalliques des autres banques, elle n'aurait tout simplement qu'à puiser aux sources réelles, à celles où l'or existe réellement, dans le stock considérable que possède le pays et qui est le fruit des économies réalisées par la nation sur les produits du travail ou sur les revenus du capital ; mais, comme nous l'avons constaté, la Banque ne connaît d'autre manière de se procurer de l'or que par des émissions de billets qui, se trouvant en quantités surabondantes, ne font dès lors que traverser la circulation pour revenir immédiatement à leur point de départ. Ceux qui sont chargés de lui fournir cet or, contre lequel elle ne donne aucune valeur nouvelle, se le procurent généralement à l'aide d'une circulation dont la Banque d'Angleterre est le pivot ; celle-ci élève aussitôt son escompte pour déjouer ces opérations, qui ont pour résultat de diminuer à la fois sa réserve de billets et son encaisse métallique. La Banque de France ne manque pas alors d'imiter cet exemple, et la Banque d'Angleterre répond à la hausse de l'escompte en France par une nouvelle hausse. Il en résulte que, des deux côtés de la Manche, l'escompte se trouve porté à des limites extrêmes. Ces surélévations dans les deux pays deviennent ainsi alternativement cause et effet. C'est une véritable déclaration de guerre, guerre sans profit pour l'une ou l'autre partie, guerre dont le commerce, l'industrie et le crédit public payent tous les frais.

Nous tenons à constater cependant que la Banque d'Angleterre n'est entrée qu'exceptionnellement dans cette voie de représailles. Sa conduite est dirigée par de tout autres motifs.

La preuve de ce que nous avançons se trouve dans les exemples fréquents que nous fournit la Banque d'Angleterre de l'adoption et du maintien pendant une longue période de temps d'un taux d'intérêt inférieur au nôtre de 1 1/2, de 2 %, et même de 3 %, sans que son encaisse ait eu le moins du monde à souffrir de cette différence.

Ainsi, dans les années que nous allons indiquer, le taux d'escompte de la Banque d'Angleterre a été inférieur à celui de la Banque de France dans les proportions suivantes :

En 1844, 1850, 1852, 1859, de	1 1/2 %			
En 1861..................	2 1/2	et de	3 %	
En 1862..................	1 1/2	—	2 1/2	
En 1863, enfin, de...........	» 1/2	—	1 »	

Cependant à aucune de ces époques, l'encaisse de la Banque d'Angleterre n'a cessé d'être dans une situtation parfaitement normale. Il s'est constamment maintenu dans un rapport très-élevé avec la circulation. Il y a eu même exubérance d'espèces.

On peut en juger par les chiffres suivants :

Dans les années mêmes où existaient les plus grands écarts en notre faveur entre le taux de l'escompte de la Banque de Londres et celui de la Banque de France, l'encaisse de la Banque d'Angleterre était, relativement à sa circulation :

	NUMÉRAIRE.		BILLETS.		
	—		—		
En **1844** de	£ 14,664,278	pour	£ 20,114,278,	soit dans le rapport de	72,93 %
1850	16,653,500	—	20,598,500	—	80,85 %
1852	20,395,250	—	23,035,750	—	88,54 %
1859	17,928,750	—	22,136,250	—	81,00 %
1861	13,009,250	—	20,690,000	—	62,87 %
1862	16,342,750	—	21,531,250	—	75,83 %
1863	15,013,999	—	20,752,696	—	72,34 %

Le danger invoqué par la Banque de France pour servir d'excuse aux mesures d'élévation de l'escompte est donc absolument nul ; on voit qu'il est considéré comme tel à la Banque d'Angleterre qui ne s'y est pas arrêtée, et qui ne s'en est jamais mal trouvée, ainsi que le constatent les chiffres éloquents et irrécusables que nous venons de produire.

L'expérience qui a été faite chez nos voisins est parfaitement concluante; on ne peut donc pas invoquer, à l'appui de la pratique adoptée par la Banque de France, l'exemple de la Banque d'Angleterre.

Mais il y a mieux encore : cette expérience d'une différence d'intérêt entre les deux pays a déjà été faite, non pas seulement en Angleterre, mais en France, avant 1857.

La doctrine en vertu de laquelle on serait obligé d'élever le taux de l'intérêt, lorsque ce taux vient à être élevé dans un pays voisin, ne date en effet que de 1857, soit qu'on éprouvât alors le besoin d'une théorie pour justifier cette faculté excessive donnée à la Banque d'élever sans limites le taux de l'escompte, soit que les auteurs de cette théorie fussent sincèrement imbus des fausses idées, arriérées d'un siècle au moins, sur la nature et l'importance des métaux précieux.

En 1847, notamment, malgré la disette qui régnait en France à cette époque et qui nécessitait de grandes exportations de numéraire, malgré la crise financière qui sévissait avec la plus grande intensité aux États-Unis, en Angleterre et dans les principaux Etats de l'Europe, malgré l'élévation de l'intérêt en Angleterre jusqu'au taux de 8 %, la Banque de France n'avait pas porté le sien au delà de 5 %; la différence dans le taux d'escompte des deux Banques était donc de 3 %, et cependant, quelque grand que fût cet écart, nos espèces n'avaient point pris le chemin de l'Angleterre; loin de là, dans cette même année, nos importations d'or et d'argent provenant de ce pays dépassaient les exportations d'une somme de 56 millions 700,000 francs.

Nos espèces ne pouvaient prendre d'autre chemin que celui des pays où nous allions chercher du blé, spécialement celui de la Russie, qui, à la place de notre or, voulut bien, heureusement pour la Banque de France, accepter en payement les rentes, au capital de 50 millions, que possédait cet établissement; c'est même par erreur qu'on a cru que la Russie avait payé ces rentes en or; elle en solda le prix avec du blé; c'est l'or que devait l'empereur Nicolas à la Banque qui servit à payer les expéditions de blé en Russie, et celui que reçut et garda la Banque, lui fut fourni, en définitive, par les consommateurs français de ce même blé; c'est ainsi que les choses se seraient passées à la fin de l'opération, quels qu'eussent été, pendant sa durée, les mouvements d'argent entre le gouvernement russe et la Banque de France.

Dans cette année, en effet, où la Russie nous avait envoyé une très-grande quantité de céréales, l'exportation de matières d'or et d'argent à destination de ce pays ne dépassa pas en définitive la somme de 5,739,400 francs, grâce à la vente des rentes de la Banque.

On voit donc, contrairement aux assertions de M. Hubert Delisle, que, aux époques nombreuses où s'est manifesté un écart important dans le taux d'escompte des deux pays, il n'y a eu *ni temps d'arrêt dans la circulation de la monnaie fiduciaire, ni ébranlement de la confiance indispensable aux transactions commerciales et au crédit public.*

Ces phénomènes sont, au contraire, la conséquence directe du système des surélévations de l'escompte.

Dans l'histoire des rapports des deux Banques, il faut distinguer deux époques : l'une antérieure à l'année 1844, l'autre qui lui est postérieure.

Avant l'année 1844, d'où date la nouvelle organisation de la

Banque d'Angleterre, les deux grands établissements de crédit français et anglais étaient fondés sur des bases analogues.

Ils usaient alors quelquefois de réciprocité pour parer à une insuffisance momentanée de leur encaisse ; ainsi il est arrivé à la Banque d'Angleterre, dans des circonstances difficiles, de demander un prêt temporaire à la Banque de France, et, réciproquement, la Banque de France a eu recours, dans de semblables circonstances, à la Banque d'Angleterre pour des services de même nature.

On acceptait pleinement alors, dans un sens libéral, le principe de la solidarité, sans crainte d'être entraîné trop loin ; une somme de 25, de 50 millions au plus, suffisait pour rétablir l'équilibre entre les deux pays ; on savait d'ailleurs qu'il était toujours possible aux deux Banques de limiter les demandes en faisant un triage facile entre le papier ordinaire du commerce et celui qu'on appelle papier de circulation, qui n'aurait eu d'autre objet que de faire passer des métaux précieux d'un pays dans un autre.

De pareilles relations, de pareils échanges de bons procédés avaient le meilleur résultat, et on aurait pu de cette façon éviter l'emploi de ces mesures violentes auxquelles les Banques des deux pays sont aujourd'hui dans l'usage de recourir alternativement et comme à l'envi, afin de protéger leurs encaisses.

A l'époque où de pareils rapports existaient, il est bon de remarquer que les deux Banques vivaient, à de très-rares exceptions près, sous le régime de la fixité de l'escompte ; on n'avait pas encore découvert la théorie de la mobilité incessante de l'intérêt, et les choses n'en allaient pas plus mal. De 1822 à 1844, le taux de l'escompte s'est maintenu généralement en

Angleterre au taux de 4 %; ce n'est que très-temporairement qu'il a été porté à 4 1/2 et à 5 %, et il n'a pas dépassé 6 % pendant la forte crise de 1839.

Voilà des exemples assez remarquables des heureuses conséquences de cette fixité relative qu'on voudrait faire considérer aujourd'hui, bien à tort, comme une nécessité fatale, et comme grosse de dangers heureusement imaginaires.

Depuis la promulgation de la charte de 1844, qui a modifié profondément l'organisation de la Banque d'Angleterre, cet établissement, malgré toute assertion contraire, n'a rien à craindre de l'insuffisance de son encaisse pour parer au remboursement de ses billets.

Cependant l'honorable M. de Germiny, ancien gouverneur de la Banque, ne craint pas d'affirmer, dans son rapport du 29 janvier 1863, « *qu'en Angleterre la mobilité du taux de* « *l'escompte suivait invariablement celle de l'encaisse métal-* « *lique, et que cette loi économique, consacrée par une longue* « *expérience, était toujours appliquée sans hésitation.* »

Nous regrettons de le dire, mais cette assertion est complétement dénuée de fondement : la Banque d'Angleterre n'obéit pas aux mêmes règles que la Banque de France pour la fixation de son escompte, et ce n'est pas l'abaissement de son encaisse qui est le motif principal de ses déterminations.

Il nous sera facile de le démontrer par les faits.

L'encaisse de la Banque d'Angleterre ne varie jamais dans des proportions inquiétantes; loin de là, il est toujours trop élevé par rapport au chiffre de la circulation des billets ; c'est seulement de l'insuffisance de cette circulation que souffre l'Angleterre. On y étouffe dans les bornes trop étroites fixées par la loi, et les élévations du taux de l'escompte n'ont d'autre cause que la limitation du chiffre des billets dont la circulation est autorisée.

C'est absolument l'inverse qui a lieu en France, où les émissions de billets ne sont pas limitées et où l'encaisse est insuffisant.

Ainsi, tandis que l'encaisse de la Banque de France tombait, au commencement de 1864, au chiffre de 169,027,010 francs pour une circulation de 813,490,825 francs, ce qui ne représentait qu'une proportion d'espèces de 20 °/₀ du montant des billets (cette proportion est même descendue plus bas dans l'intervalle des publications officielles), la Banque d'Angleterre, au même moment, avait un encaisse de 14,196,754 £, ou 354,918,800 fr., vis-à-vis d'une circulation qui ne s'élevait qu'à 20,718,260 £, ou 517,956,500 francs, ce qui donnait une proportion d'espèces de près de 69 °/₀.

Il faut ajouter que, l'action de la Banque d'Angleterre étant concentrée à Londres, tandis que l'action de notre Banque s'étend à toute la France, l'encaisse de celle-ci doit se diviser entre 54 succursales, toutes exposées à des demandes d'argent; et ce fractionnement, qui exige des ressources plus considérables, fait ressortir davantage la faiblesse relative des réserves métalliques de la Banque de France.

La moyenne de l'encaisse de la Banque de Londres pour les sept premiers mois de 1864 a été de 334,546,500 francs, pour une circulation moyenne qui n'a été que de 527,260,000 fr., soit une proportion de 63 °/₀.

Pendant la même période, la moyenne de l'encaisse de la

Banque de France n'a été que de 273,866,772 francs, pour une circulation moyenne qui s'est élevée à 767,652,193 francs, soit une proportion de 35 °/₀.

Au mois d'octobre dernier, l'encaisse de la Banque d'Angleterre était encore de 13,006,293 £, soit 325,157,325 francs, pour une circulation de 21,217,320 £, soit 530,433,000 francs, ce qui donne une proportion d'espèces de 61 °/₀.

Au même moment, la quantité d'espèces à la Banque de France n'était que de 33 °/₀ seulement.

Or, si elle eût été de 61 °/₀ comme en Angleterre, au lieu de 33, c'est-à-dire si l'encaisse en France avait été de 462 millions au lieu de n'être que de 250 millions pour une circulation de 754 millions, est-ce que l'escompte, au lieu d'être porté à 8 °/₀, ne serait pas descendu à 4 °/₀ et même à 3 1/2, comme cela a déjà eu lieu avec une proportion d'espèces beaucoup moins favorable (1)?

Avec un encaisse aussi considérable, le taux de l'escompte était cependant à 9 °/₀ à Londres.

Dès lors, où est l'analogie que l'honorable ancien gouverneur de la Banque avait cru pouvoir constater entre les causes qui déterminent à Londres et à Paris l'élévation de l'intérêt? Que devient cette prétendue loi économique en vertu de laquelle *la mobilité du taux de l'escompte chez nos voisins suit invariablement celle de l'encaisse métallique?*

---

(1) La Banque de France a abaissé son escompte :

En 1858, à 4 °/₀,	avec un encaisse	qui ne représentait	que 49 °/₀	de sa circulation.
1862, à 4 °/₀	id.	id.	48 °/₀	id.
— à 3 1/2 °/₀	id.	id.	50 °/₀	id.
1863, à 3 1/2 et 4 °/₀	id.	id.	45 à 48 °/₀	id.

Non, l'analogie qu'on cherche à établir et la loi économique qu'on invoque n'existent pas ; il n'y a d'autre point de ressemblance entre les institutions des deux pays que celui de la mobilité de l'intérêt que notre Banque a imitée de l'Angleterre, sans s'être rendu compte de la situation toute spéciale qui peut, jusqu'à un certain point, au delà du détroit, justifier cette mobilité.

Mais la Banque de France observe-t-elle du moins, dans ce système de l'élévation de l'escompte, rigoureux de sa nature, des règles fixes, invariables, pour conjurer un danger qui se reconnaît à des signes certains ? augmente-t-elle le taux de son escompte en raison exacte de la diminution de son encaisse au-dessous d'une certaine proportion de sa circulation de billets?

Nous avons beau chercher, nous ne trouvons nulle part la trace de règles dont l'application impartiale, logique, pourrait, en apparence du moins, légitimer les variations et les aggravations du taux de l'intérêt qu'on inflige trop fréquemment au commerce, et dont les conséquences sont toujours si dommageables pour la fortune publique ; nous ne trouvons que le règne de l'arbitraire à la place de l'observation d'un principe faisant loi et pouvant servir de justification à de si graves déterminations.

Dans les mêmes cas ou dans des cas analogues, on voit appliquer des taux d'intérêt absolument différents, et ces taux varient dans les limites les plus larges, de 4 °/₀ à 10 °/₀.

Ainsi, la proportion de l'encaisse à la circulation à la Banque de France était :

En novembre	**1863**,	de 23 °/₀,	l'escompte	est à 6 et à 7 °/₀;
novembre	**1857**,	32 °/₀,	—	est porté à 9 et à 10 °/₀;
novembre	**1862**,	35 °/₀,	—	n'est que de 4 °/₀;
décembre	**1857**,	44 °/₀,	—	est porté à 5, 6 et 8 °/₀;
février	**1862**,	44 °/₀,	—	n'est que de 4 °/₀;
janvier,	**1861**,	45 °/₀,	—	est porté à 5 1/2 et 7 °/₀;
mars,	**1861**,	54 °/₀,	—	est porté à 6 °/₀.

En présence de pareilles anomalies, nous ne comprenons pas qu'on ait pu abandonner à la Banque seule le soin de régler arbitrairement le taux de l'intérêt; qu'on n'ait pas cherché à examiner, à peser les motifs de ses déterminations à cet égard, et qu'on ait laissé tomber sinon en désuétude, du moins en oubli, l'article 7 du titre II du décret du 18 mai 1808, lequel n'a jamais été abrogé, et qui, par conséquent, subsiste toujours.

Cet article est ainsi conçu :

« Le taux de l'escompte dans les comptoirs est fixé provi-
« soirement à 5 % l'an. Chaque année, notre ministre des
« finances nous fera un rapport pour nous présenter les résul-
« tats des opérations de chaque comptoir, et NOUS PROPOSER,
« *s'il y a lieu*, LA RÉDUCTION DU TAUX DE L'ESCOMPTE. »

Il autorise formellement, comme on le voit, l'intervention du Gouvernement dans le règlement du taux de l'escompte, et se lie parfaitement à la restriction exprimée par ces mots, SI LES CIRCONSTANCES L'EXIGENT, à la faculté accordée à la Banque par la loi de 1857, article 6, d'élever au-dessus de 6 % le taux de ses escomptes et l'intérêt de ses avances.

On peut, on doit donc en réclamer l'application au nom de l'intérêt public.

Le Gouvernement est d'autant plus intéressé à ne pas rester désarmé en présence du droit excessif dont la Banque de France a été investie par la loi de 1857, que chaque hausse de l'escompte est toujours inévitablement suivie d'une dépréciation dans le cours des fonds publics, que l'exercice de ce droit réagissant par conséquent d'une manière fâcheuse sur les conditions d'émission des emprunts de l'État, devient ainsi une cause sérieuse d'aggravation dans les dépenses du budget, et par suite dans les charges imposées aux contribuables.

On pourra vérifier notre assertion à cet égard par le rapprochement que nous avons fait des cours de la rente avec les divers taux de l'escompte dans les tableaux des comptes de la Banque qui sont publiés en appendices.

Ces cours réfléchissent en effet, en hausse comme en baisse, les modifications que subit l'escompte.

Lorsque les Compagnies de chemins de fer ne peuvent appliquer aucun de leurs tarifs sans l'homologation du Gouvernement, bien qu'elles aient le droit de se mouvoir dans les limites des *maxima* qui ont été fixés par la loi, on ne saurait admettre que la Banque restât seule maîtresse de modifier à son gré un tarif bien autrement important que celui d'un chemin de fer, puisque, par ces modifications, elle peut agir d'une manière favorable ou défavorable sur le cours de toutes les valeurs, élever ou abaisser ainsi le niveau de la fortune mobilière en France.

L'article précité permet heureusement de combler une lacune aussi grave.

Il résulte déjà des faits et des considérations qui précèdent, que la Banque de France n'a rien à craindre du danger des exportations de numéraire, et que ces exportations n'ont pas plus de rapport avec le taux de l'intérêt que n'en ont les exportations de blé ou d'une marchandise quelconque.

Mais il est bon de mettre cette vérité dans tout son jour, et il ne restera pas la moindre obscurité ou le moindre doute à ce sujet, quand nous aurons fait connaître sur quelles bases, toutes différentes, reposent aujourd'hui la Banque d'Angleterre et la Banque de France.

VIII.

De la Banque d'Angleterre, des raisons qui ont amené sa constitution actuelle, et des différences qui la distinguent de la Banque de France.

C'est ici le cas de remonter aux causes qui ont provoqué la réforme de l'ancienne constitution de la Banque d'Angleterre, d'indiquer les motifs qui ont fait adopter le régime actuel et d'exposer le mécanisme de son organisation.

Nul n'ignore que vers la fin du dernier siècle, en 1797, la Banque d'Angleterre fut obligée de suspendre le payement de ses billets en espèces. Elle avait été amenée à cette extrémité par l'abus que le Gouvernement avait fait des ressources de cet établissement ; indépendamment du prêt de la totalité de son capital, les avances auxquelles la Banque avait dû consentir s'élevaient à un chiffre énorme. Il fallait bien subvenir aux dépenses considérables qu'entraînait la lutte gigantesque que Pitt avait organisée contre la France ; et, par suite des nécessités politiques, la Banque se trouvait réduite au rôle d'une caisse de service de la Trésorerie.

Le gouvernement britannique avait pu ainsi éviter de recourir au crédit aussi fréquemment et dans d'aussi larges proportions qu'il aurait dû le faire, s'il n'avait pas eu les facilités que lui offrait la Banque; mais il n'échappait à un excès que pour tomber dans un autre plus périlleux encore : il compromettait un établissement qui était la base du crédit industriel et commercial, et comme la pierre angulaire du crédit public.

Quand des besoins extraordinaires nécessitent des dépenses qui, par leur caractère exceptionnel, ne peuvent pas être prélevées sur le budget ordinaire des recettes, il faut savoir se résoudre à l'emploi de mesures extraordinaires.

Les banques peuvent bien aider à l'émission et au classement des emprunts, mais elles ne peuvent ni ne doivent engager trop exclusivement leur crédit dans de pareilles opérations, et immobiliser les capitaux dont elles disposent dans des avances dont la rentrée n'est pas assurée.

Malheureusement, il en est de même de presque tous les gouvernements; ils n'ont pas assez complétement le courage de leurs résolutions. On n'hésite jamais devant certaines dépenses, et particulièrement devant celles de l'ordre militaire; mais on n'ose pas en mesurer la portée au moment de les entreprendre; on craint de les envisager, on ne veut pas les avouer et on cherche toujours à s'en dissimuler l'importance; enfin on ne prend pas assez tôt les mesures nécessaires pour les solder. Il est plus commode d'absorber les ressources des établissements de crédit qu'on a sous la main; ainsi sont détournés du commerce et de l'industrie les capitaux qui leur sont destinés; ainsi les banques sont amenées à des situations périlleuses qui les forcent de restreindre leurs crédits ou d'en aggraver les conditions. C'est là une des causes les plus ordinaires des crises qui se produisent et des ruines qui en sont la conséquence.

La situation devient plus grave encore lorsque les grands établissements de crédit d'un pays sont compromis, au point d'être obligés de réclamer le cours forcé pour leurs billets, et que l'un des principaux agents de la circulation se trouve ainsi privé du contrôle de la monnaie métallique, étalon commun de toutes les valeurs, sans lequel on s'expose à marcher sans boussole.

Le patriotisme anglais permit cependant d'éviter une grande partie des inconvénients que devait produire la mesure du cours forcé des billets de la Banque d'Angleterre. Par une délibération unanime, les marchands de la Cité, au nombre de quatre mille, déclarèrent qu'ils continueraient à prendre les billets de la Banque en payement comme par le passé. Cette résolution honora grandement le commerce britannique, mais elle ne pouvait faire disparaître les conséquences qui allaient naître en foule de cet état de choses, ni remédier en particulier aux fluctuations de la valeur.

Les billets de banque ne tardèrent pas en effet à se déprécier; la différence de leur cours avec celui des espèces d'or et d'argent dépassa 30 %.

Robert Peel avait été frappé des graves inconvénients d'une pareille situation qui durait depuis vingt-deux ans et des perturbations qu'avait entraînées l'absence d'un étalon métallique. Nommé, en 1819, président et rapporteur d'une commission chargée d'examiner les affaires de la Banque, il demanda formellement le rétablissement du payement des billets en espèces et réussit à faire prévaloir son opinion.

Le rétablissement des payements en espèces fut une mesure salutaire qui changea aussitôt la face des choses. Tout rentra immédiatement dans l'ordre, et les affaires ne tardèrent pas à prendre un grand essor.

Toutefois, dans un pays comme l'Angleterre, où sont poussés fort loin les principes de liberté et de concurrence, ces deux grands leviers, ces puissants instruments de progrès, l'abus est souvent très-près de l'usage : les banques de circulation n'étant soumises à aucune règle quant à l'importance de leurs émissions et à la proportion d'argent qu'elles devaient avoir en caisse, on ressentit bientôt les nombreux inconvénients d'une circulation fiduciaire exagérée et d'une insuffisance des réserves métalliques.

La Banque d'Angleterre elle-même ne sut pas résister à l'entraînement de cette exagération, en même temps que son encaisse tombait quelquefois au-dessous d'une proportion convenable. En 1826, par exemple, le montant de ses espèces ne s'élevait pas au dixième de son émission de billets, et en 1839, cette proportion des espèces était de nouveau descendue jusqu'à 13 %.

C'est alors que Robert Peel, ému des dangers auxquels la témérité des banques pouvait exposer la communauté, résolut d'éviter à tout prix l'éventualité menaçante du rétablissement du cours qu'il avait combattu jadis et dont il avait triomphé. Profitant donc, en 1844, de l'opportunité du renouvellement de la charte de la Banque d'Angleterre, il imagina et fit adopter dans ce but un système limitatif des émissions de papier de banque.

D'après ce système qui est encore en vigueur, l'organisation de la Banque d'Angleterre comporte deux départements : celui de l'émission et celui de l'escompte et avances.

Le département de l'émission n'est autorisé à émettre des billets sans en avoir la contre-valeur en espèces, que pour une somme égale au capital de la Banque, lequel est prêté à l'État, c'est-à-dire pour 14,000,000 £ ou 350 millions de francs.

La Banque d'Angleterre est, en outre, autorisée à remplacer, dans une certaine proportion, les émissions des autres banques qui auraient renoncé à leur circulation par suite de fusion ou d'arrangements prévus dans la charte de 1844.

Toutes les autres émissions de billets doivent être représentées par des lingots ou des espèces.

La circulation de billets non représentée par des espèces se trouve ainsi limitée aujourd'hui à 364 millions de francs environ, et c'est ce montant de 364 millions en billets qui devient le capital avec lequel opère le département de l'escompte; il en constitue la commandite, et à ce capital de commandite viennent s'ajouter les dépôts publics et les dépôts particuliers, ainsi que les réserves que la Banque a pu successivement accumuler.

Le département de l'escompte se sert des billets que lui a livrés le département de l'émission, sans avoir à s'occuper de leur remboursement; cela regarde l'autre département, et on a vu que, sous ce rapport, il n'y avait pas la moindre crainte à concevoir, puisque l'encaisse ne descend pas généralement au-dessous d'une proportion de 61 % de la circulation, et que, souvent, cette proportion est supérieure; mais il reste, lui département de l'escompte, rigoureusement enfermé dans les limites de son capital de 364 millions environ et des ressources que lui procurent les dépôts publics ou particuliers, ainsi que ses réserves.

Non-seulement il ne peut pas dépasser ces limites, mais il est tenu de garder en caisse, soit en billets, soit en espèces, une réserve suffisante pour le service de ses comptes courants, la situation paraît normale quand cette réserve, soit en billets, soit en métal, représente à peu près la moitié du montant des dépôts. Lorsque la réserve atteint cette moitié ou la dépasse, on se croit en pleine sécurité, et la Banque abaisse alors le taux de l'escompte afin d'augmenter la masse de ses affaires; par contre, elle l'élève quand son fonds de roulement en billets ou en espèces descend au-dessous de cette proportion, obligée qu'elle est, dans ce cas, de réduire l'importance de ses affaires, afin de ne pas épuiser ce fonds de roulement.

Nous ne croyons pouvoir mieux faire, pour compléter cet exposé, que de reproduire l'une des dernières situations de la Banque d'Angleterre.

SITUATION AU 7 SEPTEMBRE 1864.

Département de l'Émission.

ACTIF.	Liv. st.	PASSIF.	Liv. st.
Dette du gouvernement	11,015,100	Billets émis	26,876,895
Autres valeurs	3,634,900		
Espèces et lingots	12,226,895		
Total	£ 26,876,895	Total	£ 26,876,895

Département des opérations de Banque.

ACTIF.		Liv. st.	PASSIF.		Liv. st.
Valeurs du gouvernement		10,797,095	Capital		14,553,000
Autres valeurs		20,308,310	Réserve et bénéfices		3,879,270
Billets	6,067,030	6,810,582	Dépôts publics	6,022,373	19,483,717
Espèces	743,552		Autres dépôts	12,904,085	
			Billets à 7 jours de vue	557,259	
Total		£ 37,915,987	Total		£ 37,915,987

Pour avoir le chiffre des billets en circulation, il faut déduire du montant des billets émis, ci .... £ 26,876,895
celui des billets en caisse dans le département des opérations de banque, ci.............. 6,067,030

Montant de la circulation........ £ 20,809,865

L'encaisse métallique se compose des espèces réunies des deux départements, savoir :

Au département de l'émission........... £ 12,226,895
— la Banque............. 743,552

Ensemble.. £ 12,970,447

Ce sont les chiffres que nous avons donnés plus haut et qui se résument par un encaisse de 324,261,175 francs pour une circulation de 520,246,625 francs.

On peut voir, par de pareils chiffres, que les directeurs de la Banque peuvent s'endormir dans une complète sécurité sur le remboursement de leurs billets.

La seule chose qui puisse troubler cette sécurité, c'est la proportion de l'encaisse du département de l'escompte en billets ou en espèces par rapport au montant des dépôts.

Le montant de ces dépôts, y compris les billets à 7 jours de vue, étant de.......................... £ 19,483,717

la moitié, qui est prise pour règle, est de..... £ 9,741,858

Or, l'encaisse en billets et en espèces n'étant que de .... £ 6,810,582

il manquerait......................... £ 2,931,276

pour que la Banque se trouvât dans une situation jugée complétement normale.

Il aurait suffi, pour faire disparaître toute appréhension, d'autoriser la Banque à augmenter le chiffre de ses émissions de billets de £ 2,931,276.

L'escompte aurait pu alors être immédiatement abaissé, et il serait tombé très-certainement de 9 %, taux actuel, à 4 et peut-être même à 3 % (1).

C'est ce qui eut lieu en 1847 et en 1857.

A chacune de ces deux époques, le Gouvernement se trouva dans la nécessité d'autoriser la Banque à augmenter le chiffre de ses émissions (2).

En 1847, la Banque n'eut même pas besoin de profiter de cette autorisation; il lui suffit d'user plus largement de sa réserve de billets, sûre qu'elle était de pouvoir la renouveler.

En 1857, l'excédant de billets que la Banque eut la faculté d'émettre fut fixé à 2,000,000 £, et elle n'en usa pas complétement. Elle ne se servit de ce crédit de 2,000,000 £ que jusqu'à concurrence de 928,000 £, mais les effets de commerce ayant été admis plus largement à l'escompte, la confiance s'était rétablie, et la crise s'évanouit comme par enchantement. Le taux de l'intérêt tomba immédiatement de 10 à 6 %, c'est-à-dire d'un chiffre total de 4 %, et un an plus tard, il était descendu jusqu'à 2 1/2.

---

(1) Les négociants anglais ont un petit carnet de poche qu'on appelle *baromètre* et dont chaque page contient le cadre des situations hebdomadaires de la Banque d'après les données que nous venons d'indiquer; il suffit de le remplir pour savoir si l'escompte doit être élevé ou abaissé.

(2) Ces autorisations furent données le 25 octobre 1847 et le 12 novembre 1857.

Ce qui prouve que ce n'était pas la confiance qui faisait défaut de la part du public.

Des crises qui n'auraient le plus souvent qu'une courte durée se trouvent singulièrement aggravées par les restrictions de crédit qui, dans ces circonstances, sont imposées au commerce.

Ici ces restrictions étaient le résultat de l'organisation défectueuse de la Banque d'Angleterre.

A aucun moment, du reste, pendant la durée de ces deux crises mémorables, la Banque d'Angleterre n'éprouva la moindre inquiétude sur la suffisance de son encaisse. — En 1847, par exemple, dans les mois d'octobre et de novembre, la proportion de ses espèces, par rapport à sa circulation de billets, était encore bien supérieure à celle qu'accuse la dernière situation de la Banque de France (26 janvier 1865).

Il est bon de savoir que le Gouvernement se réserve toujours le bénéfice des émissions supplémentaires que la Banque peut être autorisée a faire.

La Banque n'a par conséquent aucun intérêt à réclamer l'augmentation de ses émissions de billets; elle ne le fait que dans des cas d'extrême nécessité ; on comprend qu'elle doive désirer, au contraire, le maintien d'un état de choses qui lui permet de retirer un revenu élevé de ses avances, car, par suite de la limitation de ses émissions et des charges que lui impose le Gouvernement en échange du droit de se servir gratuitement de 364 millions de billets pour son commerce d'escompte, ses bénéfices se trouvent réduits et sont en fait de beaucoup inférieurs à ceux que réalisent les *Joint-Stock Banks* à côté d'elle.

On voit que le remède indiqué par la situation est bien simple pour l'Angleterre, et qu'il est d'une nature entièrement différente de celui que réclamerait la situation de notre Banque.

En Angleterre, c'est le chiffre des billets qui est trop faible; en France, c'est celui de l'encaisse.

En Angleterre, on n'élève l'escompte que parce qu'on n'a pas assez de billets.

En France, on ne l'élève que parce qu'on n'a pas assez d'argent.

La Banque d'Angleterre n'a nul besoin de nos espèces.

Toutes celles qu'on lui remettrait iraient s'enfouir dans les caisses du département de l'émission en échange des billets retirés par ceux qui apporteraient des espèces.

Cela n'améliorerait en rien, par conséquent, la situation du département de l'escompte.

Si la Banque d'Angleterre voit avec regret les retraits d'espèces qui sont souvent opérés pour le compte de notre Banque, ce n'est nullement parce qu'elle craint d'en éprouver une gêne, mais uniquement parce que ces retraits d'espèces correspondent nécessairement à une rentrée de billets dans le département de l'émission, et que cette opération vient diminuer encore une circulation fiduciaire déjà insuffisante.

En quoi consiste donc cette prétendue solidarité entre notre encaisse et celui de la Banque d'Angleterre?

On la chercherait vainement, car elle n'existe pas.

Les appréhensions qu'elle fait naître n'ont aucun fondement. C'est en elle-même que la Banque doit chercher la véritable cause du mal, qui est exclusivement dans la disproportion de son encaisse avec le chiffre de ses émissions.

La circulation de billets de la Banque de France dépasse généralement celle de la Banque d'Angleterre de 250 à 300 millions de francs, et, malgré une pareille différence dans le chiffre des émissions, l'encaisse en France est toujours inférieur à celui de la Banque d'Angleterre; cette infériorité a été de 185,891,840 francs au commencement de la présente année (1).

Cette situation, si différente de celle de nos voisins, est dangereuse, et appelle toute l'attention des pouvoirs publics.

On a raison d'élever très-haut les talents, le mérite de Robert Peel, mais ne serait-ce pas se montrer conséquent que de se pénétrer de sa pensée en prenant les seules mesures propres à prévenir le retour du cours forcé?

Sous ce rapport, le système de Robert Peel a complétement réussi. Le remboursement des billets n'a jamais été mis en question depuis la charte de 1844; il est assuré de la manière la plus absolue, ce qui est loin d'exister en France, où l'on ne

---

(1) Ainsi, en janvier 1864, le chiffre des billets en circulation, qui s'élevait en France à .... fr. 813,490,825
n'était pour la Banque d'Angleterre que de 517,956,500

Excédant de la circulation en France........ fr. 295,534,325

Et le montant de l'encaisse, qui s'élevait pour la Banque d'Angleterre à .... fr. 354,918,850
n'était en France que de 169,027,010

Excédant de l'encaisse en Angleterre........ fr. 185,891,840

semble évoquer le souvenir du cours forcé que pour faire accepter le régime désastreux de la hausse permanente de l'intérêt.

Ce système, qui diffère essentiellement, comme on le voit, de celui de la Banque de France, a néanmoins dépassé le but ; il est allé certainement au delà de la pensée de son auteur.

Quoi qu'il en soit, les faits ont marché et ont démontré l'insuffisance radicale du régime actuel en présence de l'immense développement d'affaires qui a eu lieu depuis l'application des principes de la liberté commerciale.

La Banque d'Angleterre, réduite en quelque sorte au rôle d'une banque de dépôt, ne répond plus aux besoins du commerce britannique ; les capitaux abondent, mais leur circulation est incessamment entravée par une extrême pénurie de monnaie fiduciaire, qui est cependant l'élément indispensable de toutes les transactions d'une certaine importance. En restreignant l'émission des billets dans des limites trop étroites, on s'est, en outre, privé d'un des moyens d'action les plus puissants sur l'abaissement du taux de l'intérêt.

Mais si le système limitatif des émissions admis par nos voisins est mauvais, si ses vices apparaissent clairement à tous les yeux, ceux de l'insuffisance de l'encaisse dont la Banque de France nous offre le spectacle ne sont pas moins grands.

Dans tous les cas, ces deux systèmes sont entièrement dissemblables dans leur nature et dans leurs effets.

Nous avions donc raison de dire que les causes qui amènent l'élévation de l'escompte dans les deux pays sont tout à fait différentes, et que la Banque de France n'a nul besoin de suivre la Banque d'Angleterre dans les oscillations du taux de l'intérêt.

Elle peut s'en abstenir sans le moindre danger pour son encaisse. — Et d'ailleurs, on ne saurait admettre qu'un établissement de crédit comme la Banque de France puisse, pour se soustraire à l'éventualité d'une demande d'espèces un peu importante, infliger périodiquement au pays les calamités d'une crise.

Les banques sont des réservoirs d'espèces auxquels le commerce doit pouvoir puiser quand les besoins du travail l'exigent; elles doivent, par conséquent, être organisées de manière à satisfaire aux demandes lorsque leur légitimité est constatée.

C'est ainsi que la crise, qu'on redoute comme conséquence du retour de la paix en Amérique, pourrait être facilement conjurée, si la Banque de France, comprenant les devoirs de sa situation, était approvisionnée d'une quantité d'espèces suffisante pour les besoins des achats de coton qu'on effectuera principalement avec de l'argent, avant que les anciennes relations commerciales se soient complétement rétablies; on cesserait alors de considérer à l'égal d'un malheur public la perspective d'un événement à la réalisation duquel se trouve lié en Europe le sort de populations entières.

Les conséquences de la hausse de l'escompte sont bien plus graves en France qu'en Angleterre, où la richesse mobilière étant considérable, on a pu éviter une partie des inconvénients résultant de la constitution actuelle de la Banque.

Dans ce pays, les classes manufacturières et commerciales disposent généralement de fonds de roulement très-considérables provenant de bénéfices accumulés anciennement, et les banquiers particuliers y jouent un rôle beaucoup plus important que chez nous : tous les encaissements et tous les payements se font par leur intermédiaire; dépositaires de la plus grande partie des capitaux disponibles servant de fonds de roulement, ils ont de grandes facilités pour se livrer à l'escompte du papier. Quand la Banque d'Angleterre élève le taux de l'intérêt pour écarter un certain nombre de clients, ces clients trouvent ailleurs des facilités qui n'existent pas en France au même degré ; il y a, en effet, en Angleterre, de simples maisons de banque qui font presque autant d'affaires que la Banque elle-même.

Aussi l'escompte n'y suit-il pas toujours rigoureusement les variations du taux de la Banque.

Par exemple, dans la crise monétaire actuelle, les *Joint-Stock Banks* ont maintenu au même chiffre l'intérêt qu'elles accordaient à leurs déposants, sans s'inquiéter des variations de la Banque, lesquelles ne tiennent nullement au fond des choses, comme on l'a vu, et ne sont que l'effet d'un mécanisme vicieux et reconnu comme tel aujourd'hui par les hommes les plus compétents.

Mais, pour n'avoir pas le même caractère de gravité dans les deux pays, l'élévation de l'escompte, érigée à l'état de système, n'en est pas moins un fait déplorable contre lequel on ne saurait trop réagir, car elle constitue une véritable exploitation de l'industrie et du commerce; et lorsqu'on songe que cette exploitation est exercée par des établissements de crédit créés dans le but de protéger le travail, d'assurer le développement de la production au profit de ceux qui en sont les agents, on a peine à comprendre un pareil oubli de leurs principes constitutifs et de la mission qu'ils sont appelés à remplir.

Il est indispensable de les rappeler au but de leur institution; mais, pour tirer la conclusion de ce chapitre, nous devons constater, d'après ce qui précède, que le régime des deux grandes institutions de crédit de Paris et de Londres diffère essentiellement, et que la Banque de France n'est nullement dans la nécessité d'élever le taux de son intérêt lorsque ce taux vient à être élevé par la Banque d'Angleterre. Les craintes entretenues sur le danger que courraient, dans ce cas, nos réserves métalliques, sont donc dénuées de tout fondement.

IX.

Du taux de l'intérêt. — Mission des banques. — Devoirs qu'elles ont à remplir.

Nous croyons avoir fait justice de cette erreur populaire qui fait dépendre le taux de l'intérêt de l'abondance ou de la rareté du numéraire.

Ce ne sont pas les nations qui ont eu le plus d'argent chez lesquelles l'intérêt a été le moins élevé, ce sont celles qui ont eu le plus de moyens de crédit.

Il suffit, pour s'en convaincre, de mettre en parallèle l'Espagne et le Portugal avec l'Italie, la Hollande et l'Angleterre.

Après la découverte de l'Amérique, une grande quantité d'or et d'argent s'est répandue dans le monde ; le prix de ces métaux a éprouvé une baisse considérable, mais le taux de l'intérêt n'a pas varié.

Il en a été de même de nos jours à la suite de l'exploitation des mines de l'Australie et de la Californie.

Mais ce n'est pas assez d'avoir combattu des préjugés depuis longtemps détruits dans l'esprit de tous les hommes au courant des grandes questions économiques, il faut procéder maintenant à la recherche des vrais principes.

Connaît-on les lois qui président au règlement du taux de l'intérêt?

Peut-on déterminer sa marche, en indiquer les raisons?

Est-il désirable que l'intérêt soit peu élevé?

Il ne suffit pas que des richesses soient créées pour que la réduction de l'intérêt s'opère; il faut aussi qu'elles s'accumulent plus particulièrement, suivant la marche naturelle des choses, dans la classe des producteurs, dont la condition tend sans cesse à s'améliorer, tandis qu'il devient chaque jour plus difficile de vivre sans travail sur le produit d'une œuvre passée; ceux qui, séduits par l'attrait de doux loisirs, essayent de se soustraire à cette grande loi du travail, ne tardent pas à voir s'amoindrir leurs revenus ainsi que leur situation sociale.

Cette idée se trouve admirablement résumée dans une brochure que publia M. Jacques Laffitte, en 1824, sur la réduction de la rente, en collaboration, suivant l'opinion du temps, avec un écrivain devenu depuis un homme d'État illustre, un éminent historien :

« Quelle est en général, la qualité du capitaliste dans la société? C'est ordinairement celui qui a travaillé et qui ne travaille plus, ou, plus ordinairement encore, c'est celui dont les pères ont travaillé autrefois et l'ont dispensé de travailler lui-même aujourd'hui. Il prête donc ses capitaux à ceux qui n'ont pas acquis la faculté de se reposer; et, il faut en convenir, il mérite à ce titre bien moins d'intérêt que l'homme industrieux qui paye actuellement son pain par ses sueurs. Sans doute, cet oisif fortuné n'en a pas moins ses droits, car il faut respecter le travail dans celui même qui se repose, il faut respecter le travail du père dans le capital du fils; mais peut-on empêcher les effets de la loi commune qui avilit sans cesse les capitaux en augmentant leur abondance ? *L'homme qui vit sur une œuvre passée doit devenir continuellement plus pauvre, parce que le temps le transporte, avec la richesse d'autrefois, au milieu d'une richesse toujours croissante et toujours plus disproportionnée à la sienne. A défaut du travail, il n'y a qu'un moyen de se soutenir au niveau des valeurs actuelles, c'est de diminuer ses consommations. Il faut ou travailler ou se réduire. Le capitaliste a le rôle de l'oisif, sa peine doit être l'économie, et elle n'est pas trop sévère.*

« La rapide augmentation des capitaux, produite en France par une violente secousse, a rendu leur dépréciation plus prompte qu'elle n'avait jamais été, et le passé, vaincu de toutes les manières, s'est trouvé en toutes choses au-dessous du présent. Depuis surtout que la paix nous a permis de jouir des résultats de la Révolution, les progrès de l'industrie ont fait subir aux capitaux une réduction universelle. »

Mais est-il possible d'influer sur l'élévation ou sur l'abaissement du taux de l'intérêt?

La question de l'intérêt est à la fois de l'ordre économique et de l'ordre politique.

Au point de vue économique, l'intérêt est bien l'expression de l'offre et de la demande des capitaux.

La baisse de l'intérêt résulte directement de leur abondance, des progrès de la fortune publique.

On a longtemps confondu les *capitaux* d'un pays avec l'*argent* qu'il renferme et qui n'est en réalité qu'une portion de l'ensemble de ses richesses mobilières, des matières premières qu'il possède, de ses approvisionnements de toute sorte ; c'est seulement de l'abondance ou de la rareté de ces richesses, de ce capital mobilier dont l'argent fait lui-même partie, que dépend exclusivement le taux de l'intérêt.

Ce n'est pas de l'or, ainsi que nous l'avons déjà dit, qu'on emprunte réellement pour le faire valoir intrinsèquement, comme l'entendaient les casuistes lorsqu'ils proscrivaient le prêt à intérêt, par cette raison que l'écu n'enfante pas l'écu à la manière dont l'épi produit l'épi ; ce que l'on emprunte en dernière analyse, c'est uniquement l'ensemble des choses qu'on peut se procurer avec cet or, c'est-à-dire les instruments de son travail, la matière de son industrie, les moyens d'alimenter sa famille et ses ouvriers jusqu'au terme, jusqu'à l'accomplissement de l'œuvre de la production.

L'or et l'argent, on ne saurait trop le répéter, ne sont que des marchandises, un produit du travail humain que l'on peut toujours se procurer avec d'autres produits, avec d'autres capitaux ; aussi, lorsque le prix de l'argent s'élève par suite du besoin qu'on en éprouve sur tel ou tel point du monde commercial, cela indique qu'on doit le payer plus cher, qu'on doit donner une plus grande quantité de travail en échange, mais nullement qu'on doive hausser le taux de l'intérêt et élever ainsi le loyer de l'ensemble des capitaux de toute nature qu'emprunte l'industrie.

Le taux de l'intérêt est encore influencé par la situation relative de la classe qui emploie les capitaux vis-à-vis de celle qui les possède, par l'indépendance plus ou moins grande dont elle jouit, par sa position sociale, par l'importance des richesses que le travail a successivement accumulées dans ses mains, par l'action enfin qu'elle exerce sur l'administration des affaires publiques.

Dans les sociétés antiques, les maîtres, possesseurs exclusifs de tous les capitaux, prélevaient la part qu'il leur convenait de fixer sur les produits du travail des classes laborieuses, alors en état de servitude.

Cette part a constamment diminué au fur et à mesure des progrès de l'émancipation de cette portion de la société, de beaucoup la plus nombreuse, qui est vouée à l'œuvre de la production.

Elle est représentée aujourd'hui, en ce qui concerne la propriété mobilière, par le loyer ou l'intérêt du capital, et l'on a observé que, malgré de nombreuses oscillations, le prix de ce loyer tend constamment à baisser.

Telles sont les raisons générales qui permettent de se rendre compte de la marche du taux de l'intérêt dans le sens d'une réduction successive.

Il n'y a d'activité dans l'industrie, et par suite de prospérité pour les États, que lorsque l'intérêt est peu élevé.

L'abaissement du taux de l'intérêt est, en effet, une chose essentiellement désirable, en ce sens que cet abaissement produit une diminution dans les frais de production et réduit le prix de toutes choses.

La première condition, la condition indispensable du développement du travail, C'EST D'AVOIR LES CAPITAUX A BON MARCHÉ.

Quand l'intérêt est peu élevé, les entreprises se multiplient, une activité féconde anime toutes les parties du corps social, les salaires augmentent, la consommation s'étend et sollicite la production, les épargnes se forment, et l'accumulation croissante des capitaux vient, avec une puissance nouvelle, donner la vie aux créations de tout genre par lesquelles l'industrie, la science et les arts concourent à l'amélioration et à l'ennoblissement des conditions de l'existence humaine.

Turgot se sert d'une grande et belle image pour faire comprendre la féconde influence qu'exerce sur la prospérité publique l'abaissement du taux de l'intérêt :

« On peut regarder, dit-il, le prix de l'intérêt comme une espèce de niveau au-dessous duquel tout travail, toute culture, toute industrie, tout commerce, cessent. C'est comme une mer répandue sur une vaste contrée; les sommets des montagnes s'élèvent au-dessus des eaux, et forment des îles fertiles et cultivées. Si cette mer vient à s'écouler, à mesure qu'elle descend, les terrains en pente, puis les plaines et les vallons, paraissent et se couvrent de productions de toute espèce. Il suffit que l'eau monte ou s'abaisse d'un pied pour inonder ou pour rendre à la culture des plages immenses. C'est l'abondance des capitaux qui anime toutes les entreprises, et le bas intérêt de l'argent est tout à la fois l'effet et l'indice de l'abondance des capitaux. »

L'abaissement du taux de l'intérêt est encore désirable au point de vue de la hausse de toutes les valeurs, de l'amélioration du crédit public, et par suite de la diminution des impôts.

C'est à l'observation de cette loi de décroissance de l'intérêt qu'est due la diminution que les Gouvernements ont pu opérer dans leurs budgets au moyen de la réduction de l'intérêt des dettes publiques.

Tous les principaux ministres qui se sont succédé en France depuis la Restauration, M. de Villèle comme M. Laffitte et M. Thiers, M. Bineau comme M. Fould, ont fait de la conversion des rentes, à l'imitation d'autres grands États de l'Europe, la base de leurs combinaisons financières ; ils auraient manqué à tous leurs devoirs d'hommes publics, ils auraient gravement engagé leur responsabilité devant l'histoire, si, ardents comme ils l'ont été à la réalisation de cette mesure, ils n'avaient pas eu foi dans la marche décroissante du taux de l'intérêt.

Cette conviction dont ils ont dû être animés a été si grande dans certains esprits qu'elle en a conduit quelques-uns, et des plus distingués, à croire que l'intervention de l'État pouvait accélérer ce mouvement de décroissance, qu'ils considéraient avec raison comme digne des plus grands encouragements.

Voici comment s'exprime à cet égard M. Jacques Laffitte dans la brochure remarquable que nous avons déjà citée :

« Je suis profondément persuadé que l'un des plus grands progrès à procurer à un pays, c'est de réduire le taux de l'intérêt. Sans doute, il diminue bien de lui-même ; mais il faut des déclarations précises, solennelles, pour entraîner sa réduction là où elle est arriérée. Et le Gouvernement, qui est un des plus grands consommateurs de capitaux, annonçant qu'il réduisait leur prix d'un cinquième, entraînait cette réduction par sa puissante concurrence. Son exemple était irrésistible, et devait accélérer encore le mouvement qui nous entraîne vers la prospérité, la civilisation et le genre de liberté promis désormais à tous les peuples. »

La loi économique de l'abaissement successif du taux de l'intérêt est loin d'être sans compensation pour les propriétaires et les capitalistes, puisqu'à cet abaissement correspond directement l'amélioration du capital de toutes les valeurs mobilières et immobilières.

Mais comment concilier cette loi de la décroissance successive du taux de l'intérêt avec les oscillations qu'on observe dans sa marche, avec l'abondance ou la faiblesse alternatives des récoltes, les besoins variables du travail ?

Le taux de l'intérêt est-il d'ailleurs uniforme dans un même lieu, à un moment donné? ne se modifie-t-il pas suivant la nature des placements?

Les capitaux que possède une nation sont le produit d'une longue accumulation.

Leur importance ne peut diminuer du jour au lendemain à moins d'événements suprêmes : à la suite de révolutions, d'invasions, de guerres longues et désastreuses.

Il n'y a aucune raison pour que l'intérêt s'élève dans un pays où la richesse générale n'a éprouvé aucun de ces grands bouleversements.

Il y a, au contraire, des causes sérieuses, réelles, d'un abaissement progressif, par suite des économies nouvelles qui viennent s'ajouter chaque année aux économies antérieures, par suite aussi de l'augmentation incessante de la puissance productrice du travail.

Les pertes résultant d'une mauvaise récolte peuvent arrêter ce mouvement d'amélioration dans le taux de l'intérêt, elles ne sauraient le faire rétrograder.

Le taux de l'intérêt ne peut donc pas subir de variations subites, fréquentes, imprévues, comme le prétendent ceux qui, sous l'influence d'erreurs populaires, font dépendre ce taux de l'abondance ou de la rareté des métaux précieux.

On est allé même plus loin de nos jours dans cette théorie du taux de l'intérêt, puisqu'on a fait dépendre sa mobilité, non pas seulement de la quantité variable des métaux précieux d'un pays, mais de celle qui serait à la disposition d'un seul établissement de crédit; or, comme cette quantité est nécessairement subordonnée aux capitaux que cet établissement pourrait ou voudrait y consacrer, il en résulterait que le monopole d'une banque constituée en vertu de tels principes ne serait rien moins qu'une abdication complète de la société en sa faveur.

Cette banque se trouverait ainsi investie, en fait, du droit effrayant de régler arbitrairement tout ce qui concerne la location des capitaux, de faire la hausse ou la baisse de tous les fonds publics, de toutes les propriétés mobilières ou immobilières, d'agir, en un mot, sur tous les revenus d'une nation, en modifiant à son gré le taux de capitalisation de toutes les valeurs.

Dans les demandes de capitaux, il faut distinguer celles relatives à l'escompte de celles qui sont motivées par les besoins des grandes entreprises de travaux publics ou autres.

Les capitaux qui s'appliquent à l'escompte ont pour objet le transport, l'emmagasinage, la transformation ou la vente des produits destinés aux usages de la vie ; ils représentent le fonds de roulement d'une nation, l'avance d'une portion plus ou moins considérable du montant des denrées, matières premières ou objets de toute nature qu'elle récolte ou transforme annuellement.

La durée de ces prêts est très-courte, et les risques très-faibles ; les mauvaises chances qu'ils présentent diminuent, au point même de s'annuler pour les grands établissements de crédit en raison de la solidité de leur clientèle.

Le taux de l'intérêt, comme l'on sait, se compose, en effet, de deux éléments bien distincts, du loyer du capital et d'une prime d'assurance proportionnée à la solvabilité de l'emprunteur ou à la sécurité du placement.

C'est ce dernier élément qui, dans le commerce de l'escompte, se réduit dans la proportion du nombre et de l'importance des garanties.

Le taux d'intérêt peut donc être très-faible pour les placements de cette nature, et il va toujours en s'affaiblissant davantage en raison du nombre de mains par lesquelles un effet de commerce a passé, jusqu'au moment où il a acquis les qualités nécessaires pour entrer dans le portefeuille des banques de premier ordre.

A ce moment, la prime d'assurance disparaît presque complétement pour ne laisser subsister que le loyer du capital, l'intérêt simple dégagé de tout risque.

A l'appui de cette assertion, on pourrait citer la nullité presque absolue des pertes de la Banque de France sur l'immense mouvement de ses escomptes.

Les placements fixes, tels que ceux qui s'opèrent sur les obligations à long terme, exigent nécessairement un dédommagement plus considérable que ceux qui ont l'escompte pour objet, et dont la durée est infiniment plus courte. Leur taux dépend également des garanties offertes.

Les placements en fonds publics sont influencés par la considération des causes politiques ou autres qui font varier le capital.

Enfin, le taux de l'intérêt des placements fixes, comme ceux qui ont lieu sous la forme d'actions, et qui sont relatifs aux manufactures, aux travaux publics, aux entreprises de tout genre, est proportionné aux chances aléatoires que présente chaque nature d'entreprise.

Ce taux dépend encore évidemment de l'importance des demandes de capitaux, mais rien n'indique qu'en France on ait atteint dans leur emploi la limite des économies annuelles.

Tout au contraire; la tendance des capitaux français à se

placer à l'étranger et l'abondance des offres qui se manifestent journellement montrent bien que le pays n'est pas encore préparé à les absorber en totalité pour les besoins intérieurs.

Les capitaux qui s'appliquent à l'escompte doivent donc se placer au taux le plus faible, puisque, dans cette nature de placement, le taux de l'intérêt n'est influencé que par les causes générales qui agissent d'une manière permanente et continue sur la réduction du loyer du capital.

Ce taux est un thermomètre, un régulateur pour tous les autres placements; il doit leur servir de point de comparaison.

C'est un type dont on cherche à se rapprocher le plus possible.

Son abaissement est salué avec joie comme un signe général de prospérité; le contraire arrive quand il s'élève: les perturbations les plus graves se produisent alors dans les conditions générales du marché des capitaux; la valeur capitale de la fortune publique se détériore dans des proportions effrayantes pour l'imagination, et le pays semble s'affaisser sous le poids de la ruine.

On voit clairement, d'après cette analyse des différents taux d'intérêt suivant la nature, la durée et la solidité plus ou moins grande des placements, que les Banques d'escompte peuvent prêter à un taux très-faible, en raison de la courte durée de leurs avances et de la faiblesse des risques que présentent ces avances dans leur ensemble.

C'est donc par l'effet du renversement de tous les principes, par l'oubli des notions les plus élémentaires de la théorie comme des données de la pratique, que le taux de l'escompte a pu atteindre chez nous des cours supérieurs à ceux de tous les autres placements; de pareilles anomalies ne peuvent se produire impunément; on en a vu les conséquences dans les crises si fréquentes de ces dernières années.

M. de Germiny doit voir, par ce qui précède, que ce n'est pas précisément la théorie de la FIXITÉ de l'intérêt que nous défendons, et que nos convictions sont puisées ailleurs que dans les exemples, nombreux d'ailleurs, que nous fournissent sous ce rapport l'Angleterre et la France, la France surtout où le taux de 4 °/₀ a été maintenu à la Banque pendant près de quarante années. L'importance d'un pareil fait ne saurait cependant être méconnue par M. de Germiny, en sa qualité d'ancien gouverneur de cet établissement.

Nous considérons ce *taux de 4 °/₀*, longtemps expérimenté, comme un MAXIMUM, mais nullement comme le dernier terme de la réduction de l'intérêt.

Il ne peut manquer, selon nous, d'être successivement abaissé.

C'est la loi du progrès, la conséquence nécessaire du développement de la richesse publique et du perfectionnement de l'organisation du crédit.

On a beau dire, pour atténuer l'importance de cette fixité de l'escompte, si longtemps observée par la Banque, et qui est la condamnation de ses doctrines actuelles, que les circonstances sont différentes, que les affaires n'avaient pas pris alors le même développement qu'aujourd'hui, cette raison n'est pas admissible : on n'est pas plus fondé à dire des banques qu'on ne le serait à prétendre des machines à vapeur que leur mécanisme change de nature parce qu'on en augmente la puissance. Dans les deux cas, le principe reste le même :

d'un côté, c'est une question d'argent et de crédit ; de l'autre, c'est une question de charbon et de production de vapeur (1).

Cette raison est d'ailleurs démentie par les faits, en ce qui concerne la Banque d'Angleterre, car avant la nouvelle consti-

---

(1) Il a été dit encore au Sénat que, quand la Banque maintenait le taux de son escompte à 4 %, il lui arrivait, lorsqu'elle se trouvait en face de difficultés sérieuses, de n'escompter qu'à courts délais, de ne plus accepter que des effets arrivant à échéance au plus tard 60 jours après, au lieu de 90 jours, et un sénateur, fort autorisé, interrompait l'orateur pour dire que, dans de pareilles circonstances, on réduisait même, QUELQUEFOIS, à 30 jours l'échéance des effets que l'on admettait à l'escompte.

Or, nous regrettons, en présence d'assertions aussi formelles, aussi positives, d'avoir à déclarer que *de pareilles mesures n'ont jamais été prises pendant toute la durée du régime du maintien de l'escompte à 4 %.* Depuis le 17 décembre 1818 jusqu'au 3 octobre 1855, c'est-à-dire pendant une période de 37 ans, on n'a pas cessé une seule fois d'admettre à l'escompte des effets à l'échéance de 90 jours.

Il faudrait remonter à 1806 et aux années calamiteuses de 1813, 1814 et 1818 pour trouver de pareils exemples de réduction d'échéances. Ils ne nous ont été donnés depuis lors que par l'école moderne de la Banque de France, et ceci trois fois en moins de deux ans, en 1855, 1856 et 1857 !........

Cela se comprend d'ailleurs parfaitement, car rien, dans les statuts de la Banque, ne s'opposait à ce qu'elle élevât l'intérêt si elle l'avait jugé nécessaire, et le fait du maintien du taux de 4 % pendant près de 40 ans suffit à lui seul pour indiquer l'esprit de sagesse et de modération avec lequel la Banque était alors dirigée ; il explique l'absence, pendant la durée de cette longue période, de ces crises dites monétaires, et qui n'ont fait leur apparition que depuis une dizaine d'années.

Voici les époques auxquelles eurent lieu ces réductions dans l'échéance des effets admis à l'escompte par la Banque.

Le maximum des échéances, après avoir été pendant 37 ans de 90 jours, fut réduit :

Du 4 octobre 1855 jusqu'au 13 février 1856, à 75 jours.

Du 6 octobre 1856 jusqu'au 25 décembre 1856, à 60 jours.

Du 26 décembre 1856 jusqu'au 26 février 1857, à 75 jours.

Enfin, à partir du 11 novembre 1857, sous l'administration de M. de Germiny, on adopta le système des catégories d'échéances :

L'escompte des effets au-dessous de 30 jours fut alors fixé à 8 %.

— de 31 à 60 jours — à 9 %.

— de 61 à 90 jours — à 10 %.

Il n'y a vraiment pas de quoi se vanter, quand on a été obligé d'en venir à de pareilles extrémités !

tution qu'a reçue cet établissement en 1844, à l'époque où il ne faisait varier son intérêt qu'à des intervalles fort éloignés et dans des limites très-restreintes, l'importance de ses affaires et de sa circulation était à peu près la même qu'aujourd'hui. Elle n'a pas sensiblement augmenté, si même elle a augmenté.

L'œuvre de la réduction successive du taux de l'intérêt s'accomplit lentement, comme toutes les grandes choses de ce monde, et, fort heureusement, les fortunes ne se trouvent pas bouleversées du jour au lendemain ; sauf les cas de révolution, la Providence ménage non-seulement des transitions, mais elle tient même en réserve de larges compensations.

Les époques de fixité de l'intérêt ne sont que des étapes dans cette marche vers un ordre de choses où la distribution des produits s'opérerait d'une manière parfaitement équitable pour le travail.

Une certaine fixité de l'escompte n'est-elle pas d'ailleurs essentielle aux combinaisons industrielles, n'est-elle pas indispensable?

C'est précisément ce qui manque complétement aujourd'hui.

Les principaux éléments de la production, le prix des matières premières, comme le taux des salaires, peuvent être prévus, déterminés à l'avance avec assez de précision; il n'en est pas de même aujourd'hui du taux de l'intérêt, qui se trouve soumis à une mobilité désespérante, et dont l'élévation subite vient, à chaque instant, renverser les projets les mieux conçus, détruire les espérances les plus sérieuses.

L'industrie et le commerce ne peuvent plus présenter de sécurité dans de pareilles conditions.

Comment s'étonner dès lors que les affaires s'arrêtent et que les impôts diminuent?

L'industrie du bâtiment est particulièrement frappée en ce moment; les entrepreneurs ploient sous le poids de charges que leur impose le capital.

Nous ne citerons que le fait suivant, pour sortir de ce qu'on pourrait appeler le domaine des généralités :

Des entrepreneurs particuliers, habiles et prudents, soumissionnent de grands travaux, après s'être livrés à une étude minutieuse des projets; ils s'assurent à l'avance auprès de plusieurs capitalistes des moyens de crédit qui viendront s'ajouter à leurs ressources personnelles : le taux d'intérêt se règle sur celui de la Banque, lequel est de 4 1/2 °/₀ au moment de leur traité; mais ce taux ne tarde pas à monter, il atteint les cours les plus élevés, et l'entreprise, avant même le commencement des travaux, se trouve grevée de charges d'intérêt exorbitantes sur des sommes considérables.

Ces entrepreneurs n'auront travaillé en définitive que pour les capitalistes.

Mais ce qui ne sera pas le moins piquant de l'affaire, c'est que ceux-là même qui ont dicté ces dures conditions et qui en auront profité seront probablement les plus ardents à déclamer contre l'exagération de la spéculation et la cherté des loyers!...

La fixité du taux de l'intérêt n'est jamais que relative; elle exprime un état de choses existant à un moment donné, mais n'engage nullement l'avenir.

Quand Turgot fondait la Caisse d'escompte en 1776 et lui imposait un maximum de 4 °/₀, il ne comptait pas plus enchaîner la postérité à ce taux d'intérêt que Napoléon Ier lorsqu'il écrivait en ces termes à M. Mollien, son ministre du Trésor :

Laeken, 15 mai 1810.

« Je reçois votre lettre du 8. Ce que vous devez dire au gouverneur de la Banque et aux régents, c'est qu'ils doivent écrire en lettres d'or, dans le lieu de leurs assemblées, ces mots : QUEL EST LE BUT DE LA BANQUE DE FRANCE ? — D'ESCOMPTER LES CRÉDITS DE TOUTES LES MAISONS DE COMMERCE A QUATRE POUR CENT. »

Précédemment, en 1806, il faisait ainsi gourmander la Banque pour avoir porté son escompte à 6 %:

Berlin, 14 novembre 1806.

« Vous devez dire au gouverneur de la Banque que je pense que, dans les circonstances actuelles, IL EST SCANDALEUX D'ESCOMPTER A 6 %. — Elle ne doit pas oublier qu'elle escomptait déjà à 6 % lorsque les maisons de commerce faisaient leurs opérations sur le taux de 9 %. Il est donc convenable de revenir à l'ancien taux de 5 %.

« NAPOLÉON. »

On retrouve partout cette préoccupation de l'empereur Napoléon relativement à l'abaissement du taux de l'escompte :

« *Chaque année*, dit-il dans le décret du 18 mai 1808 déjà cité par nous, *notre Ministre des finances nous fera un rapport pour nous présenter les résultats des opérations de chaque comptoir, et* NOUS PROPOSER, S'IL Y A LIEU, LA RÉDUCTION DU TAUX DE L'ESCOMPTE (1). »

Si, en 1776 et en 1810, le taux de l'escompte, pour les grands établissements de crédit privilégiés, paraissait être à son prix naturel sur le pied de 4 %, il n'y avait rien de bien téméraire à penser qu'on pouvait, de nos jours, le réduire sans inconvé-

(1) Titre II, article 7.

nient à 3 %; c'est effectivement ce qu'a voulu et ce qu'a réalisé M. Bineau, en 1852, sous l'inspiration de l'Empereur.

En effet, en échange de la renonciation de l'État à la faculté qu'il avait de modifier le privilége de la Banque de France, à partir du 31 décembre 1855, cet établissement, pour prolonger son existence de douze années, avait consenti, le 3 mars 1852, à réduire à 3 % le taux de l'escompte des effets de commerce et des avances sur rentes, et à étendre ces avances, sous les mêmes conditions, aux actions et aux obligations de chemins de fer.

L'effet de ces simples mesures ne se fit pas attendre. On sait l'impulsion que reçurent toutes les affaires, l'immense développement que prirent nos travaux publics, par suite de la réduction de l'escompte à 3 % et de l'admission des valeurs de chemins de fer au bénéfice des avances de la Banque de France sur le même pied que les effets de commerce.

Ce mouvement fut rapide, instantané; l'abondance était revenue avec la confiance, et cependant on sortait à peine d'une situation de trouble et de révolution, pendant la durée de laquelle le capital national était loin d'avoir augmenté.

On ne tient jamais un assez grand compte de la puissance créatrice des forces sociales, lorsqu'elles sont encouragées à se mettre en mouvement; on ne mesure pas non plus suffisamment la grandeur des pertes qu'entraîne le moindre chômage dans l'emploi de ces forces et l'importance des capiaux perdus par l'effet d'une consommation improductive out par les fausses mesures qui en ont arrêté la formation.

Malgré les engagements qu'elle avait contractés, la Banque

de France ne tarda pas à reprendre l'une des concessions qu'elle avait faites, en retour des avantages considérables qu'on lui avait accordés.

Elle parvint à retirer celle qu'elle avait consentie relativement à la réduction de l'intérêt, en faisant miroiter aux yeux du public le danger de l'épuisement de ses réserves métalliques, danger qu'il dépendait de la Banque seule d'écarter immédiatement.

Il faut bien le constater : c'est en éveillant de pareilles craintes qu'on est parvenu à obscurcir les idées au point de remettre tout en question, de méconnaître le travail accompli dans le passé, de mettre en oubli toutes les grandes traditions financières dont nous ne faisons ici que renouer la chaîne, et de faire triompher la doctrine de la mobilité de l'intérêt dans le sens de l'aggravation des charges du travail.

Les doctrines les plus surannées, les idées qui, depuis longtemps jugées et condamnées, devaient être considérées comme définitivement abandonnées par tous les hommes éclairés, sont remises en honneur, et on ne craint pas, en l'an de grâce 1864, de déclarer AVEC ASSURANCE (*sic*), au sein d'un des conseils généraux les plus considérables de France : que l'*intérêt n'est que le prix de l'argent*, et qu'il ne peut s'abaisser que *quand les* BALANCES DU COMMERCE *permettent que cela soit ;* — que *la plus puissante institution de crédit du monde n'aurait pu défendre son encaisse sans son affranchissement de la loi sur l'usure ; — que ce n'est pas le taux de l'intérêt de l'argent qui importe aux affaires, mais la certitude de n'en jamais manquer*, A QUELQUE PRIX QUE CE SOIT (1).

---

(1) Rapport de M. de Germiny au conseil général de la Seine-Inférieure sur la liberté de l'intérêt de l'argent.

A QUELQUE PRIX QUE CE SOIT! voilà le grand mot lâché, le secret de la situation; on n'admet pas même la pensée qu'à la Banque seule devrait incomber le soin de rétablir ces balances et l'obligation de faire tous les sacrifices nécessaires pour se procurer l'argent dont elle a besoin.

C'est cependant à l'aide de pareilles doctrines qu'on ruine le commerce, et qu'on recueille bel et bien, sans avoir l'air d'y tenir, des bénéfice énormes, sans grands efforts d'imagination, sans bourse délier, et, s'il nous était permis, en matière si grave, de nous souvenir de Molière, nous dirions *sans dot,* comme dans la comédie de l'*Avare*.

Mais, pour achever de porter la conviction dans les esprits, il ne suffit pas de s'en tenir à une démonstration historique ; il faut encore donner la raison économique, ou plutôt financière, de la décroissance de l'intérêt, et montrer comment on peut influer sur son abaissement, comment on peut même modifier, sous ce rapport, les conditions de l'offre et de la demande.

Ce résultat peut être obtenu à l'aide des banques.

Les banques ont été imaginées par le génie industriel dans le but de procurer au travail des capitaux à bon marché.

Elles sont les intermédiaires à l'aide desquels s'opère, d'une part, la réunion, la concentration des capitaux, de l'autre, leur distribution dans les diverses parties de l'atelier social.

Avant la formation de ces grands établissements de crédit, lorsque les rapports étaient directs entre les prêteurs et les emprunteurs, l'intérêt devait être d'autant plus élevé que la position de l'homme qui n'a pas d'avances, qui ne peut vivre de son travail qu'avec les moyens, les instruments qu'on lui confie, est nécessairement inférieure à celle de l'homme qui possède et qui peut attendre.

L'existence de ces établissements placés comme intermédiaires entre les capitalistes et les travailleurs, remplissant la fonction de modérateurs des prétentions du capital, devait être éminemment favorable aux intérêts du travail.

On ne saurait nier, en effet, que les banques d'escompte, les banques de crédit foncier, les sociétés commanditaires de l'industrie, aient puissamment contribué à améliorer les rapports des capitalistes et des emprunteurs, en offrant aux uns plus de sécurité, aux autres des facilités plus grandes, des conditions meilleures et surtout moins variables.

Le mécanisme des banques d'émission a surtout aidé merveilleusement à combattre l'usure et à faire baisser le taux de l'intérêt.

Ce mécanisme consiste dans le remplacement d'une portion du numéraire d'un pays par la monnaie fiduciaire, dans la substitution, pour l'office de monnaie, d'un capital qui ne coûte rien à une portion correspondante du capital en métaux précieux qui sert aux besoins des échanges, et dans l'application de ce capital aux besoins du commerce et de l'industrie.

Les banques ayant le privilége d'introduire dans la circulation, sans intérêt, des billets qui doivent marcher de pair avec l'or et l'argent, par suite de la faculté qu'on a de les échanger à toute heure contre espèces, contractent en retour l'obligation d'avoir une réserve *métallique* suffisante pour satisfaire aux demandes de remboursement qui peuvent leur être adressées.

Le papier de banque ne peut circuler, en effet, à l'égal du numéraire qu'à la condition de pouvoir toujours être converti en monnaie d'or ou d'argent.

Les banques reçoivent, en outre, soit de l'État, soit des particuliers, des sommes en compte courant pour lesquelles elles ne payent aucun intérêt, mais qu'elles doivent tenir constamment à la disposition des déposants.

Il faut donc que toute banque ait en réserve une certaine proportion de métaux précieux pour subvenir à toute demande de remboursement.

Il arrive encore qu'à certaines époques de l'année, une partie, toujours minime il est vrai, de l'argent d'un pays, doit, suivant le cours naturel des faits, s'échanger contre les matières premières d'un autre pays, sauf à revenir plus tard, par d'autres canaux, en échange de matières fabriquées; il se présente également dans la vie des nations des années calamiteuses où l'ordre ordinaire des choses est au contraire renversé, et où il faut pourvoir d'urgence à l'approvisionnement d'une grande population, sans autre moyen de payement que celui de la marchandise par excellence, comme l'or et l'argent. On conçoit qu'à ces époques, c'est au réservoir commun des banques qu'on ait provisoirement recours pour se procurer les espèces dont on a besoin; les banques ont le devoir de s'organiser pour répondre à ces éventualités, afin d'éviter le trouble profond, les crises ruineuses qu'entraîne l'élévation subite du taux de l'intérêt ou la restriction des crédits.

La proportion de métaux précieux que chaque banque doit conserver dépend du crédit spécial dont elle jouit.

Elle varie généralement du tiers à la moitié du montant de

la circulation ; mais, à cet égard, il faut que la responsabilité de ces établissements soit absolue, et qu'ils ne puissent pas compter sur la tolérance des gouvernements pour diminuer les garanties qu'ils doivent au public.

L'obligation de maintenir constamment le rapport reconnu nécessaire entre leur encaisse et leur circulation découle des avantages qui leur sont concédés. Elle est la condition même de ces avantages.

Si, par un artifice quelconque, les banques pouvaient se soustraire, soit directement, soit indirectement, à cette obligation, si même il y avait de leur part impossibilité réelle à effectuer constamment le remboursement des billets à la volonté des porteurs, il n'y aurait aucune raison de les laisser jouir de la *gratuité* de la circulation.

On peut dire qu'il y a deux *mesures* pour le papier de crédit, *l'argent* et *l'intérêt*.

Les billets de banque n'ont d'autre mesure que l'argent ; leur valeur dépend uniquement de la *certitude* pour le porteur du remboursement à volonté ; c'est la condition de l'admission de ces *billets* dans la circulation comme *monnaie sans intérêt*.

Cette certitude de remboursement à volonté des billets émis n'est pour les banques que le résultat d'un calcul de probabilités, et quand elles sont bien conduites, quand elles n'abusent pas de leur crédit, les données de ce calcul peuvent parfaitement se réaliser. Mais du moment où les banques cesseraient d'offrir cette certitude, leurs billets devraient rentrer dans la catégorie des effets à échéance qui n'ont d'autre raison d'être, qui n'offrent d'autre dédommagement que *l'intérêt*, car l'intérêt est le prix de la jouissance d'un capital déterminé pendant un certain temps.

Le Comptoir d'escompte ne fait pas autre chose par le réescompte de son portefeuille.

Il paye un intérêt pour les effets à échéance qu'il introduit ainsi dans la circulation.

LES BILLETS DE BANQUE DEVRAIENT ALORS PORTER INTÉRÊT.

L'introduction de ces derniers effets dans la circulation sera même le complément du système des banques, attendu qu'on ne peut pas émettre indéfiniment des *billets sans intérêt*, et que l'émission des *billets à intérêt* n'a d'autre limite que celle de l'existence même des capitaux disponibles, lesquels pourraient en totalité se prêter sous cette forme.

Mais nous ne nous occupons en ce moment que des banques de circulation, et nous disons qu'il y a pour elles nécessité de constituer un capital, dans le double but de servir à la fois à former un fonds de caisse et à augmenter les ressources du crédit pour les besoins de l'escompte. Il est inutile d'ajouter de nouveau que, quel que soit son emploi, ce capital ne peut jamais cesser d'être la garantie des créanciers, ce caractère de garantie étant supérieur à l'usage qu'on en peut faire, et indépendant du mode de placement, de la manière dont le capital est représenté.

La question de la réserve métallique des banques est une simple question de mécanique financière.

Quand la réserve d'une banque n'est pas suffisante, cela indique tout simplement que le capital de cette banque ne l'est pas ou que la proportion des billets que comporte la circulation a été dépassée.

Il n'est pas rare que ces derniers cas se présentent, par suite de la tendance naturelle des institutions comme des individus à user de tous leurs moyens, à utiliser toutes leurs ressources pour le plus grand bien des intérêts qu'ils représentent.

Il est donc essentiel qu'on veille à ce que le capital des banques soit toujours au niveau des besoins que nous venons d'indiquer ; que, de plus, il soit toujours disponible ; que l'encaisse enfin soit en rapport avec l'importance de la circulation.

Les banques peuvent émettre du papier de circulation, sur lequel elles n'ont aucun intérêt à payer, pour une somme double ou triple de leur capital, et réaliser ainsi, avec le produit des sommes déposées en compte courant, un bénéfice triple ou quadruple de l'intérêt de leur mise sociale.

En dehors du capital de 182 millions dont dispose la Banque de France, et qui devrait être réalisé dans ses caisses, le mouvement ordinaire résultant du jeu de ses opérations lui laisse la disponibilité d'un encaisse de 2 à 300 millions ; il lui serait donc facile de réunir un fonds métallique de 4 à 500 millions, à l'aide duquel elle pourrait porter avec sécurité ses émissions à près d'un milliard et même au delà, suivant les besoins de la circulation, ce qui lui permettrait de réaliser des bénéfices égaux à quatre ou cinq fois l'intérêt des fonds fournis par ses actionnaires.

Avec de pareils moyens, on voit de quelle puissance irrésistible les banques sont armées ; on comprend l'efficacité de leur concurrence sur le marché des capitaux ; et, de fait, elles sont réellement maîtresses d'empêcher que le taux de l'intérêt franchisse certaines limites.

Elles ont été instituées dans ce but; leur mission est de procurer des capitaux à bon marché à l'industrie et au commerce; on est, par conséquent, en droit de leur demander compte de la manière dont elles la remplissent.

Au fond, ce ne sont pas ces établissements qui donnent le crédit au commerce; c'est au contraire le commerce qui le leur donne en se servant de leurs billets, et en leur apportant, sans rémunération aucune, la totalité de ses fonds disponibles; ce n'est donc pas être trop exigeant que de demander pour le public une participation à de pareils avantages au moyen d'un intérêt modéré.

Mais, si la puissance des banques est grande pour le bien, elle n'est pas moins grande pour le mal, surtout quand elles sont investies d'un monopole exclusif et que leur pouvoir est sans contre-poids.

Elles peuvent, à leur gré, faire servir les immenses capitaux dont elles disposent à favoriser l'élévation du taux de l'intérêt.

Un exemple funeste est alors donné à une nation, quand, au lieu de combattre l'usure, les banques l'érigent en principe et le pratiquent ouvertement, quand elles favorisent les tendances égoïstes des prêteurs au lieu de leur servir de frein, et d'offrir, par leur modération, un puissant correctif aux inconvénients de la liberté de l'intérêt; elles pourraient d'autant plus facilement remplir cette mission que leur mécanisme s'y prête admirablement, puisque la plus grande partie des capitaux dont elles disposent sont prélevés, *à titre gratuit*, sur la circulation; mais par un étrange renversement d'idées, c'est le contraire qui a lieu aujourd'hui, les banques ayant seules la liberté d'user et d'abuser du taux de l'intérêt, comme un capitaliste affranchi des lois de l'usure et ne relevant que de lui-même.

Livrées à elles-mêmes, aux seules impulsions de l'intérêt privé, il est très-facile aux banques d'augmenter leurs bénéfices à volonté et d'accroître ainsi les charges du travail dans des proportions qui ne peuvent pas se mesurer par ces bénéfices seulement, car les prêts qu'elles effectuent ne sont qu'une fraction minime de l'ensemble des opérations du même genre entre particuliers.

C'est donc ici que la surveillance du pouvoir est indispensable pour prévenir de pareils abus, pour empêcher de tels écarts.

Il nous semble qu'on peut considérer désormais comme bien et dûment constaté :

Que l'entretien des réserves métalliques d'une banque est une obligation qui dérive de la nature même de son privilége ;

Que cet entretien est facile à la condition d'employer le seul moyen qui soit sérieux, efficace, celui de se procurer des espèces en les achetant avec le capital dont on est réellement propriétaire, au lieu de ne se servir que d'un capital prêté, déposé, d'un capital qui appartient au public, et que, conséquemment, il a toujours le droit de reprendre ;

Que les mesures qui consistent à élever le taux de l'intérêt sont complétement inefficaces pour la préservation des réserves métalliques des banques ou de celles du pays, ainsi qu'on en a fait l'expérience depuis plusieurs années. — On peut voir, en effet, en ce moment, que, malgré l'emploi de ces mesures, l'encaisse de la Banque n'augmente point, et il a été démontré surabondamment que l'exportation des métaux précieux n'influe en aucune façon sur le taux de l'intérêt, et réciproquement ; qu'enfin, sauf de rares exceptions, l'entrée de ces métaux dépasse toujours la sortie.

Il était bien nécessaire d'établir ces principes, car l'oubli dans lequel ils sont tombés rend la situation de l'industrie très-précaire.

A chaque instant, on la bouleverse pour quelques millions d'espèces de plus ou de moins ; un simple besoin local dans une succursale, à Lille, Marseille ou Bordeaux, devient une cause d'alarme dans toute la France (1) ; il suffit même d'un retrait d'argent causé par la paye d'un grand chantier de travail pour porter ombrage à la Banque, et il arrive souvent que, dans les départements, on apporte des obstacles aux demandes d'argent les mieux motivées ; aussi, pour éviter toutes difficultés, certaines compagnies de chemins de fer se sont vues obligées de conserver par devers elles la portion d'espèces qui est nécessaire aux besoins de leurs travaux et de s'imposer ainsi les embarras et les frais d'une surveillance gênante.

En vérité, nous ne sommes étonnés que d'une chose, c'est de la solidité de l'industrie et du commerce français au milieu des chocs inattendus et des véritables avanies qu'on ne cesse de leur infliger.

Que la Banque de France n'évoque donc plus le fantôme

---

(1) « Il est très-préjudiciable à l'universalité des grands intérêts du commerce de la France, dit M. le marquis d'Audiffret, dans son ouvrage sur le *Système financier de la France*, de faire subir inévitablement à chacune des places de nos départements les fatales conséquences de toute crise locale, de toute gêne momentanée et de toutes les circonstances défavorables qui troublent fortuitement la circulation de la Banque unique et centrale de Paris. » — *Tome II, page* 436.

du cours forcé, qu'elle ne mette plus en avant des considérations d'intérêt public pour se dispenser de remplir ses engagements et pour accroître les charges du commerce.

Il n'y a désormais ni incertitude ni doute sur la cause du mal ni sur le but à atteindre pour le faire cesser.

Le mal n'a d'autre cause que le fonctionnement imparfait de cette institution, dont la mission était de procurer à l'industrie des capitaux à bon marché.

La modération du taux de l'intérêt, nous ne saurions trop le répéter, était d'ailleurs le seul moyen de faire participer le public à des avantages qui n'ont été octroyés si libéralement que dans l'intérêt général.

X.

La Banque de France a-t-elle été fidèle à sa mission?

Examinons maintenant la conduite qu'a suivie la Banque de France; voyons si, fidèle à sa mission, elle a compris et défendu les intérêts du travail, dont elle devait se considérer comme le représentant.

Les faits se chargent malheureusement de répondre à ces questions.

Pour remplir la mission qui dérive de sa nature et les obligations qui lui incombent en retour de grandes immunités, on a vu que la Banque aurait dû, dans l'intérêt public comme dans le sien propre, consacrer tous ses efforts à féconder l'activité industrielle, manufacturière et commerciale du pays, à favoriser le développement du crédit public, la création des grands travaux qui seront la gloire de ce siècle, et l'amélioration de la condition des classes laborieuses.

Pour contribuer efficacement à la réalisation de ces grands

résultats, il lui suffisait de se tenir au niveau des besoins du commerce.

Intermédiaire naturel entre les prêteurs et les emprunteurs, rien n'était plus facile à la Banque que de concilier les prétentions opposées des uns et des autres.

Disposant de toute la circulation fiduciaire d'un pays aussi industrieux et aussi riche que la France, elle pouvait encore réduire la masse du numéraire dont nous sommes obligés de nous servir, masse énorme et improductive, qui s'augmente chaque année aux dépens de la portion productive du capital national et au grand détriment de la prospérité générale.

Loin de se plaindre à tort, comme le fait la Banque, d'une prétendue exportation de notre numéraire, ne faudrait-il pas plutôt, en effet, regretter que l'organisation imparfaite de notre crédit ne nous permette pas, à l'exemple de l'Angleterre, de réduire la quantité de nos espèces à la portion nécessaire à l'entretien de la réserve métallique des banques, aux besoins du commerce de détail et à ceux de nos relations extérieures?

Entre autres combinaisons, la division de ses billets en petites coupures franchement acceptée et pratiquée l'aurait merveilleusement aidée à obtenir un pareil résultat; si elle avait usé plus tôt de la latitude que lui laissait la loi, elle aurait pu puiser largement au sein d'une immense agglomération d'espèces, et diminuer en même temps les demandes de remboursement, qui sont motivées généralement par le besoin des appoints ou de monnaie dans les relations usuelles de la vie.

Le concours de nombreuses succursales, enfin, aurait aidé la Banque à refouler de plus en plus le fléau de l'usure, cette odieuse usurpation du domaine du travail.

La Banque n'a pas compris ce rôle, ou du moins elle ne l'a pas assez franchement accepté.

Pour se rendre compte de la marche qu'elle a suivie, il est nécessaire de faire un retour rapide sur le passé.

Avant 1848, la Banque de France, dont l'action circonscrite s'appliquait principalement au service de la capitale, avait rempli sa mission sans exciter de vives réclamations; on lui reprochait bien de ne pas rendre assez de services au commerce, de ne pas les lui rendre surtout aux époques où ses besoins étaient les plus grands, mais du moins on pouvait compter généralement sur les ressources et sur la permanence du crédit, sur la modération, et surtout sur l'égalité des conditions auxquelles il était obtenu.

A plusieurs reprises, la Banque avait élevé son capital pour se tenir au niveau des besoins qu'elle avait à satisfaire.

On ne professait pas encore la doctrine étrange d'après laquelle l'encaisse d'une banque est indépendant de son capital; mais on vivait alors sous le régime de la pluralité des banques.

A partir de 1848, le monopole de la Banque s'étend à toute la France.

L'unité du billet de banque se réalise comme conséquence inévitable du *cours forcé*, et on confond en un seul les signes monétaires spéciaux, dont l'existence simultanée aurait porté une perturbation déplorable dans toutes les transactions (1).

Sous le régime du cours forcé, l'usage des billets de banque se généralise, mais les affaires d'escompte ne prennent pas un grand accroissement. L'État absorbait d'ailleurs une portion notable des capitaux de la Banque.

Les opérations d'escompte et de crédit ne commencent à prendre un certain développement qu'à partir de 1852.

La Banque disposait, à cette époque, de très-grandes ressources; la circulation des billets avait doublé depuis 1848, elle dépassait 600 millions. Les fonds déposés par les particuliers étaient considérables; le compte courant du Trésor grossissait rapidement.

Mais la plus grande partie de ces ressources venait s'accumuler improductivement dans les caisses de la Banque.

Il y avait égalité entre sa circulation et le numéraire dont elle disposait.

On trouva bientôt l'emploi de ces puissants moyens dans le développement d'affaires qui, avec le retour de la sécurité dans la situation politique, fut spécialement provoqué à la fois par l'abaissement du taux de l'intérêt à 3 % et par l'activité que devait imprimer aux affaires la concession des principales lignes de chemins de fer.

(1) Ce sont les termes du décret de fusion des banques.

Les demandes d'escomptes et d'avances ne tardèrent pas à se multiplier; elles s'accrurent bientôt dans une proportion beaucoup plus forte que la circulation des billets et le montant des dépôts en comptes courants.

Ces escomptes et ces avances ne pouvaient se réaliser qu'aux dépens de la réserve métallique, dont l'importance suivit en effet une marche décroissante correspondante à ces nouveaux besoins.

C'est ainsi que, dans les derniers mois de 1853, l'encaisse avait décru de près de moitié.

La nécessité de recourir à une augmentation de capital était manifeste; elle résultait évidemment de la progression croissante des escomptes et des avances; la moyenne de ces escomptes et avances, qui n'avait été que de 614 millions de 1831 à 1840, s'était élevée, en effet, en 1853, à 3 milliards 615 millions.

Il était du devoir de la Banque, dont les bénéfices avaient doublé depuis 1848, d'y procéder sans délai.

On n'avait, pour l'y obliger, qu'à se souvenir de ces lignes écrites par Napoléon Ier dans une lettre adressée de Laeken à M. Mollien, le 15 mai 1810 :

« *Je répète que, si les 90 millions d'actions de la Banque* « *ne suffisent pas, je les doublerai, et je ne serai pas en peine* « *de trouver des preneurs. Loin de cela, la Banque garde 15 mil-* « *lions dans son portefeuille; donc elle ne remplit pas son* « *devoir.* »

Mais, au lieu de demander de nouvelles ressources à ses actionnaires, la Banque jugea préférable d'arrêter ce mouvement progressif des affaires par la hausse de l'intérêt.

Le chiffre croissant de ses dividendes, sous le régime et sous l'influence du taux de l'intérêt à 3 %, était cependant l'indice et la démonstration que ce taux n'était pas trop faible, et qu'elle retirait un profit suffisamment élevé du monopole de la circulation.

A partir de ce moment commence cette alternative perpétuelle d'élévation et d'abaissement de l'intérêt, suivant le niveau plus ou moins élevé de l'encaisse de la Banque, et s'engage avec l'industrie et le commerce une véritable lutte, dont la cause réelle n'est autre que l'insuffisance des ressources de la Banque.

Cependant, en 1857, cette insuffisance était tellement notoire, par suite du développement rapide des affaires, que l'indispensabilité du doublement du capital de la Banque devint inévitable.

En effet, la somme des escomptes et des avances effectués par la Banque, qui, en 1853, était déjà de 3 milliards 615 millions, s'était élevée en 1855 à 4 milliards 605 millions,
en 1856 à 5 — 218 —
et approchait en 1857 de 6 milliards.

Les bénéfices de la Banque avaient suivi la même progression.

Les dividendes distribués, qui étaient déjà

en 1853 de 14,052,500 francs,
avaient monté en 1854 à 17,702,500
en 1855 à 18,250,000
en 1856 à 24,820,000 francs, et ils continuaient de monter en 1857.

Ils devaient s'élever, pour cette dernière année, jusqu'à 30,477,500 francs.

L'encaisse était tombé, dans le mois d'octobre de l'année 1856, au cinquième du montant des billets et des comptes courants, à 166 millions pour une dette exigible de 865 millions.

On ne parvenait à l'alimenter que très-péniblement, en payant des primes très-élevées pour des achats d'or qu'on était condamné à renouveler incessamment.

La Banque achetait des centaines de millions pour en maintenir à grand'peine 25 à 30 dans ses caisses, sans s'apercevoir que les frais d'une pareille opération représentaient au moins l'intérêt annuel d'un emprunt de 100 à 150 millions.

Il fallait donner au public la satisfaction qu'il réclamait relativement à l'augmentation du capital; on s'y décida, mais on obtenait en échange la prolongation, jusqu'à la fin du siècle, d'un privilége qui allait expirer au bout de dix années.

Dans ces conditions, le doublement des actions de la Banque devait procurer des bénéfices considérables aux actionnaires de cet établissement. Mais, en même temps qu'on doublait l'ancien capital, on émettait une théorie nouvelle qui rendait cette augmentation illusoire, et devait accroître considérablement les revenus ordinaires de la Banque : loin de trouver un soulagement aux combinaisons nouvelles, la position du commerce et de l'industrie allait devenir plus que jamais précaire et difficile.

On posait en principe

« *Que l'encaisse d'une banque était indépendant de son capi-*
« *tal, et que celui-ci n'était qu'une sorte de* **cautionnement;**
« *que, dès lors, il était préférable de lui conserver ce caractère de*
« **garantie,** *de le placer en rentes, au lieu de le faire servir*
« *aux besoins de son industrie.* »

Et en vertu de cette doctrine il fut décidé que l'augmentation de capital proposée, devant produire 100 millions, serait consacrée à acheter au Gouvernement pareille somme de rentes à 75 francs.

Cet emprunt, en échange duquel d'énormes priviléges furent concédés à la Banque, est assurément le plus onéreux de tous ceux que le Gouvernement ait jamais contractés, celui qui a produit à la fois les avantages les plus considérables aux contractants et les conséquences les plus déplorables pour le pays.

L'emploi qu'on donnait au produit du doublement des actions de la Banque ne pouvant exercer aucune influence sur l'augmentation de l'encaisse, on se trouvait forcément amené à accorder à la Banque la faculté d'élever sans limites le taux de ses escomptes, afin de l'armer des moyens de résister aux demandes du commerce et de l'industrie.

*On faisait ainsi de l'*USURE *une nécessité d'ordre public.*

La commission du Corps législatif à laquelle fut confié l'examen du projet de loi de 1857, protesta formellement contre cet emploi donné au nouveau capital; elle faisait ressortir nettement la nécessité de l'augmentation, non pour servir de *supplément de garantie, de cautionnement,* ce dont on n'avait nul besoin, mais pour mettre les ressources de la Banque au niveau du développement extraordinaire qu'avaient pris les affaires (1).

La lutte dont nous parlions tout à l'heure avec l'industrie et le commerce se trouva ainsi régularisée théoriquement et pratiquement.

Chaque fois que les besoins des escomptes ou des avances menaçaient de prendre un développement inquiétant pour le maigre encaisse de la Banque, on les comprimait immédiatement par des élévations d'intérêt, et cela jusqu'à des limites depuis longtemps inconnues en France; mais aussitôt qu'on avait réussi

---

(1) Voici comment s'exprimait, dans son rapport, l'honorable M. **Devinck** :

« Le capital actuel de la Banque est de 108,230,750 fr. 14 c. Or, nous voyons dans son dernier bilan qu'elle a 63 millions en rentes et 55 millions en bons du Trésor.

« Le projet de loi vous propose de faire l'emploi en rentes de 100 millions que la Banque demanderait à ses actionnaires.

« Il résulterait de cet état de choses que, avec un capital de 200 millions, la Banque de France aurait plus de 220 millions placés en effets publics.

« Nous n'ignorons pas qu'il en est ainsi en Angleterre; que la Banque de ce pays a remis son capital entier à l'État; que même elle lui a quelquefois prêté en outre jusqu'à 350 millions; mais nous croyons que, dans les moments de crise, une institution de crédit a besoin d'un capital disponible pour répondre aux besoins de diverses natures qui peuvent se produire. Si ce capital n'est qu'un fonds de garantie, ou ien s'il est immobilisé d'une façon ou d'une autre, l'établissement est moins bien placé pour venir en aide au commerce et à l'industrie.

« Cette vérité n'est-elle pas suffisamment démontrée par l'expérience de ce qui s'est passé en 1846? La Banque de France, en rendant disponible une partie de son capital qui était placée en rentes, et en recevant en échange une quantité considérable d'or et d'argent, n'a-t-elle pas fait une opération utile? »

dans cette campagne contre ce qu'on appelait l'exagération des affaires, contre ce qu'on englobait sous l'accusation banale de spéculation, on abaissait l'intérêt, pour ne pas laisser tomber les escomptes au-dessous du niveau de la situation monétaire de la Banque.

On appliquait à la France, relativement aux métaux précieux, une théorie qui ne s'adaptait qu'à la situation exceptionnelle de la Banque et qui semblait n'avoir été imaginée que pour cette situation.

Le pays avait beau protester contre la résurrection de préjugés indignes de notre siècle, et témoigner, par des importations incessantes d'or et d'argent, qu'il n'y avait aucun danger d'écoulement de notre numéraire à l'étranger, on n'en persistait pas moins à prétendre que, sans les mesures violentes d'élévation de l'intérêt, toutes nos réserves métalliques passeraient inévitablement dans les pays voisins.

On retrouve les mêmes idées dans la pétition adressée par la Banque à S. M. l'Empereur, à l'occasion de la demande d'enquête formulée par le commerce parisien et lyonnais.

On y lit, par exemple :

« *Que par la hausse ou la baisse du taux de l'escompte, la* « *Banque ne fait que refléter exactement les conséquences de* « *l'offre ou de la demande des métaux précieux ;*

« *Que l'immobilité du taux de l'escompte,* **quel que soit** « **le prix du numéraire**, *et à côté de l'obligation inces-* « *sante d'assurer le remboursement métallique des billets* « *payables au porteur et à vue, aboutirait tôt ou tard au cours*

« *forcé, à moins de recourir à des mesures arbitraires bien au-*
« *trement onéreuses pour le commerce que l'élévation du taux de*
« *l'intérêt.* »

« *Qu'il n'y a pas de combinaison praticable, de sacrifices*
« *utiles qui puissent empêcher ce résultat fatal, et que tous les*
« *expédients qu'on affirme retomberaient dans le stérile domaine*
« *des utopies. Quand la Banque hausse ou baisse le taux de l'es-*
« *compte, elle ne crée rien, elle n'invente rien, mais elle reflète*
« *exactement les conséquences de l'offre ou de la demande des*
« *métaux précieux ; elle obéit aux diverses nécessités du moment*
« *et suit l'impulsion de faits irrésistibles.* »

Autant de mots, autant d'erreurs ou d'assertions dénuées de fondement.

Au fond de toutes ces phrases, il n'y a en réalité que l'insuffisance des ressources de la Banque et l'excès d'un monopole trop absolu.

Nulle part, dans aucun livre d'économie politique, on ne trouvera de principe en vertu duquel on doive attacher l'idée exclusive de la *richesse* à l'*argent*, qui, nous ne saurions trop le répéter, n'en est que le signe, la représentation ; nulle part on ne verra qu'on doive faire dépendre le taux de l'intérêt de la rareté ou de l'abondance des matières d'or et d'argent. Ce principe, faux en lui-même, pourrait même être retourné contre la Banque, puisque les matières d'or et d'argent n'ayant pas cessé de s'accroître en France, l'intérêt devrait y être abaissé ; mais il est bon de remarquer qu'on ne fait dépendre ce taux que de la quantité de ces matières dans les caisses de la Banque.

La différence des doctrines entre la Banque et les partisans de la modération de l'intérêt ne tient qu'à la différence des points de vue.

Ceux-ci se placent au point de vue des principes, de l'intérêt général, tandis que la Banque n'envisage que sa situation propre, sans chercher à la modifier.

La Banque de France, nous l'avons déjà dit, ne s'est que trop habituée, depuis un certain nombre d'années, à considérer l'exploitation de son privilége comme une spéculation ordinaire, comme un OFFICE dont elle aurait payé le prix et dont elle aurait le droit de tirer le parti le plus avantageux ; les capitaux qu'elle prélève gratuitement sur la circulation ne sont à ses yeux qu'une propriété de la même nature que toutes les autres.

De cette disposition d'esprit des directeurs de cet établissement est donc née tout naturellement la théorie de la nécessité de l'élévation du taux de l'intérêt comme seul moyen de remplir ses caisses, au lieu d'y introduire de nouveaux capitaux ou de dégager ceux qui se trouvaient immobilisés.

On devrait savoir pourtant qu'on ne paye pas un effet de commerce ou un billet de banque avec des immeubles, comme le disait M. Jacques Laffitte.

Les banques, nous croyons l'avoir prouvé, ne sont réellement sûres de conserver leur encaisse que quand il est formé, en grande partie du moins, au moyen de leur capital, parce que ce capital leur appartient et qu'on ne peut le leur emprunter que de leur consentement; il faut bien admettre que le cas n'est pas le même pour les fonds qui leur sont confiés par le public, et qui peuvent leur être retirés quand cela convient à ceux qui en sont les propriétaires.

Mais, depuis plusieurs années, le mécanisme de la Banque de France est faussé sous ce rapport, par la raison qu'au lieu d'avoir consacré son capital à former un encaisse suffisant pour les besoins de sa circulation, elle l'a immobilisé dans des placements en rentes ou en immeubles et dans des prêts à l'État; elle a disposé de la même manière d'une portion de l'argent qu'on peut lui réclamer à chaque instant.

Voici l'importance et l'emploi des fonds qui ont été ainsi immobilisés :

	149,677,488 fr.	en rentes;
	60,000,000	prêtés à l'État;
	8,455,168	placés en immeubles.
Total....	218,132,656	francs.

Ces sommes dépassent le montant réuni du fonds social et de ses réserves.

La Banque de France ne laisse ainsi improductive aucune partie de ses ressources, en même temps qu'elle tire un intérêt de plus en plus élevé du montant de sa circulation.

Mais, en vérité, nous craignons d'avoir trop discuté pour établir des vérités incontestables.

Il ressort évidemment de ce que nous avons dit :

« Que la France ne manque et n'a jamais manqué de métaux précieux; on pourrait, au contraire, établir qu'elle en regorge.

« Que la Banque seule en a manqué, et que, par suite de cette situation, le pays a été depuis plusieurs années tenu à l'état de crise permanente. »

Pour les banques comme pour les particuliers, il n'y a d'autre manière de se procurer de l'argent qu'en le demandant à son capital ou au crédit ; il est, en effet, impossible de tout demander au crédit; quand on en a atteint la limite, force est bien de mettre son capital en mouvement.

Certes, le crédit n'a pas manqué à la Banque de France, puisque la quantité des billets n'a cessé de s'accroître ; il ne lui a même pas fait défaut en 1848, puisque la valeur de ses billets n'a pas été, à cette époque, sensiblement altérée par la suspension de payement de ses billets en espèces ; on peut ajouter que ce crédit n'a jamais été plus grand que dans les moments où l'on portait les plus rudes coups à la confiance publique ; mais il ne peut être permis d'outre-passer les besoins de la circulation, et lorsque le produit cumulé des émissions de billets et des comptes courants ne peut pas suffire à la demande des escomptes et des avances, ainsi qu'à l'entretien de la réserve métallique, il devient indispensable pour la Banque de recourir à son propre capital, de le réaliser ou de l'augmenter, à moins de laisser la concurrence des autres capitaux faire ce qu'elle ne peut ou ne veut pas faire.

On ne maintient pas un *monopole* comme celui de la Banque par l'effet d'un penchant pour le *privilége*; on le fait uniquement à cause des services qu'il peut rendre ; mais s'il est impuissant à les rendre, pourquoi mettre obstacle à la liberté, pourquoi le fortifier au contraire au détriment d'une légitime concurrence?

La Banque de France n'a pas échappé à la tendance commune d'augmenter les émissions d'un capital-papier, qui ne lui coûte rien, sans augmenter la proportion de ses espèces; elle s'y est même trop abandonnée.

Elle se défend, il est vrai, de toute préméditation à cet égard; attribuant cet état de choses à une loi supérieure qu'elle cherche à combattre par des moyens qui, selon nous, sont absolument le contraire de ceux qu'elle devrait employer.

M. le marquis d'Audiffret regrette dans les termes suivants la coïncidence, dans l'emploi de ces moyens, de la conformité de ses intérêts avec les mesures qui lui sont habituelles :

« L'opinion publique, dit-il, accuse trop souvent la Banque dans les moments de crise, avec toute la vivacité des préventions du commerce en souffrance, d'élever arbitrairement le taux de ses escomptes, bien plus pour rémunérer largement la mise de fonds surabondante de ses actionnaires que pour assurer la ponctualité de son service et la sûreté des transactions commerciales. »

Voici encore comment s'exprimait, en 1848, dans la discussion d'un projet de loi relatif à la Banque de Bordeaux, un auteur qui ne sera pas suspect à la Banque, M. Léon Faucher :

« En somme, ce qui manque à la Banque de France, et par conséquent à ses comptoirs, ce sont des habitudes plus élevées; elle garde encore trop, elle qui aspire à une domination plus étendue, les mœurs d'une banque locale; elle ne se dégage pas assez de l'égoïsme local, de l'intérêt de ses actionnaires, et l'intérêt public n'est pas encore le premier mobile de ses déterminations.

« Vous en avez eu la preuve dans l'année qui vient de s'écouler. Vous avez vu la Banque de France, après avoir élevé le taux de l'intérêt à 5 % par une mesure de circonstance que je suis loin de blâmer, ne pas le ramener ensuite assez promptement à 4 % lorsque les circonstances sont devenues plus favorables ; elle a attendu que le public se retirât d'elle, que ses escomptes se rétrécissent de 50 %, comme il est arrivé dans le mois de décembre dernier. Il est fâcheux que cette lenteur se traduise, je ne dis pas s'explique, par un dividende de 270 francs, ou de 27 % du capital nominal, le plus élevé que la Banque ait encore distribué à ses actionnaires.

« La Banque aurait dû nous épargner le spectacle qu'elle a donné au pays, spectacle qui peut suggérer à la législature la pensée très-légitime d'apporter une limite à de pareils résultats. Je pense, pour ma part, que le Gouvernement, quand il s'associe à une grande entreprise de commerce, de travaux publics ou de crédit, a parfaitement le droit de participer aux éventualités favorables de cette entreprise.

« Vous avez décidé que le Gouvernement participerait aux bénéfices des exploitations de chemins de fer au delà d'une certaine limite. Eh bien, le public, quand il verra des dividendes de 27 % obtenus par les banques, dans des années calamiteuses, fera certainement cette réflexion, que l'Etat, en retour du privilége qu'il a concédé, a le droit de réclamer une part dans les bénéfices et de voir rejaillir jusque sur lui cet accroissement de prospérité. »

Le commerce se trouve dans la situation suivante vis-à-vis de la Banque :

Les besoins de l'escompte grandissent chaque jour dans des proportions considérables, et se trouvent en présence d'un capital fixe, invariable, qui même est détourné de l'emploi auquel il devrait être spécialement affecté.

Non-seulement la Banque ne veut ni augmenter ses ressources ni les employer utilement, mais elle n'admet pas même la pensée d'une rivalité quelconque dans les objets qu'elle considère comme étant de son domaine exclusif.

Dans de semblables conditions, comment s'étonner de l'élévation de l'intérêt? Il en sera ainsi tant qu'on n'aura pas changé de système, car ces élévations fréquentes de l'intérêt résultent fatalement d'une disproportion flagrante entre l'offre et la demande, la première restant stationnaire, immobile, à l'état pour ainsi dire permanent, la seconde la dépassant sans cesse.

Les besoins du commerce débordent comme un fleuve dont les eaux ne trouveraient pas un écoulement suffisant.

Mais à ce flot grossissant toujours, par suite du développement merveilleux que prend incessamment l'industrie, la Banque se borne à opposer une digue de plus en plus forte, qui est celle de l'élévation de l'escompte.

Aux plaintes légitimes du commerce, elle ne répond que par des lamentations sur les excès du travail et sur le drainage de l'or.

Et ce drainage de l'or, qui fait l'objet de son effroi, devient pour elle, mais pour elle seule, un danger d'autant plus menaçant que son encaisse reste au-dessous du progrès de la circulation de ses billets.

La Banque veut tout attendre de la confiance, du crédit.

Elle a le tort, en un mot, de ne compter que sur le développement de la circulation fiduciaire pour satisfaire aux besoins croissants de l'escompte et au service de sa caisse.

Ainsi la moyenne de la circulation,
qui était en 1852 de.................... fr. 635,225744
s'est élevée en 1864 à.................. 760,577,790

ce qui ne représente qu'une augmentation
de................................. 125,352,046

tandis que celle des escomptes et des avances, qui était en 1852

de...............................	223,562,658
s'est élévée en 1864 à..................	698,784,591
soit une augmentation de.................	475,221,933
L'augmentation des escomptes et des avances a dépassé par conséquent, de 1852 à 1864, celle de la circulation de	349,869,887

La différence ne pouvait être prise que sur l'encaisse, qui, en 1864, a diminué en effet, par rapport à 1852, dans une proportion exactement correspondante à la progression des besoins du commerce.

On peut s'en convaincre en rapprochant les chiffres de l'encaisse des deux années prises pour termes de comparaison (1).

Le commerce et l'industrie ont seuls pourvu, en définitive, à leurs propres besoins par l'intermédiaire de la Banque, et celle-ci a recueilli tous les profits d'un service pour lequel elle n'a directement engagé aucune portion de son capital.

C'est le commerce et l'industrie qui lui ont fourni gratuitement les moyens dont elle s'est servie, en acceptant comme argent une masse considérable de billets que la Banque leur prête moyennant un loyer d'autant plus élevé que ses moyens de les acquitter deviennent de plus en plus insuffisants.

Il suffit d'analyser cette situation pour acquérir la conviction de la nécessité d'un prompt remède.

La facilité qu'a trouvée la Banque à s'affranchir des règles imposées à toute banque de circulation provient, comme nous l'avons

(1) Voir les situations de la Banque, page 176.

vu, de la fausse direction donnée à l'opinion, des idées erronées qu'on est parvenu à accréditer sur la difficulté de conserver des réserves métalliques sans recourir aux mesures de l'élévation de l'intérêt; elle provient encore d'une analogie trompeuse avec la Banque d'Angleterre.

Nous croyons avoir clairement établi que le contraire était la vérité.

La législation à laquelle est soumise la Banque d'Angleterre, législation vicieuse dont nous avons signalé les graves inconvénients, a du moins résolu le problème de la conservation des réserves métalliques à un niveau suffisant, en l'absence même de la disponibilité du capital qui, pour la Banque de Londres, comme pour celle de Paris, est absorbé par les prêts faits au Gouvernement.

Nous avons montré, en effet, que la Banque d'Angleterre n'avait et ne pouvait avoir la moindre inquiétude sur la suffisance de son encaisse, qui, dans les moments les plus difficiles, a toujours dépassé la proportion des trois cinquièmes de ses émissions.

On a vu encore que la Banque d'Angleterre n'élevait le taux de l'escompte que quand ses ressources en billets menaçaient de s'épuiser, jamais par la crainte de ne pouvoir satisfaire aux demandes de remboursement.

La simple comparaison des faits permet de juger de la situation respective des deux établissements, de la différence des avantages concédés à l'un et à l'autre :

La Banque d'Angleterre ne peut émettre des billets au delà de ceux correspondant à son encaisse pour un chiffre supérieur à celui de son capital.

Le gouvernement anglais s'est réservé le bénéfice de toutes les émissions supplémentaires et il exige de la Banque d'Angleterre une redevance annuelle de 4,500,000 francs comme prix de la concession du droit de disposer d'un capital fiduciaire très-restreint.

Enfin, la Banque d'Angleterre était grevée, dès 1844, d'une rente de 600,000 francs en faveur des banques dont le papier avait été remplacé par le sien (1).

La Banque de France est complétement affranchie de semblables charges.

Toute liberté lui est laissée pour ses émissions, et leur montant a quelquefois dépassé de 6 à 700 millions celui de son encaisse. Le Gouvernement lui en a abandonné exclusivement le bénéfice, il ne s'est rien réservé et ne lui a imposé aucune redevance.

---

(1) Voici ce qu'a dit Robert Peel dans son discours sur le bill de 1844 :

« Je viens maintenant à la question des arrangements pécuniaires entre la Banque « et le Gouvernement. La Banque conserve le privilége d'émettre des billets, sur porte- « feuille, pour une somme de 14,000,000 liv. st. à 3 % d'intérêt. Le bénéfice brut de « la Banque sur le total de cette émission serait alors de 420,000 liv. Mais voyons ce « qui doit être déduit de cette somme pour arriver au profit net. Comptons d'abord « les frais matériels d'émission. La Banque agit à cet égard très-libéralement; elle ne remet « jamais en circulation les mêmes billets; elle garde en dépôt tous ceux qui ont été « émis dans un intervalle de dix ans, ce qui rend très-facile la découverte des fraudes « et permet de constater les opérations effectuées dans cet intervalle. Le total des frais « pour une émission de 20,000,000 de liv. a été évalué par la Commission de 1833 à « 117,000 liv. que je crois pouvoir réduire à 113,000 liv. : défalquées des 420,000 livres, « elles laissent un bénéfice net de 303,000 liv. Il faut encore déduire de cette « somme : 1° celle de 60,000 liv. pour frais d'abonnement avec l'administration du « timbre; 2° celle de 24,000 liv. qu'elle paye aux banques d'émission qui se servent de « ses billets : reste un bénéfice net de 220,000 liv. Maintenant il faut considérer que « nous restreignons les priviléges de la Banque, en ce sens que nous allons permettre « aux banques à fonds unis de lui faire concurrence pour l'escompte des billets à « courtes échéances. Ceci posé, que lui demanderons-nous en retour des priviléges que

Le capital de la Banque d'Angleterre est de 364 millions, non compris sa réserve de 75 millions, tandis que celui de la Banque de France n'est que de 182 millions, non compris sa réserve de 26 millions.

Aussi résulte-t-il de cette différence de situation des deux établissements que les dividendes de la Banque d'Angleterre varient de 7 à 8 1/2 %, et ne montent qu'exceptionnellement à 10 % à des époques de grande cherté des capitaux, tandis que les bénéfices de la Banque de France n'ont cessé de s'accroître, depuis le moment surtout où a été introduite en France la théorie de l'élévation indéfinie de l'intérêt, et ont atteint successivement le taux de 20 à 27, même 33 1/2 % de son capital; depuis 1857, ils sont restés à peu près à ce niveau moyen, en ne tenant pas compte, il est vrai, du doublement des actions, ce qui est de toute justice, puisque le produit des nouvelles actions, ayant été placé en rentes, n'a contribué, en aucune façon à l'accroissement des opérations de la Banque.

« nous lui continuons? La Banque voudrait que nous lui fissions une diminution sur « la somme de 120,000 liv. qu'elle a jusqu'à ce jour versée dans les coffres de l'Etat. « A cette prétention nous répondons que si, sous quelques rapports, nous touchons, « très-légèrement, il est vrai, à ses priviléges, en revanche, nous donnons un surcroît « de stabilité à ses opérations de banque proprement dites. Nous insistons donc pour « que cette réduction ne soit pas accordée. D'un autre côté, je dois rappeler à la Cham- « bre que le Gouvernement donne annuellement à la Banque, pour faire le service de « la trésorerie, 248,000 liv. st. Il continuera à lui servir la différence entre cette somme « et, d'une part, les 120,000 liv. dont la Banque lui est annuellement redevable, et les « 60,000 liv. qu'elle paye pour frais d'abonnement à l'administration du timbre. »

Ainsi, la Banque d'Angleterre reçoit 3 % sur prêts ou avances du Gouvernement, montant à 14,000,000 de liv. st., soit.. liv. 420,000

Si on en déduit ce qu'elle paye à titre de redevance ou de timbre, ci 180,000

il ne lui reste pour intérêt du capital prêté que............................ liv. 240,000

Soit 1-71 0/0.

La Banque d'Angleterre est tenue dans une étroite dépendance vis-à-vis de l'État.

Il n'en est pas de même de la Banque de France, à laquelle on a laissé prendre une trop grande indépendance.

Certes nous ne demanderons pas l'application à la Banque de France du régime étroit auquel la Banque d'Angleterre est soumise. Nous ne sommes animé que du désir de démontrer la vérité ; nous n'avons en vue que l'intérêt de la chose publique, et nous ne voulons pas pour la France de ce régime de la Banque d'Angleterre, parce que nous le trouvons extrêmement vicieux sous plus d'un rapport, et qu'il nous paraît devoir être aussi l'objet d'une réforme sérieuse, si l'Angleterre veut s'affranchir définitivement des crises monétaires.

Cependant, si nous voulions invoquer l'analogie, non pour faire imposer à notre Banque les charges dont la Banque d'Angleterre est grevée, mais pour réaliser le système anglais, formulé par lord Overstone, et si fortement vanté par les partisans les plus dévoués de notre grande institution, on serait effrayé des conséquences auxquelles conduirait son application en France.

L'application de la charte de 1844 à la Banque de France, c'est-à-dire la division de son service en deux départements, celui de l'émission et celui des opérations de l'escompte et des avances, en prenant pour base la situation de notre Banque au 1er décembre 1864, dans les conditions les plus favorables à l'institution française, aurait en effet des conséquences déplorables, ainsi qu'on va le voir dans le tableau ci-dessous (1) :

(1) Page 46.

SITUATION DE LA BANQUE DE FRANCE AU 1er DÉCEMBRE 1864,

dans l'hypothèse où on la soumettrait au régime de la Banque d'Angleterre.

Département de l'Émission.

	fr. c.		fr. c.
Rentes et dette du Gouvernement	209,677,488 »	Billets émis	537,396,100 »
Espèces et lingots	327,718,612 »		
Total	537,396,100 »	Total	537,396,100 »

Département des opérations de Banque.

	fr. c.			fr. c.
Avances sur lingots et monnaies	24,215,253 95	Capital	182,500,000 »	209,677,488 »
Hôtel et mobilier	8,455,168 »	Supplément pour les rentes et la dette du Gouvernement	27,177,488 »	
Divers	7,249,806 80	Compte courant du Trésor	72,275,531 09	230,592,770 81
Dépenses d'administration	2,413,907 08	Comptes courants des particuliers	158,317,239 72	
Billets en caisse	76,648,910 »	Billets à ordre		6,618,144 13
Portefeuille et avances sur rentes, actions et obligations	398,267,752 09	Dividendes à payer et divers		15,531,811 81
		Bénéfices d'escompte et d'intérêt (2e semestre)		21,882,517 05
		Bénéfices mis en réserve		32,948,066 12
Total	517,250,797 92	Total		517,250,797 92

Un pareil système aurait pour effet :

1° De faire tomber la circulation effective des billets de la Banque de 742,316,325 à 460,747,190 francs, soit d'une somme de 281,569,135 francs inférieure au chiffre de la circulation du 1er décembre dernier;

2° De réduire de 652,659,398 f. 44 c. à 398,267,752 f. 09 c. et de diminuer par conséquent de 254,391,646 fr. 35 c. la somme que la Banque consacrait aux escomptes et aux avances au 1er décembre dernier, et cette somme elle-même était alors à son minimum.

Il n'y aurait d'autre moyen de revenir à la situation présente, comme chiffres de circulation, d'escompte et d'avances, qu'en doublant, en triplant même le capital actuel de la Banque.

L'application d'un pareil système entraînerait pour le pays, une gêne et une souffrance intolérables, et pour la Banque, dans toutes les hypothèses, une très-sensible diminution de bénéfices.

Cette législation beaucoup trop restrictive a été l'une des principales causes de la crise qui éclata en Angleterre en 1847.

Ce pays, dans lequel fort heureusement abondent les ressources et les capitaux, est parvenu cependant à surmonter les obstacles qui lui ont été ainsi créés, au point de vue de la *circulation*, par la grande extension donnée au système des virements et des compensations, et au point de vue de l'*intérêt*, par une impulsion énergique imprimée à l'épargne, à la formation des économies et aux facilités d'emploi qu'elles ont trouvées dans les *Joint-Stock Banks*.

On comprendra l'importance de ces institutions quand on saura que le chiffre des virements et des compensations qui se font à Londres dans les *Clearing-Houses* n'est pas moindre de

98 à 105 milliards de francs par an, et que celui des sommes déposées dans les *Joint-Stock Banks* de Londres seulement dépasse 1,775 millions de francs.

Malgré le système restrictif adopté depuis 1844, le Royaume-Uni compte encore 5,000 banques ou succursales toujours existantes ; la Banque d'Angleterre enfin n'entre dans la circulation fiduciaire du pays que pour une partie seulement, tandis que notre Banque dispose en France de la totalité.

C'est ce qui explique comment l'Angleterre a pu résister au régime auquel on l'a mise depuis une vingtaine d'années ; l'Angleterre n'en souffre pas moins très-réellement de l'existence d'un système qui a dénaturé l'institution des banques au point de transformer l'un de ses plus grands établissements en une machine à élévation de l'intérêt, ce qui est directement le contraire de ce qu'on s'est proposé en les organisant.

Nous aurions pu borner ici nos réflexions sur l'usage que la Banque a fait de son privilége, si nous ne tenions à rectifier certaines omissions, certaines erreurs de fait que nous n'avons pas trouvées sans étonnement dans le discours de M. de Germiny au Sénat.

Nous devons reconnaître, toutefois, qu'avant comme après la discussion du Sénat, M. de Germiny, avec la courtoisie qui le distingue dans ses relations privées, n'a cessé de protester de son respect pour les personnes. Nous lui donnons sincèrement les mêmes assurances. Nous n'avons jamais considéré le discours de M. de Germiny comme une œuvre qui lui fût exclusivement propre ; nous savons que c'est la profession de foi d'une école, et c'est à cette école que nous répondons réellement ;

mais, en le faisant, nous ne pouvons nous adresser qu'à celui qui s'en est constitué l'organe.

On a souvent reproché à la Banque les bénéfices considérables qu'elle réalise, non à cause de l'importance même de ces bénéfices, mais uniquement parce qu'ils sont réalisés au grand préjudice du commerce et de l'industrie, et parce que la concurrence ne peut les réduire, puisque la Banque de France est protégée par un privilége qu'elle interprète abusivement.

Ces bénéfices se sont élevés, pour le premier semestre de la présente année, au chiffre brut de 26,560,000 francs, en y comprenant les sommes mises en réserve aux termes de la loi, ce qui porterait le total, pour l'exercice entier, à 53 millions, si le second semestre était aussi productif que le premier, ou à 25 % au moins du capital actuel, en déduisant de ces bénéfices les frais et les dépenses d'administration, et à 50 % du capital primitif de 91,250,000 fr., le seul dont il faille tenir compte, comme nous l'avons expliqué, puisque le nouveau a reçu, au grand préjudice des affaires, une destination étrangère au service même de la Banque. Placé en rentes, comme il l'est, il ne produit que 4 % d'intérêts, lesquels, pour l'exactitude du calcul, devraient être simplement déduits du bénéfice total; au fond, le doublement des actions n'a réellement servi qu'à dissimuler des bénéfices dont l'énormité eût paru trop choquante.

Chaque élévation de 1 % dans le taux de l'escompte procure à la Banque un bénéfice annuel de 7 à 8 millions, soit 8 à 9 % sur un capital de 91,250,000 francs.

On a constaté, en outre, que ces bénéfices avaient porté le cours des actions de la Banque à un prix dont l'élévation contraste avec l'avilissement des fonds de l'État et de toutes les autres valeurs.

Sur le premier point, M. de Germiny répond que le produit de l'escompte n'est pas distribué aux actionnaires au delà de 6 °/ₒ.

Pour prévenir tout malentendu, l'honorable orateur n'eût pas mal fait d'ajouter que ce n'est pas le revenu des actions de la Banque qui est limité à 6 °/ₒ; qu'il s'agit seulement du produit de l'escompte sur un capital de 7 à 800 millions, produit sur lequel on ne peut distribuer aux actionnaires que la portion qui correspond au taux d'escompte de 6 °/ₒ; le surplus qui est mis en réserve et vient s'ajouter au capital de la Banque n'en appartient pas moins aux actionnaires.

Sur le second point, M. de Germiny établit, pour justifier le cours actuel des actions de la Banque, qu'*elles ont été émises au prix de* 1,000 *francs l'une, et qu'après soixante quatre ans de services rendus, ces mêmes actions valent aujourd'hui* 3,360 *ou* 3,400 *francs, c'est-à-dire que leur valeur n'aurait pas même grandi de* 40 *francs par année.*

M. le comte de Germiny aurait dû ajouter, pour rester un historien fidèle :

Que le nombre des actions primitivement émises par la Banque a été doublé;

Que les actions anciennes, au nombre de 90,000, émises à 1,000 francs à l'origine, étaient tombées à 950 francs en 1848; qu'en 1852, elles s'étaient relevées au prix de 2,020 francs, en 1857 à 4,600 francs, et que, retombées en 1859 à 2,500 fr., elles sont remontées aujourd'hui à 3,500, ce qui aurait singulièrement modifié le calcul du bénéfice progressif à raison de 40 francs par année ;

Que les actions nouvelles, au nombre de 91,250 également, ont été émises à 1,100 francs l'une **dans l'année 1857**, et que, le jour même de leur émission, elles valaient 2,800 francs ;

Que ces mêmes actions valent aujourd'hui 3,560 francs, ce qui représente, sur cette seule émission, un bénéfice de plus de 224 millions, dont une grande partie a pu être réalisée immédiatement, et dont le surplus a pu être recueilli peu de temps après le moment de l'émission ;

Qu'enfin, le bénéfice des actionnaires de la Banque résultant seulement de la hausse des actions anciennes et nouvelles, *depuis l'année* 1848, est de

467 millions,

indépendamment des **dividendes** distribués depuis la même époque, et qui s'élèvent en totalité à plus de **372 millions**, sans compter de fortes réserves.

N'est-on pas suffisamment fondé à demander, après cet éclaircissement, ce que devient le calcul de l'amélioration successive et, suivant M. de Germiny, très-modérée, du capital des actions de la Banque à raison de 40 francs seulement par année ?

Ne peut-on pas affirmer au contraire qu'il n'y a jamais eu d'entreprise plus prospère, plus fructueuse, et que, dans le monde entier, il n'existe pas d'industrie qui ait produit de pareils résultats ?

Un semblable bénéfice de **467 millions** acquis aux actionnaires de la Banque, indépendamment de dividendes considérables s'élevant au chiffre de **372 millions,** peut bien être le prix de services rendus ; mais il faut reconnaître que, si la Banque a rendu les services dont elle s'attribue le mérite, elle en a été très-largement récompensée.

Il y avait dans ce seul fait des motifs suffisants pour rendre les défenseurs de la Banque plus modérés et plus tolérants envers les autres.

Nous ne saurions terminer ce chapitre sans citer un passage d'un opuscule qui fut publié en 1848 par un homme d'une vaste intelligence qui a remué trop d'idées pour avoir pu les écrire, mais qui heureusement a formé plus d'élèves qu'il n'a laissé de livres, par Olinde Rodrigues :

« Le droit et la liberté du travail, dès longtemps consacrés, se dégagent bien lentement des entraves et des habitudes du monopole. A une époque où l'esprit d'association existait à peine, où les vastes entreprises avaient besoin, pour se développer avec sécurité, d'obtenir du pouvoir une protection contre ses propres usurpations, plutôt encore qu'un privilége contre une concurrence à laquelle on ne pouvait songer à une époque où le privilége lui-même était, pour les masses ignorantes et craintives, un moyen d'éducation et une invitation à la confiance, l'octroi des monopoles fut un progrès réel et souvent une ressource féconde et commode pour les besoins publics, ainsi que le témoigne assez l'histoire de la Banque d'Angleterre.

« Mais il n'en est plus ainsi; il n'y a plus de motifs assez puissants pour que le législateur accorde désormais la concession d'un privilége quelconque.

« La Banque de France a sans doute rendu de grands services au Trésor, aux particuliers; on doit reconnaître, depuis quelques années surtout, que des améliorations ont été introduites dans son régime intérieur, dans ses relations journalières avec le commerce, dans l'activité de ses opérations, multipliées par la fondation de ses comptoirs et par ses rapports avec les banques départementales.

« Mais quand il s'agit de réclamer le maintien d'un monopole anciennement concédé, ce ne sont pas tant les services rendus qu'il s'agit de faire valoir que les services à rendre, que l'importance et la nouveauté de ces services, comparées au progrès général des relations et des affaires. D'ailleurs, le cours des actions de la Banque de France, monté, il y a peu de temps encore, au triple du capital par l'augmentation considérable de ses dividendes, atteste assez que les intérêts de ses actionnaires se sont bien trouvés des services rendus par la Société aux particuliers et à l'État.

« Si la Banque n'était pas une association privilégiée, on pourrait facilement admettre que le taux de ses bénéfices exprime, dans une mesure parfaite, l'importance des services rendus au public, ainsi qu'on peut le faire pour toutes les entreprises qui naissent et vivent au grand jour de la concurrence et de la publicité.

« Mais plus les bénéfices de la Banque, d'une institution privilégiée quelconque, sont considérables, plus est faible l'argument qu'on en peut tirer pour justifier l'utilité publique de son privilége, et plus il est permis d'attribuer une partie de ses bénéfices à l'abus plutôt qu'à l'usage de son monopole.

« Ainsi, par exemple, le taux croissant des dividendes de la Banque de France, qui se compose principalement du produit de ses escomptes, n'est-il pas une démonstration suffisante et par chiffres que ces escomptes sont généralement trop chers, que la Banque retire un profit trop grand du monopole de la circulation?

« Que sont, en présence de faits aussi concluants, les vagues arguments que l'on présente à l'appui du maintien invariable du taux des escomptes par la Banque (1), comme, entre autres, le danger d'encourager un développement trop rapide des entreprises et de compromettre l'équilibre de la production et de la consommation, et sans doute aussi la balance du commerce?

« Certes, la multiplicité des banques en Angleterre, en Ecosse, aux Etats-Unis, dans le même État, dans la même ville, a pu engendrer de graves inconvénients, organisées d'ailleurs, comme elles le sont encore, sur des bases plus ou moins critiquables; mais on essayerait en vain de prouver que le remède à ces inconvénients serait d'organiser un privilége pour une seule banque par État ou par ville.

« Et d'ailleurs, la Banque de France réorganisée ne sera-t-elle pas l'association la plus riche, la plus accréditée du pays, la plus en mesure de se passer d'un privilége quelconque pour le maintien de son crédit et de sa clientèle? Qui pourra lui faire concurrence et marcher de pair avec elle, si elle peut et veut étendre librement ses opérations et son influence?

« La France, il faut en convenir, est, sous bien des rapports pratiques, en arrière de plusieurs pays; mais les idées théoriques de l'école française, à la hauteur où elles ont été portées depuis trente ans, sont incontestablement supérieures à celles qui dominent encore partout ailleurs; et lorsqu'arrive le temps où peut être renouvelée une grande institution

---

(1) On se plaignait alors de l'invariabilité du taux de 4 %, qu'on considérait comme un *maximum* trop élevé.

financière, ne doit-on pas se demander d'abord si les idées qui ont présidé à sa naissance n'ont pas été dépassées, si leur insuffisance ne se révèle pas à toutes les intelligences, et s'il serait bien sage, en lui octroyant un long monopole, de priver la société, pour un quart de siècle encore, des bienfaits que pourrait lui procurer immédiatement une organisation plus forte et plus étendue? »

XI.

Liberté et monopole.

La question des banques de circulation peut être résolue par la voie de la liberté ou par celle du monopole.

Sous le régime de la liberté comme sous celui du monopole, il y a des garanties à prendre, des conditions à stipuler ; mais, sauf les bases mêmes de l'organisation, les règles communes à tous ces établissements, sauf enfin les clauses générales du cahier des charges, ces garanties et ces conditions sont différentes dans chaque système; elles n'en sont pas moins efficaces.

La solution pourrait se trouver encore dans la combinaison des deux principes.

Disons tout d'abord que nous n'admettons pas la liberté sans limites, dont les États-Unis nous ont donné l'exemple.

Nous entendons que les diverses banques de circulation justifient de l'utilité de leur création par les besoins de la production ou du commerce, et que les précautions les plus sérieuses soient prises pour s'assurer de leur solvabilité, de la prudence et de la régularité de leur gestion.

Dans le système de la liberté, il n'y a lieu de s'inquiéter ni des capitaux ni du taux de l'intérêt; on peut compter pleinement, en effet, sur la concurrence pour procurer au commerce tous ceux qui pourraient lui être nécessaires et les lui fournir aux conditions les plus favorables.

N'est-il pas certain, par exemple, que, si la liberté des banques existait en France, les bénéfices fabuleux de 50 % et plus par rapport au capital primitivement versé, que réalise la Banque de France en ce moment suffiraient pour attirer tous les capitaux de l'Europe vers la fondation d'institutions de ce genre, jusqu'à ce que tous les besoins de crédit fussent complétement satisfaits et que les bénéfices de cette industrie eussent été ramenés au taux moyen des profits de toutes les autres industries?

Il n'y a peut-être à craindre, dans ce système, que le danger de trop grandes facilités pouvant entraîner des émissions surabondantes; aussi, pour l'éviter, deviendrait-il nécessaire de déterminer un certain rapport, variable sans doute d'après les indications de l'expérience, entre le capital, la circulation et l'encaisse.

Mais avec de semblables précautions, on aurait parfaitement assuré ce qu'il y a d'essentiel dans la circulation, la convertibilité constante des billets en espèces par le contrôle de la mesure commune des valeurs, le maintien dans les transactions de la véritable unité, l'unité métallique.

On obtiendrait de plus, par le simple effet de la concurrence, l'abondance et le bon marché des capitaux, et c'est là l'objet important, l'objet essentiel de l'institution des banques.

Tout le reste est secondaire.

L'unité ou la diversité du billet de banque, la liberté ou le monopole des institutions de crédit ne sont que des moyens d'atteindre ce but.

On s'en est rapproché en Angleterre et en France sous l'influence de la pluralité des banques; on s'en est éloigné au contraire depuis que le monopole s'est trouvé fortifié.

L'Écosse doit sa prospérité au nombre de ses banques et à leur excellente organisation.

Les institutions mères de la capitale, qui sont au nombre de treize, ne comptent pas moins de six cent dix-huit branches ou succursales dans les divers comtés.

L'Écosse n'a que 3 à 4 millions d'habitants.

La France, qui contient 38 millions d'habitants, n'a que cinquante-trois succursales en dehors de Paris, où il n'existe qu'un seul établissement.

La prévoyance des directeurs des banques écossaises, le sentiment de leur propre responsabilité, a suffi pour maintenir généralement l'encaisse de chacune dans une proportion parfaitement en rapport avec leur circulation.

Elles sont le réservoir où chacun va régulièrement apporter ses épargnes et puiser les avances dont il a besoin pour son industrie.

L'élévation de l'intérêt aux États-Unis tient à des causes indépendantes des banques; il serait bien plus élevé sans l'abondance des moyens de crédit qu'elles procurent.

Le régime du monopole en Amérique est antipathique au caractère des habitants, aux besoins de leur industrie agricole, manufacturière et commerciale, à leur esprit de liberté et d'indépendance.

Aussi la Banque des Etats-Unis, qui cependant n'avait qu'un monopole restreint, n'a-t-elle pu s'y maintenir, et cela a été fort heureux.

Le système opposé qui a prévalu avait certainement des vices, des défauts, mais ces défauts ont tenu surtout aux circonstances exceptionnelles du milieu dans lequel les nombreuses banques américaines ont eu à fonctionner. Nul autre système n'eût été praticable pendant l'époque de la formation de ce puissant empire; nul n'aurait pu rendre les mêmes services, et c'est à cette liberté même des institutions de crédit qu'est dû l'immense développement de richesses qui a eu lieu aux États-Unis.

Il eût été véritablement impossible d'obtenir, à l'origine, la sécurité et la modération désirables dans le fonctionnement du crédit, sans compromettre la satisfaction de besoins impérieux de premier ordre, sans faire le sacrifice d'avantages bien supérieurs à des inconvénients qu'on ne pouvait parvenir à éviter qu'avec le temps et l'expérience des faits.

Il y a bien encore des États de l'Amérique du Nord où les banques laissent à désirer, mais il en est d'autres, et c'est le plus grand nombre, où les banques sont conduites avec beaucoup de prudence et une habileté non moins grande.

M. Michel Chevalier cite particulièrement à ce titre l'exemple du groupe de la Nouvelle-Angleterre, qui est formé des six États colonisés par les puritains, le Massachusetts, le Rhode-Island, le Connecticut, le Vermont, le New-Hampshire et le Maine.

Il relate encore que, en 1860, les banques de l'État de New-York, qui n'avaient encore que 3,800,000 habitants, le dixième de la France, avaient un portefeuille supérieur à celui de la Banque de France de plus de 100 millions de francs. Il était, en effet, d'un milliard et quelques millions.

Dans le système du monopole, il y a d'autres inconvénients à redouter que dans celui de la pluralité. Ces inconvénients, qui sont de la nature la plus grave, consistent principalement dans l'exagération du taux de l'intérêt, dans l'insuffisance de l'alimentation des besoins de la circulation, dans l'impuissance enfin d'un établissement unique à satisfaire aux besoins croissants d'un vaste pays.

Pour toutes les choses de ce monde, il est, en effet, des limites que la capacité humaine ne saurait franchir ; les plus forts, les plus courageux, les plus habiles, reculeraient devant la responsabilité de la distribution du crédit dans toutes les branches de l'activité sociale d'un grand État, si cette responsabilité était sérieusement comprise.

Il sera toujours très-difficile de remédier au vice d'une centralisation excessive dans le système du monopole ; dans cette voie on pourrait, plus promptement qu'on ne le croit, se trouver acculé devant une impossibilité de fait.

Mais comment pourrait-on éviter les autres vices engendrés par l'exagération de l'intérêt et les restrictions de crédit ?

Et d'abord, quelles sont les conditions de l'exercice régulier du monopole ?

Dans notre état social, un monopole quelconque ne se justifie que par l'intérêt public.

Il ne peut subsister qu'en répondant à tous les besoins de cet intérêt, en faisant autant et mieux qu'on ne ferait sous le régime de la concurrence.

Ainsi, les chemins de fer sont tenus de satisfaire, au meilleur marché possible, à tous les besoins de transport des points qu'ils desservent; ils doivent avoir le nombre de machines et de wagons nécessaire, quel qu'il soit; il leur est imposé enfin un maximum de tarif, pour prévenir l'abus qu'ils pourraient faire de leur situation privilégiée.

L'Etat se réserve, en outre, pour le cas où une ligne deviendrait insuffisante, le droit d'en autoriser une nouvelle pour desservir les mêmes points extrêmes.

La crainte seule de cette concurrence suffit ordinairement pour que les compagnies fassent tout ce qui dépend d'elles dans le but d'assurer tous les besoins publics.

Bien que les maxima de tarifs soient déterminés à l'avance, les gouvernements s'en réservent encore l'homologation, afin qu'il n'y ait, de la part des compagnies, ni abus, ni partialité, ni préférence dans la pratique.

Les mêmes règles seraient essentiellement applicables aux banques sous le régime du monopole.

Pourquoi ne les obligerait-on pas à se procurer les ressources nécessaires pour satisfaire à tous les besoins légitimes de l'industrie? Pourquoi ne leur serait-il pas imposé un maximum d'intérêt, comme il est imposé un maximum de tarifs aux chemins de fer?

Pourquoi enfin ne seraient-elles pas soumises à la loi de la concurrence lorsqu'elles sont impuissantes à satisfaire à tous les besoins?

Si la liberté en matière d'intérêt doit être accordée à tout le monde, elle peut, elle doit être refusée aux banques privilégiées, par la seule raison qu'elles jouissent d'un monopole, et qu'il leur est permis d'user, dans leur propre intérêt, d'un capital considérable qui ne leur coûte rien.

Voilà le vrai, le seul correctif de l'*usure*, qui, en l'absence de dispositions pénales, pourrait être exercé sur la plus grande échelle d'une manière fâcheuse.

Les économistes se sont placés sur le terrain de la concurrence pour demander l'abolition des lois sur l'usure ; ils ne l'ont fait que dans le but d'améliorer la situation de l'emprunteur en affranchissant le prêteur des risques de revendication ou de poursuites judiciaires auxquels celui-ci ne pouvait s'exposer sans s'assurer un dédommagement, sans se faire payer une prime qui venait aggraver les conditions du prêt.

Il y a, d'ailleurs, autre chose dans le taux de l'intérêt que le simple loyer du capital ; il contient encore un autre élément, celui de la prime d'assurance représentant le risque couru suivant le degré de solvabilité de l'emprunteur.

Il y avait donc utilité à ne pas limiter, par la fixation d'un taux d'intérêt uniforme, la faculté de prêter à ceux-là seuls qui pouvaient présenter les meilleures garanties de solvabilité.

De toute manière, en poursuivant l'application du principe de la liberté aux relations de crédit, aux conditions du prêt, les économistes n'ont été mus que par un sentiment libéral, par des motifs de bienveillance à l'égard des emprunteurs; ils n'ont jamais entendu donner de nouvelles forces au monopole, augmenter l'étendue de son pouvoir vis-à-vis du travail, qui a essentiellement besoin de capitaux à bon marché.

Mais le monopole a su s'emparer habilement des doctrines libérales des économistes sur la liberté de l'intérêt, pour s'en approprier le bénéfice, pour les exploiter à son profit. Il lui suffira toujours de laisser se former le vide sur le marché des capitaux pour rendre l'élévation du taux de l'intérêt nécessaire, et pour le faire accepter en silence par tous ceux qui ont besoin de crédit.

Il était le seul qui ne dût pas être exempté des lois sur l'usure, et il est précisément le seul à jouir de cette exemption.

Qu'importe d'ailleurs que cette liberté dont le monopole jouit exclusivement aujourd'hui soit étendue à tout le monde? Qu'a-t-il à craindre de la concurrence, puisqu'il absorbe, *à titre gratuit*, en vertu de son privilége même, la majeure partie du capital qui sert à la circulation et à l'échange des valeurs?

Nul n'essayerait, dans cette situation, de lui faire une vaine et inutile concurrence.

On voit donc que, en dehors du régime de la liberté, en dehors de la concurrence qui seule pourrait modérer l'exagération des bénéfices résultant de l'escompte, conjurer l'abus des élévations excessives de l'intérêt, l'abolition des lois sur l'usure, bonne pour tout le monde, n'est pas applicable aux banques.

Sous le régime du monopole, ces institutions doivent être soumises à un taux maximum d'intérêt pour assurer au public la seule garantie qui lui soit laissée.

Nous allons plus loin, et nous disons que, dans ce régime du monopole, ce taux maximum d'intérêt devrait, à certains intervalles, pouvoir être successivement abaissé.

Ces réductions successives du taux maximum de l'intérêt des banques sont aussi utiles et aussi nécessaires que celles de l'intérêt des dettes publiques; elles devraient même les précéder.

Ne serait-il pas bien préférable, en effet, de faire payer aux banques, de cette manière, le renouvellement ou la confirmation de leurs priviléges, plutôt que de leur imposer des redevances ou d'absorber tout ou partie de leur capital par des placements en rentes?

Turgot, qui fut l'un des premiers à réclamer la liberté pour les prêts d'argent, et qui avait fait contre les lois sur l'usure un excellent mémoire dans lequel sont résumées les meilleures raisons en faveur de la liberté, avait cependant imposé un taux maximum de 4 °/o d'intérêt à la Caisse d'escompte établie sous son ministère.

Lorsqu'on subit sans protestation les tarifs élevés des banques, il n'est ni juste ni logique de faire la guerre aux tarifs de chemins de fer.

Les uns ne sont pas moins onéreux que les autres; ils le sont au contraire bien davantage.

Il existe seulement une très-grande différence entre les compagnies de chemins de fer et les banques, et cette différence est toute à l'avantage des premières : c'est que celles-ci, formées avec des capitaux qui ont été réellement fournis par un grand nombre de familles, sont tenues d'en servir un intérêt, tandis que les autres profitent d'un capital qui est prélevé gratuitement sur la communauté.

Et pourtant, malgré cette différence de position, on n'a épargné aux compagnies de chemins de fer ni les attaques ni les concurrences, tandis qu'on a été au contraire d'une mansuétude extrême pour les banques.

Ne cherche-t-on pas à racheter successivement tous les canaux pour y réaliser le système de la *gratuité*, et susciter ainsi aux chemins de fer la plus rude des compétitions?

Pourquoi les banques seules jouiraient-elles d'une exception que rien ne justifie ?

On ne pourrait se l'expliquer si on ne savait l'influence que doit nécessairement exercer sur le public un établissement de qui tout le monde relève de près ou de loin, dans toute la France.

Il ne faut rien moins qu'une grande indépendance pour oser élever la voix sur les questions qui touchent à la Banque, et quand tous les pouvoirs ont été attaqués sans ménagement, un seul, celui de la Banque, avait été respecté par la critique, si modérée, si bienveillante qu'elle pût être.

Enfin, l'attention des pouvoirs publics et de la presse n'avait pas été suffisamment appelée jusqu'ici sur la gravité d'une question trop entourée de mystère.

Nous ne pousserons pas plus loin la démonstration du principe, que le correctif du monopole des banques consiste dans la fixation d'un taux maximum d'intérêt et dans la réduction successive de ce taux.

N'oublions jamais que les banques n'ont d'autre objet que

celui d'amener la baisse de l'intérêt et qu'elles en ont la possibilité par la grandeur du capital fiduciaire dont elles disposent à titre gratuit.

Il est inutile d'insister davantage sur l'abus des élévations du taux de l'intérêt et sur la nécessité d'y porter un prompt remède ; mais ce qui n'est pas moins abusif et moins funeste, sous le régime du monopole, ce qui explique ces élévations du taux de l'intérêt, c'est l'insuffisance et l'irrégularité des moyens qui servent à alimenter la circulation, ce sont les restrictions auxquelles les banques sont obligées de recourir dès qu'elles éprouvent les moindres craintes sur leur encaisse.

Cette insuffisance de moyens se manifeste par des crises trop fréquentes pendant la durée desquelles le capital, abondant naguère, semble disparaître et s'évanouir.

L'imagination s'épuise à rechercher les causes de ces crises, et, à cet égard, l'opinion la plus généralement répandue, c'est celle d'une trop grande excitation donnée au *travail* et à la *production*.

Repoussons cette erreur.

On peut mal travailler, et ceci est une cause de perte réelle, mais jamais on ne travaille trop quand on travaille bien.

« Le prince philosophe, dit Voltaire, sera convaincu que plus un peuple est laborieux, plus il est riche : il aura soin que ses villes soient embellies, parce qu'alors il y aura plus de travaux, et qu'il en résultera l'utile et l'agréable. »

Et ailleurs :

« Les terres sont-elles épuisées pour nourrir des hommes laborieux au lieu d'engraisser des fainéants ? »

Enfin, quant à la surabondance de la production, demandons avec M. Jacques Laffitte :

« SI QUELQUE PART ON JETTE LE BLÉ DANS LES RIVIÈRES, SI ON DÉTRUIT ET LIVRE AU VENT LES PRODUITS DE NOS MANUFACTURES ; SI QUELQUE PART ON FOULE AUX PIEDS LES OUVRAGES SURABONDANTS D'AUCUNE ESPÈCE DE TRAVAIL ? »

Mais laissons de côté les déclamations formulées contre l'excès du travail qui seul nous fait tous vivre et progresser ; les pionniers de la civilisation et de l'association des peuples ont toujours été attaqués par ceux des hommes de leur temps, qui, satisfaits de leur situation, voulaient s'arrêter dans la crainte de la compromettre, demandant à la génération nouvelle de cesser de produire, comme si les masses pouvaient cesser de travailler sans cesser de pourvoir à leurs besoins quotidiens !

Descendons des hauteurs que nous avons abordées pour repousser des erreurs funestes, et voyons, dans sa simplicité, l'une des causes les plus ordinaires de ces crises qui viennent périodiquement affliger le commerce.

Elles découlent presque toujours de la manière dont le monopole de la Banque est exercé et dont la circulation est gouvernée.

Il suffit, en effet, pour se rendre compte des crises monétaires qui éclatent à certains moments, de voir, à quelques mois de distance, d'un côté, les variations de l'encaisse de la Banque et du chiffre de ses billets, d'un autre côté, les réductions qu'éprouvent les escomptes ou les avances sur fonds publics ou autres valeurs.

Ainsi, au commencement de l'année, les billets que la Banque

avait émis s'élevaient à..................	fr. 813,490,825
dont il fallait déduire le montant de son encaisse, qui n'était alors que de........	169,027,009
La Banque contribuait ainsi à l'entretien de la circulation dans la proportion de....	fr. 644,463,816

Mais, au mois de septembre, la situation s'était ainsi modifiée :

Le montant des billets que la Banque avait émis n'était plus que de.............	fr. 739,183,625
et son encaisse, par suite de l'argent successivement retiré de la circulation, s'était relevé au chiffre de..........	279,039,471

ce qui réduisait effectivement, du fait de la Banque, la circulation à...............	460,144,154
Soit une réduction totale dans les moyens de circulation de....................	fr. 184,319,662

Voici maintenant la contre-partie dans la différence résultant de la comparaison du montant du chapitre des escomptes et de celui des avances aux mêmes époques :

Au commencement de l'année, le montant des effets escomptés était de........................ fr. 752,202,847
celui des avances de................ 116,963,650

Ensemble........ fr. 869,166,497

Au mois de septembre, le portefeuille n'était plus que de.. fr. 609,011,144
et le montant des avances sur fonds publics, actions et obligations, de .... 71,179,450 } 680,190,594

soit une réduction totale sur le montant des escomptes et des avances de...... fr. 188,975,903
obtenue au moyen des élévations de l'intérêt et des restrictions de crédit, et cela pendant que le public avait à solder les termes du dernier emprunt de 300 millions émis par l'État (1).

---

(1) D'après la situation du 1er décembre, la circulation des billets est aujourd'hui de.. fr. 742,316,325
Et son encaisse s'est relevé à.................................. 327,718,612

La Banque ne contribue donc plus au mouvement de la circulation que pour... fr. 414,597,713
Actuellement le portefeuille n'est plus que de.... fr. 564,370,788
Et la totalité des avances, de.................. 67,650,560

632,021,348 ci. 632,021,348

De sorte que la réduction totale dans les moyens de circulation est maintenant, par rapport à ce qui avait lieu au commencement de l'année, de.. fr. 229,966,103
Et la réduction dans le montant des escomptes et des avances, de.. 237,145,149

Voilà un des exemples de ces AVERTISSEMENTS SALUTAIRES que la Banque se plaît à donner trop souvent, de ces MESURES VIVES ET PÉNIBLES qui entraînent des liquidations ruineuses et dont on proclame la nécessité.

C'est le fanatisme de l'erreur !

Si la Banque avait à supporter les conséquences de ses fautes, on peut être certain qu'elle en abrégerait la durée. Mais comment veut-on qu'elle ne soit pas aveuglée par les bénéfices qu'elle en recueille, par les grands avantages qu'elle trouve à élever le taux de l'intérêt ?

Croit-on que la circulation puisse supporter de pareilles diminutions dans ses moyens d'alimentation sans que les effets s'en fassent vivement ressentir?

Ces effets sont malheureusement d'autant plus cruels qu'ils ne sont obtenus qu'à l'aide de réductions considérables dans les facilités auxquelles le commerce et le crédit sont habitués et qui viennent presque subitement à leur manquer.

Les besoins n'ont pas cessé d'exister parce que la Banque ne veut plus les satisfaire; seulement ils doivent chercher leur satisfaction ailleurs, et c'est ce qui produit ce qu'on appelle la *rareté de l'argent*.

Mais ce n'est pas le seul inconvénient de ce déplacement des habitudes et des moyens ordinaires d'alimentation des besoins du commerce.

L'effet que produisent sur les capitalistes des demandes subites et considérables d'argent, se traduit immédiatement par la méfiance et par le resserrement des billets ou des espèces.

Chacun garde par-devers soi, dans la crainte de nouveaux embarras, un encaisse plus considérable que ses besoins ne l'exigeraient, et cela vient augmenter encore, dans de très-grandes proportions, le déficit de la circulation.

Mais que la confiance revienne, et tout change de face : l'abondance des capitaux reparaît, le taux de l'intérêt s'abaisse, et les fonds se relèvent.

C'est précisément ce qui se passe en ce moment.

Voilà comment naissent et meurent ces crises monétaires dont on cherche bien loin le secret, lorsque l'explication est si près de nous, lorsqu'elle est tout entière dans la direction incertaine et fâcheuse donnée à la circulation, dans les brusques mouvements qui sont le résultat de l'insuffisance des ressources positives que les banques engagent effectivement dans leurs affaires.

Les capitaux qui reparaissent avec le retour de la confiance n'ont pas été recréés pendant la durée de la crise; ils ne sont pas sortis de dessous terre; ils n'avaient pas cessé d'exister : seulement, par l'effet d'une mauvaise organisation de crédit, ils avaient cessé de circuler.

La confiance dans les signes du crédit n'a pas manqué un seul instant; on n'hésite pas à le reconnaître. C'est donc sans nécessité que, sous prétexte de sagesse, les banques faussent et enrayent le mécanisme de la circulation. Mais cet inconvénient, inhérent au régime du monopole, n'est pas le plus grave encore, car, ici, le mal n'est qu'intermittent; ce qui est permanent, c'est l'abandon dans lequel on laisse les besoins nouveaux qui viennent à se manifester, comme on le fait aujourd'hui systématiquement pour tout ce qui touche au développement du crédit de l'État et de l'industrie des travaux publics.

Déjà les besoins de l'escompte ne sont satisfaits que d'une manière très-imparfaite. Si les plaintes ne sont pas vives et nombreuses à cet égard, ce n'est pas que les motifs manquent pour y donner lieu; nous nous sommes déjà expliqué sur les motifs du silence que le commerce garde à cet égard.

Mais, si les besoins de l'escompte ne sont satisfaits que d'une manière insuffisante, ceux qui se rapportent aux avances sur fonds publics, sur actions et obligations de chemins de fer, ne le sont pas du tout. Chaque jour, la Banque restreint le chiffre des prêts de cette nature, à tel point qu'aujourd'hui les avances sur la rente, dont le capital est de 9 milliards, sont réduites à 24,789,500 francs, et celles sur les actions et les obligations de chemins de fer, qui s'élèvent à 6 milliards, ne sont que de 45,308,650 francs (1).

La totalité de ces avances, qui n'est plus aujourd'hui que de 69,098,150 francs, s'élevait à 200 et 230 millions en 1862.

Cette seule différence, sans parler des rentes encore flottantes du dernier emprunt, suffit à expliquer la souffrance des opérations de crédit.

Aussi toute spéculation est-elle éteinte, et le dommage qui résulte des cours actuels de la rente et des obligations est considérable; il se résume en pertes énormes : le taux onéreux auquel se font les emprunts du Gouvernement et ceux des

(1) Situation de la Banque de France du 29 septembre 1864.

compagnies se fait sentir : — pour l'État, par l'élévation des impôts; — pour l'industrie des chemins de fer, par l'augmentation de leurs dépenses, et pour le public, par l'élévation des tarifs qui est la conséquence des charges qu'on leur impose.

Libre déjà de l'engagement formel qu'elle avait contracté, lors du renouvellement de son privilége en 1852, d'abaisser le taux de l'intérêt, la Banque n'a cessé de chercher encore à se dégager de l'obligation de faire des avances sur les titres de rentes et sur les valeurs de chemins de fer.

Elle n'a aucun goût pour cette branche du crédit, dont moins que toute autre cependant elle devrait méconnaître l'importance.

Voici en quels termes on fulmine l'anathème :

Deux intérêts se disputent perpétuellement la Banque : L'INTÉRÊT DU COMMERCE ET LES SPÉCULATIONS DE BOURSE. *A qui se doit-elle d'abord? Au commerce évidemment; et nous ne saurions trop redire que toute cette question, qu'on veut transporter sur le terrain de rentes plus ou moins vendues, plus ou moins possédées, n'est qu'une question de* NUMÉRAIRE PLUS OU MOINS ABONDANT.

Toujours cette éternelle question du NUMÉRAIRE dont on accuse la rareté, lorsqu'il ne dépendrait que de la Banque de le rendre abondant!

Nous reconnaîtrons volontiers qu'un seul établissement ne saurait pourvoir à tout, à l'escompte des effets de commerce, comme aux avances sur fonds publics; nous admettrons que la Banque de France ne le voulût même pas, et nous comprendrions qu'elle demandât à se borner à la spécialité de l'escompte du papier.

La Banque d'Angleterre consacre cependant d'une manière permanente 250 à 300 millions aux avances sur fonds publics, — c'est-à-dire la moitié de la circulation fiduciaire dont elle dispose, — et elle contribue ainsi puissamment à en faciliter le classement régulier.

Mais ce que nous ne comprenons pas, c'est qu'on cherche à stigmatiser en masse, par cette accusation de spéculation de bourse, les opérations qui se rattachent au crédit public, et auxquelles la France doit sa prospérité. Ne sont-ce pas les emprunts qui ont permis d'éviter les charges écrasantes de l'impôt? Ne sont-ce pas les chemins de fer qui ont mis en valeur toutes les portions de notre territoire, et qui, en augmentant la quantité des produits à échanger, ont doublé, triplé la masse des effets de commerce ainsi que celle des billets avec lesquels vous les escomptez?

Ne voir que du jeu dans des négociations qui ont pour effet d'assurer le classement successif des titres de rente, d'actions et d'obligations qui constituent la fortune mobilière de la France, et qui sont le seul moyen d'assurer à ces titres un cours permanent et régulier, c'est prendre l'exception pour la règle et méconnaître la grande utilité d'une industrie qui fournit incessamment d'avantageux emplois aux 12 à 1,300 millions d'économies annuelles que, fort heureusement, le pays peut consacrer aux travaux de l'avenir.

Au lieu de médire de ce qu'on devrait respecter, au lieu de s'abandonner à ces mauvais sentiments de dénigrement et d'antagonisme, ne serait-il pas plus simple de reconnaître qu'on est impuissant à mener de front le service de l'escompte des effets de commerce et celui des avances sur fonds publics?

La Banque cherche à réduire ces avances par tous les moyens, même par des surcharges d'intérêt.

Elle constate ainsi la nécessité, l'indispensabilité d'un autre établissement qui devrait être spécialement chargé de ce service.

Mais comment un établissement de ce genre pourrait-il vivre, s'il n'avait, comme la Banque, la disposition d'un capital fiduciaire à titre gratuit?

Et, si on lui refusait cette faculté, en vertu du prétendu principe abstrait de la conservation de l'unité du billet de banque, quel serait le moyen de sortir de cette difficulté?

Cette question, facile à résoudre en Angleterre où il suffit de prévenir la Banque un an d'avance pour mettre fin à son privilége, se complique chez nous de l'extension très-regrettable qui a été donnée au privilége de la Banque de France, et en vertu de laquelle elle aurait la jouissance paisible et incontestable de son monopole jusqu'à la fin du siècle, s'il était aussi absolu qu'on le prétend

Mais si le privilége de la Banque n'est pas aussi absolu qu'on le croit généralement, et l'examen sérieux des lois constitutives de cette institution le prouvera surabondamment, ne devrait-on pas saisir avec empressement l'occasion de sortir d'une situation devenue vraiment intolérable?

N'est-ce pas plus que jamais le moment d'accomplir ce que M. Jacques Laffitte considérait avec raison comme L'UN DES PLUS GRANDS PROGRÈS que le pays puisse réaliser en matière de crédit, et qu'il faisait consister *dans la réduction du taux de l'intérêt et dans la concurrence des capitaux* réclamés par les besoins du commerce et de l'industrie ?

XII.

Conclusion. — Moyens de réorganisation.

Nous avons jusqu'ici observé et comparé des faits, nous avons établi des principes, discuté des doctrines ; il faut maintenant se résumer et conclure, en indiquant la meilleure voie à prendre pour la réorganisation que réclame l'état si précaire et si imparfait de notre crédit.

On a vu dans les chapitres qui précèdent :

Que l'unité de la monnaie de papier remboursable à vue n'était autre que celle de la monnaie métallique, et que, dès lors, il importait peu que cette monnaie de papier fût émise par un ou plusieurs établissements, pourvu que sa convertibilité en argent fût constamment assurée ;

Que cette question de l'unité de papier de banque cache une prétention de monopole exclusif dont on abuse pour exploiter le commerce et l'industrie, sous prétexte de conserver au pays ses réserves métalliques ;

Que les mesures prises par la Banque pour élever le taux de l'intérêt lorsque son encaisse diminue pourraient être évitées, si on obligeait cet établissement à user des moyens qui sont à sa disposition pour se procurer l'or et l'argent qui lui sont nécessaires,

Que ces moyens consistent dans l'achat des matières d'or et d'argent avec ses propres capitaux, avec des capitaux réels provenant soit de la réalisation successive de ses rentes, soit de l'augmentation de son capital, dont le chiffre n'atteint pas la moitié de celui de la Banque d'Angleterre;

Que les importations de *numéraire* en France dépassent toujours les exportations, et que le pays paye avec ses *produits* le supplément de métaux précieux qu'il reçoit, le chiffre des exportations étant beaucoup plus considérable que celui des importations de marchandises étrangères ;

Que si la Banque de France ne prend pas une part dans ces importations de numéraire, c'est parce qu'elle n'a rien à donner en échange, puisque tout son capital est immobilisé.

Que le taux de l'escompte est indépendant de l'abondance ou de la rareté du numéraire, et que le taux de l'intérêt n'est nullement le prix de l'argent, ce prix, qui dépend des frais de production des matières d'or et d'argent et de leur quantité relative sur le marché, ne pouvant être représenté que par une valeur équivalente en marchandises d'une nature quelconque;

Que la Banque de France n'est nullement dans la nécessité d'élever le taux de son intérêt, comme on le croit généralement, quand ce taux vient à être élevé dans un autre pays, et particulièrement en Angleterre ;

Qu'il existe, en effet, entre la constitution de la Banque de France et celle de la Banque d'Angleterre des différences profondes qui rendent tout à fait illusoire le danger de l'écoulement de notre numéraire chez nos voisins, dans le cas où le taux de l'intérêt à la Banque d'Angleterre serait supérieur au nôtre;

Qu'en Angleterre, on n'élève l'intérêt que parce que la quantité de billets que la Banque est autorisée à émettre est trop restreinte;

Qu'en France, on ne l'élève que parce que la Banque n'a pas assez d'argent relativement aux besoins qu'elle doit satisfaire;

Que, dans le système du monopole, les banques devraient être soumises à un maximum d'intérêt successivement décroissant, comme compensation du droit qui leur a été concédé de disposer gratuitement d'un capital fiduciaire très-considérable, ce qui constitue en leur faveur une riche subvention et leur procure des avantages auxquels elles devraient faire participer le public par une réduction du taux de l'intérêt qu'elles prélèvent sur lui;

Que la mission des banques est de faciliter la circulation des capitaux et de les faire passer, aux meilleures conditions possibles, des mains qui les possèdent dans celles qui les emploient;

Que la Banque de France, en possession d'un monopole de fait, a perdu complétement de vue cette mission, et en est venue à considérer le capital qu'on lui a permis de prélever gratuitement sur la circulation comme une propriété privée dont elle peut user et abuser; qu'elle se procure ainsi des bénéfices énormes au détriment du commerce et de l'industrie;

Que, malgré l'importance des bénéfices qu'elle réalise ainsi, elle ne satisfait que très-incomplétement aux besoins de l'industrie, et néglige entièrement ceux du crédit et des travaux publics;

Que le seul moyen de réduire ces bénéfices excessifs, de mettre un terme aux crises ruineuses qui se renouvellent chaque année, et de répondre à tous les besoins du pays, c'est d'appeler la concurrence de nouveaux capitaux ou de procéder à une réorganisation du crédit dans laquelle le privilége de la Banque de France serait revisé et mis en harmonie avec de nouvelles institutions;

Qu'en Angleterre, où des réformes sont également nécessaires, *on a le droit de modifier le privilége de la Banque en prévenant un an d'avance*, mais qu'en France on serait complétement désarmé jusqu'en 1897, c'est-à-dire pendant un espace de temps qui représente la durée d'une génération, si le Gouvernement, si les pouvoirs publics ne se hâtaient de prendre des mesures pour faire cesser l'état de choses déplorable que nous avons vu se produire et se perpétuer depuis la loi de 1857, et qui, plus spécialement depuis le mois de septembre de l'année 1863, paralyse toutes les opérations de commerce, d'industrie et de crédit dans toute l'étendue de la France.

Tels sont les principes, telle est la situation.

Un changement de système, un retour au régime de la pluralité des banques, aurait à nos yeux les plus heureuses conséquences, et ce changement serait sans le moindre danger, si on créait entre les nouvelles institutions de crédit des rapports qui leur permissent de se prêter en tous temps un mutuel appui.

La tâche du Gouvernement se trouverait ainsi singulièrement simplifiée.

On ne verrait plus les banques subordonner comme aujourd'hui leur circulation et leurs avances à l'état de leur caisse ; ce serait le contraire qui aurait lieu tout naturellement. Elles s'empresseraient toutes, dans l'intérêt de leur crédit, de tenir constamment leur réserve métallique au niveau des besoins de la circulation.

Les prétendues difficultés qu'on trouve aujourd'hui à se procurer des espèces disparaîtraient immédiatement, et on ne chercherait plus à éluder la première des obligations, celle qu'observe scrupuleusement tout négociant qui tient à faire honneur à ses engagements.

On ne verrait plus les établissements de crédit reculer devant une augmentation de capital ; ils iraient plutôt d'eux-mêmes au-devant de cette mesure, afin d'avoir les moyens d'agrandir le cercle de leurs affaires.

N'a-t-on pas vu, en effet, le Comptoir d'escompte réclamer longtemps cette faculté comme une faveur ?

Ils rivaliseraient enfin de zèle pour satisfaire à tous les besoins du commerce et de l'industrie aux conditions les meilleures.

Les esprits en France sont-ils préparés à cette transformation du crédit ?

Le respect des engagements antérieurs permet-il d'ailleurs d'introduire un changement aussi radical dans notre organisation fiduciaire ?

Nous posons ces questions en laissant au public le soin de les résoudre.

Mais s'il y avait impossibilité à leur donner actuellement une solution favorable, il n'y aurait d'autre remède à la situation que de constituer un établissement nouveau capable de rivaliser avec la Banque de France, à moins que celle-ci ne consentît à modifier profondément son privilége, et notamment à renoncer au bénéfice de la loi de 1857 quant à la faculté d'élever le taux de l'intérêt.

Le nouvel établissement à créer devrait alors se constituer avec un capital important, beaucoup plus important que celui de la Banque de France.

Ce n'est pas, en effet, à 180 millions qu'il faudrait limiter son capital, c'est à 400, à 500 millions qu'il faudrait le porter pour répondre aux immenses besoins à satisfaire.

On pourrait, dans ce cas, sans imprudence, en faire verser une partie en rentes ou en obligations, afin de soulager le marché d'une certaine quantité de valeurs à placement fixe qui sont flottantes et nuisent ainsi à l'amélioration du crédit.

Dans l'état de prospérité où se trouve l'industrie de l'escompte exercée par la Banque, avec la perspective du développement auquel cette industrie est appelée, un capital, si considérable qu'il fût, serait souscrit avec le plus grand empressement et serait réuni avec une extrême facilité. Pour un pareil emploi, les souscripteurs afflueraient de toutes les parties de l'Europe. Aveugle, d'ailleurs, qui ne voit pas la tendance marquée des capitaux à se porter vers les institutions de crédit; aveugle qui ne voit pas que le développement des chemins de fer dans toute l'Europe nécessite l'emploi de moyens de crédit et de circulation proportionnés à l'immense accroissement de capitaux qui en est résulté; aveugle qui ne voit pas qu'un système de banque, agrandi, fortifié, qui réduirait le taux de l'intérêt et qui aurait son centre à Paris, quintuplerait, avant dix ans, la masse des affaires, produirait une amélioration correspondante dans la richesse du pays, augmenterait considérablement le rendement de tous les impôts, et plaçant le crédit public sur ses véritables bases, donnerait à notre politique une prépondérance que nulle puissance ne pourrait égaler!

Une semblable organisation ne peut acquérir un prompt développement qu'en s'établissant en France; c'est Paris qui doit être le pivot de cette évolution financière; tout y est admirablement préparé. Marchons donc d'un pas ferme vers ce but et réalisons, à l'aide des grandes améliorations du crédit, la véritable organisation du travail, celle qui sera équitable et féconde pour tous.

Pour concourir à ces résultats, la banque nouvelle devrait s'obliger à tenir toujours son capital au niveau du développement des affaires, de telle sorte que les garanties offertes au public restassent proportionnellement les mêmes, et que ses réserves métalliques fussent constamment en rapport avec l'importance de ses émissions de billets.

Le chiffre de son encaisse ne devrait jamais tomber au-dessous d'une certaine proportion des billets en circulation.

Indépendamment de ses émissions de billets remboursables à vue, elle pourrait généraliser l'usage des billets à intérêt dont nous pourrions revendiquer l'idée primitive, puisque nous l'avons émise en 1830 (1), si nous ne savions que les mêmes

---

(1) Voir les appendices de l'ouvrage précédent : *La Banque de France et l'organisation du crédit en France.*

idées naissent en même temps dans plusieurs esprits, lorsque les temps sont mûrs : ces billets, qui ne seraient que la substitution de la garantie du crédit des banques à celle des crédits particuliers, fourniraient à l'escompte les moyens les plus puissants et permettraient de régulariser définitivement les rapports de l'industrie vis-à-vis des capitalistes.

Les *billets à intérêt* commenceraient au point où finirait l'usage des billets de banque faisant office de monnaie, c'est-à-dire au point où la circulation s'en trouverait suffisamment pourvue.

Ils seraient à échéance rapprochée et constitueraient le premier degré de ces obligations à échéance séculaire que les grandes compagnies de travaux publics peuvent émettre par suite d'un développement de crédit qu'on n'aurait pu même soupçonner il y a trente ans.

La banque nouvelle devrait se consacrer principalement à l'exploitation des avances sur rentes, sur les actions et les obligations des grandes entreprises d'un intérêt général. Ce terrain est vacant, cette fonction est libre, car le crédit et les travaux publics, qui font la prospérité du pays, sont en quelque sorte mis aujourd'hui en interdit par la Banque de France.

Elle aurait enfin à encourager la formation de nouvelles institutions de crédit en France, celle des comptoirs spéciaux et celle des institutions de crédit mutuel qui sont les banques du peuple, les véritables foyers de son émancipation, PAR UN ABAISSEMENT D'INTÉRÊT EN LEUR FAVEUR ; elle poserait ainsi les bases d'une organisation hiérarchique et d'une division de travail indispensables à la diffusion du crédit et à la sûreté des opérations de cette nature.

La Banque de France a suivi malheureusement une marche différente.

Dans la situation qu'elle occupe, placée comme elle l'est au sommet de la hiérarchie financière, elle devrait n'être en relation qu'avec les grands établissements de crédit et avec les premières maisons de banque, ce qui serait pour elle le seul moyen de faire le commerce de l'escompte sans courir le moindre danger, puisqu'elle pourrait rejeter sur ces intermédiaires les risques dont ceux-ci prendraient la responsabilité moyennant une commission proportionnée à la solvabilité des emprunteurs.

Cette marche était évidemment la plus rationnelle ; mais loin de l'adopter, loin d'encourager des intermédiaires dont l'utilité est incontestable, la Banque leur fait une concurrence active en se mettant directement en relation avec la généralité des clients particuliers, car son taux d'escompte est généralement en rapport avec la valeur des effets d'un ordre secondaire. Aussi ne lui offre-t-on qu'une faible proportion du papier émanant des principales maisons de Paris. Cette manière de procéder est le renversement de l'ordre naturel des choses, en même temps qu'elle constitue le plus grand obstacle au développement du crédit et à l'amélioration de ses conditions.

On a vu, par ce qui s'est passé à l'occasion des maisons grecques de Marseille, dont la Banque de France avait encouragé la circulation, quels sont les risques du système qu'elle a adoptés.

Changer cette manière de procéder, encourager la formation d'un certain nombre de centres spéciaux par une différence d'intérêt qui serait l'équivalent d'une commission, le prix d'une intervention utile, ce serait réaliser une amélioration dont les heureux effets ne tarderaient pas à se faire sentir dans toutes les branches et jusque dans les derniers rangs de l'industrie.

La création de ces intermédiaires serait l'un des moyens de réaliser le vœu de l'empereur Napoléon, lorsqu'il faisait insérer l'article suivant dans les *Statuts fondamentaux de la Banque de France* :

« Art. 15. — Il sera pris des mesures pour que les avan-
« tages résultant de l'établissement de la Banque se fassent
« sentir au petit commerce de Paris, et qu'à dater du 18 février
« prochain, l'escompte sur deux signatures avec garantie addi-
« tionnelle, qui se fait par un intermédiaire quelconque de la
« Banque de France, n'ait lieu qu'au même taux que celui de
« la Banque elle-même. »

Quelles seraient pour la Banque de France les conséquences d'une pareille extension donnée aux attributions et aux opérations d'une banque nouvelle ?

Il est certain que la Banque de France y perdrait le bénéfice des surélévations actuelles de l'intérêt. Elle serait obligée de réduire ses prétentions vis-à-vis du commerce et de l'industrie, d'abaisser le taux de son intérêt au niveau de celui qui serait fixé par la concurrence ; elle devrait prendre alors des dispositions nouvelles pour maintenir le chiffre de son encaisse, et elle y réussirait certainement par des moyens différents de ceux qu'elle emploie aujourd'hui.

Nul n'oserait prendre la défense de ces bénéfices, en tant qu'ils sont le produit des hausses de l'escompte, parce qu'ils sont prélevés sur la part légitime du travail.

Il n'y aurait donc pas grand mal à les voir réduire.

Il n'y a, d'ailleurs, que l'intérêt public à consulter.

Or, l'intérêt public aurait-il à souffrir de l'introduction de nouveaux capitaux dans le commerce de l'escompte et des avances qui seraient faites au crédit public et à l'industrie?

Aurait-il à souffrir d'une concurrence qui viendrait limiter des prétentions excessives et mettre fin à un monopole qui a pris, comme nous l'avons dit, le caractère d'une calamité?

Non certes, l'intérêt public n'aurait pas à en souffrir; il aurait, au contraire, tout à gagner dans de telles conditions; seuls les profits énormes de la Banque en seraient affectés; encore est-il vrai de dire que la circulation fiduciaire étant destinée à s'accroître dans de notables proportions, cet accroissement pourrait fournir à la Banque de France une compensation presque équivalente; il lui permettrait de conserver au moins l'importance actuelle de ses émissions.

Est-il nécessaire d'ajouter que cet accroissement est sans le moindre inconvénient, du moment que la monnaie de crédit n'est que l'appendice de la monnaie métallique et s'appuie sur elle, du moment qu'on éloigne toute crainte de cours forcé?

Il n'y aurait, au contraire, que des avantages à recueillir, à tous les points de vue, de cette extension de la circulation fiduciaire; ces avantages se manifesteraient, pour le public, par la facilité des transactions; pour les Banques, par le bénéfice que l'usage de plus en plus grand des billets leur procure, par l'heureuse influence enfin qu'un emploi plus étendu de ces billets exercerait sur la baisse de l'intérêt.

Un grand nombre de bons esprits, frappés des inconvénients du régime actuel des banques, ont cru y remédier par l'introduction en France de l'usage des *chèques*.

C'est pour nous un motif de nous arrêter un moment sur un sujet dont nous reconnaissons toute l'importance.

Dans cette question, il faudrait éviter que le moyen fît perdre de vue l'objet principal.

Les *chèques* n'ont aucun des caractères, aucune des qualités que doivent présenter les billets de crédit, et, dès lors, ils ne peuvent être d'aucun avantage pour la circulation; ce sont de simples mandats à vue destinés à disparaître un instant après qu'ils ont été créés.

Ajoutons que, à l'inverse des billets de banque qui sont l'expression commune de toutes les garanties renfermées dans le portefeuille d'une Banque d'escompte, les chèques ne sont garantis que par les personnes qui les fournissent. Les premiers ont un caractère général, les seconds n'ont qu'un caractère particulier et sont par conséquent impropres à la fonction que remplit le billet de banque.

Ils ne servent qu'à retirer des fonds des caisses où ils ont été préalablement déposés.

Ils ne donnent pas, comme les billets de banque, les moyens de distribuer le crédit à bon marché, et n'ajoutent rien au bénéfice des établissements qui les reçoivent.

Ce sont les instruments matériels d'un règlement de compte, d'un système de compensation dont il faut apprécier la valeur à ce titre seulement. Sous ce rapport, en effet, ce système a une grande importance, puisqu'il permet d'économiser beaucoup de temps et surtout une masse considérable de numéraire.

Mais il ne faut pas y voir autre chose.

Le *chèque* en lui-même n'est ni une innovation ni une importation.

De temps immémorial, il est en usage dans tous les établissements de crédit.

Le système des compensations n'est autre chose que l'opération des virements de compte en usage à la Banque de France à l'aide des *mandats rouges*, qui sont l'analogue des *chèques barrés* en Angleterre.

De semblables virements avaient lieu en France dans les institutions même de l'ancienne monarchie, dans les caisses d'escompte qui ont précédé la Banque de France. Les banques de Hambourg et d'Amsterdam étaient fondées sur le principe des dépôts et des virements.

Les liquidations qui ont lieu mensuellement dans nos Bourses pour les opérations des fonds publics s'accomplissent par le procédé des *compensations*, absolument comme en Angleterre. Des achats ou des ventes, qui s'élèvent à des centaines de millions, se règlent ainsi sans le secours du numéraire ou des billets de banque (1).

Il faut dire cependant qu'en Angleterre ce système s'est généralisé et s'est étendu, par l'intermédiaire d'un certain nombre de banquiers ou de banques de dépôt, au règlement de la plus grande partie des affaires commerciales.

Sans cette organisation, on n'aurait pas pu marcher avec un système de circulation restreinte en présence d'un développement d'affaires colossal et grandissant chaque jour.

---

(1) Ce qu'on appelle *chèques* en Angleterre, *mandats* à la Banque de France, prend ci le nom de *délégations*.

Ce qu'il y a au fond de la question des chèques, c'est la formation des banques de dépôt, où viendraient s'amasser successivement les économies du pays ; c'est la constitution de banques spéciales à chaque industrie, par l'intermédiaire desquelles pourraient se solder toutes les affaires du pays.

A l'aide de cette organisation, tous les engagements du commerce, payements et recettes, pourraient se compenser dans un établissement central, dans ce que les Anglais appellent un *clearing-house*, sans le secours de cette masse de numéraire que rendent nécessaire aujourd'hui l'extrême division des lieux de payement, l'existence de nombreuses caisses particulières et l'habitude que chaque négociant, chaque particulier a conservée de faire lui-même ses payements et ses recettes.

Ce progrès pourrait même se réaliser sans l'emploi des chèques, si les négociants adoptaient l'usage de prendre *domicile* chez des banquiers pour le payement de leurs acceptations ou de leurs billets, et de leur confier l'encaissement de tous leurs effets.

La liquidation de tous ces engagements pourrait s'opérer ainsi très-facilement par voie de *compensation* directe, sans l'intervention des *chèques*, sans même celle de la monnaie, autrement que pour des soldes ou pour de faibles appoints.

Mais sous le mérite de ces observations, qui n'ont d'autre but que de déterminer exactement le véritable caractère des *chèques*, on ne saurait trop encourager leur usage et faciliter l'introduction en France du système des compensations, parce qu'ils permettraient d'économiser une grande quantité de numéraire.

Il serait notamment essentiel de placer les mandats de cette nature à l'abri de toute mesure fiscale.

La généralisation de ce système de compensation à l'aide des chèques serait puissamment facilitée par l'établissement d'un certain nombre de caisses de dépôt.

Mais pour que ces caisses, dont le fonctionnement rendrait successivement disponible en France un capital de 2 à 3 milliards de numéraire, pussent prendre un développement important, il serait indispensable qu'elles s'appuyassent sur les banques d'escompte et de circulation, et ces derniers établissements devraient être plus nombreux ; ils devraient surtout être assez solidement, assez fortement organisés, pour que les caisses de dépôt fussent toujours sûres d'y trouver, avec de bonnes garanties, les moyens de se procurer l'argent nécessaire à leurs opérations, sans avoir à subir des conditions trop onéreuses.

Alors, mais seulement alors, il serait sans danger d'accepter des dépôts, parce qu'on serait toujours sûr de pouvoir satisfaire sans sacrifices à toute demande imprévue de remboursement ; alors, ce service pourrait prendre un grande extension et s'accomplir de la manière la plus économique et la plus avantageuse pour tout le monde.

Toutes les ressources du pays seraient ainsi constamment utilisées; aucune force ne serait perdue.

Les banques d'escompte et de circulation retireraient de grands avantages de cette organisation, et la Banque de France, en particulier, y aurait une part d'autant plus large que sa longue existence lui donne un prestige qui est grand et mérité; mais il faudrait pour cela que ces établissements se missent en mesure de satisfaire à tous les besoins légitimes.

L'organisation du crédit ne sera parvenue à son état le plus parfait que quand tout détenteur d'une bonne valeur pourra la mobiliser à volonté; il n'y a pas de danger qu'on abuse de cette facilité, car, d'une part, nul emprunteur ne consent sans nécessité à payer un intérêt pour recevoir une monnaie stérile tant qu'elle reste sans emploi, et, d'autre part, la faculté de conversion constante des billets de banque en espèces est pour les banques un frein suffisamment efficace contre toute exagération de la circulation fiduciaire.

D'autres n'accusent ni le monopole ni ses priviléges et ne se préoccupent ni de l'introduction de nouveaux rouages de crédit ni du perfectionnement des anciens; il ne voient de remède à la situation que dans un retour au régime du *cours forcé.*

Ils pensent qu'on amènerait la baisse de l'intérêt par une émission de monnaie fiduciaire qui pourrait être d'autant plus large qu'elle ne serait pas remboursable.

Cette solution serait la pire de toutes, et on ne saurait la combattre trop énergiquement, parce que le soulagement qu'on en attend serait dans tous les cas essentiellement momentané, et qu'il en résulterait un mal permanent dont les conséquences iraient en s'aggravant de plus en plus.

Le résultat immédiat du *cours forcé* serait bien, en effet, de ramener les conditions de l'intérêt, arbitrairement altérées aujourd'hui, au taux que devrait lui assigner l'état actuel de la richesse publique, mais cette influence ne pourrait s'étendre au delà.

La cause efficiente de la prospérité des peuples, et par conséquent celle de la baisse de l'intérêt, est uniquement dans la possession des capitaux réels, nullement dans celle d'une monnaie plus ou moins abondante.

Cette croyance dans l'influence de l'abondance ou de la rareté de la monnaie sur le taux de l'intérêt était le fond du système de Law.

C'était une erreur grossière.

La Banque ne fait cependant, sans s'en douter, que reproduire et continuer l'erreur du célèbre Écossais.

La seule différence qu'il y ait dans les deux situations, c'est que celui-ci spéculait sur l'abondance indéfinie de la monnaie pour faire descendre le taux de l'intérêt, tandis qu'on exploite actuellement, pour l'élever, une rareté de numéraire qui n'existe réellement que dans les caisses de la Banque et par son fait.

Ce n'est pas en créant arbitrairement du papier comme le voulait Law, lorsqu'il songeait à mobiliser ou plutôt à *monétiser* les titres de la propriété foncière, qu'on fera baisser le taux de l'intérêt.

La création de nouveaux titres de crédit ou de placement ne peut avoir cet effet que lorsqu'ils représentent des travaux utiles, comme ceux des chemins de fer, par exemple, des travaux qui augmentent les revenus de la nation.

Les illusions du financier de la Régence avaient du moins un côté généreux.

L'abondance de la monnaie en général n'est qu'un effet de la multiplicité des transactions et de l'accroissement des capitaux réels.

L'abondance de la monnaie de papier est, en outre, un effet du progrès de la confiance.

On ne peut pas la multiplier arbitrairement, et lui faire produire ainsi des résultats qui n'appartiennent qu'à l'existence de capitaux effectifs.

La valeur des billets à cours forcé se déprécie toujours en raison directe de leur quantité, en admettant encore que la confiance publique ne fasse pas défaut.

Si les émisions de cette nature dépassent les besoins de la circulation dans la proportion du double, la valeur de cette monnaie baissera inévitablement de moitié, mais le taux de l'intérêt ne variera pas.

C'est une loi constamment observée en tous lieux et en tous temps, en France, sous la Régence comme pendant la Révolution, et, de nos jours, en Russie comme en Autriche.

Dans la tourmente de 1848, où les affaires s'étaient trouvées subitement paralysées, on a pu, pendant la durée du *cours forcé*, limiter, sans grands inconvénients, le chiffre des billets à émettre; une pareille limitation ne serait plus possible aujourd'hui sans causer un mal plus grand que celui auquel on cherche à se soustraire.

Ce n'est pas, d'ailleurs, ce qu'on désire en réclamant le cours forcé, et, dans le cas de son rétablissement, il serait bien difficile d'éviter l'excès des émissions.

En définitive, ce régime ne serait que l'absence de toute règle et de tout contrôle; il ne ferait que consacrer le règne de l'arbitraire ou les entreprises de la témérité, jeter le trouble et l'incertitude dans toutes les transactions, introduire dans les prix une mobilité effrayante, modifier enfin tous nos rapports commerciaux avec les nations étrangères.

Il dégagerait la Banque de toute responsabilité en la dispensant de l'obligation de rembourser ses billets en espèces, en même temps qu'il augmenterait encore l'importance de ses bénéfices.

Robert Peel a combattu toute sa vie le *cours forcé*, dont on avait fait en Angleterre la triste et longue expérience; c'est même l'horreur du *cours forcé* qui, en 1844, l'a fait pencher trop fortement du côté opposé.

N'oublions pas si tôt les leçons du passé, et rendons-nous sérieusement compte de la situation qui est faite au crédit commercial, au crédit public, au mouvement financier de notre pays, par la loi de 1857, qui a prorogé le privilége de la Banque de France.

Peut-on maintenir l'état de choses dans lequel nous sommes aujourd'hui?

Peut-on, à chaque instant, voir l'intérêt s'élever en France à 6 et 8 %?

Ces élévations de l'intérêt ne sont que temporaires, dit-on; mais cette situation se prolonge depuis plus d'un an.

En supposant qu'elle vienne à cesser prochainement, qui pourrait affirmer que les mêmes faits ne se reproduiront pas dans six mois, dans un an?

Il n'y a vraiment de remède efficace à la situation actuelle que dans la concurrence sérieuse d'un nouvel établissement de crédit.

Les avantages que le pays et l'État en retireraient, considérables à tous égards, seraient immenses, à ne les envisager qu'au seul point de vue de l'abaissement de l'intérêt qui en résulterait, et de l'influence que cet abaissement exercerait sur le développement des travaux publics, sur l'économie dans les dépenses générales.

Aujourd'hui, par suite de l'élévation de l'intérêt, le second réseau des chemins de fer s'exécute dans de mauvaises conditions. Ces nouvelles voies ne rendent pas dans la proportion de ce qu'elles coûtent, et leur exploitation pèse à la fois sur l'État et sur les compagnies.

Tous les travaux en éprouvent nécessairement un ralentissement fâcheux.

Ceux qu'on voudrait entreprendre pour hâter l'achèvement de nos routes, de nos chemins vicinaux, sont indéfiniment ajournés.

Les emprunts de l'État se font à des conditions moins avantageuses que sous la Restauration et sous le dernier règne.

Enfin, les frais de trésorerie doivent être considérables, et une partie notable de ces frais contribue à grossir les bénéfices de la Banque.

Tout changerait de face si on pouvait avoir la jouissance assurée de l'*intérêt à bon marché*.

Toutes les parties du corps social s'animeraient; le travail y répandrait la vie et le bien-être.

Le cours des fonds publics et celui des titres de toutes les grandes sociétés s'élèveraient rapidement.

Les compagnies, pouvant émettre leurs emprunts à de meilleures conditions, donneraient une nouvelle activité à leurs travaux.

L'État pourrait consacrer des sommes considérables aux grands travaux de viabilité du pays, sans augmenter la charge des impôts, en donnant un emploi utile et productif aux fonds que lui fournirait l'emprunt à des conditions favorables.

Le pauvre comme le riche participeraient à cette amélioration générale ; la fortune publique s'en accroîtrait, le bien-être de chacun s'en trouverait augmenté.

Voilà le tableau des prospérités qui se réaliseraient bientôt sous l'influence d'une organisation qui permettrait de répartir le *crédit à bon marché*, tandis qu'il n'y a que ruines à attendre des théories froides et sèches professées par les docteurs attardés de la balance du commerce!

La solution que nous venons d'étudier nous paraît offrir de grands avantages à tous les points de vue, et la coexistence de deux sortes de billets, présentant chacune les plus sérieuses garanties, nous semble dépourvue de tout inconvénient.

Quel serait donc le danger qui pourrait résulter de l'établissement d'une seconde banque?

On n'oserait pas dire qu'il est dans la réunion des capitaux qu'elle consacrerait au commerce de l'escompte et aux avances que réclament le crédit public et la grande industrie ; il n'est pas davantage dans l'influence que, par sa puissante intervention, elle ne manquerait pas d'exercer sur l'abaissement du taux de l'intérêt et sur l'extension des moyens de crédit.

Le public aurait tout à gagner à cette intervention, qui viendrait le soustraire aux conséquences d'un monopole devenu réellement intolérable.

Le danger est exclusivement, aux yeux de quelques esprits, dans cette coexistence de deux sortes de billets, qui viendraient, selon eux, porter atteinte au principe de l'unité du papier de banque, qu'on voudrait assimiler, par une fausse analogie, à l'unité de la monnaie et à celle des poids et mesures.

Nous ne reviendrons pas sur ce que nous avons dit à cet égard; nous ne pensons pas d'ailleurs qu'on voulût pousser le respect de l'unité de banque jusqu'à lui sacrifier les intérêts de la France entière, parodiant ainsi le sacrifice des colonies à un principe.

Il y aurait cependant un moyen de donner satisfaction aux partisans de cette unité : ce serait d'imposer à la Banque l'obligation d'augmenter son capital et sa circulation, et d'alimenter de ses propres billets les nouveaux établissements de crédit, qui seraient autorisés à se former, moyennant bonnes et valables garanties, aux conditions auxquelles elle les obtient elle-même, c'est-à-dire en tenant compte des pertes d'intérêt résultant de la proportion moyenne de numéraire qu'elle est obligée de garder en caisse.

Ces établissements n'auraient d'autre motif à réclamer la faculté d'émettre des billets au porteur que celui des facilités qu'ils en retireraient pour faire des avances au crédit public et à l'industrie; mais ils auraient toute satisfaction à cet égard si on leur procurait indirectement ces facilités, sans lesquelles aucune institution de cette nature n'est réellement possible; les vaines tentatives qui ont eu lieu l'indiquent assez.

Ils renonceraient donc très-volontiers à cette faculté du moment que la Banque de France leur fournirait elle-même, à des conditions acceptables, les moyens de circulation qui leur sont nécessaires.

On pourrait obtenir ainsi, par voie de conciliation, une réforme sérieuse dans l'organisation de notre système de crédit, réforme qui ne saurait être plus longtemps ajournée.

La Banque de France deviendrait alors, d'une manière beaucoup plus complète, ce qu'est en Angleterre le département de l'émission de la Banque d'Angleterre : l'*hôtel de la monnaie fiduciaire*, et elle pourrait conserver ainsi le monopole de l'émission des billets.

C'était l'organisation qu'avait rêvée Robert Peel, mais il a péché par l'exécution.

On peut dire, sans doute, que Robert Peel a fait faire un très-grand pas à la question des banques, en ce sens qu'il a réussi à assurer complétement le maintien de l'encaisse de la Banque d'Angleterre, et par conséquent la convertibilité absolue des billets.

Il n'y a plus dans ce système la moindre place à l'éventualité du cours forcé.

Mais on pouvait atteindre le même but par des moyens moins énergiques.

Nous sommes forcé de reconnaître, par exemple, qu'il a commis deux fautes graves : la première en limitant le chiffre des émissions, et la seconde en ne se servant pas des autres banques comme autant de départements de l'escompte.

Il aurait dû diminuer les rapports directs de la Banque d'Angleterre avec le public, et l'amener à faire successivement toutes ses opérations par l'intermédiaire des principaux établissements de crédit qui existaient en 1844, et qui ont continué d'exister malgré la concurrence de la Banque d'Angleterre. La Banque d'Angleterre leur aurait fourni ses billets, en se contentant d'un intérêt qu'on pourrait assimiler au *droit de monnayage*, comme compensation de ses frais et comme dédommagement des capitaux qu'elle aurait consacrés à ce service.

Les avantages de l'unité se seraient ainsi trouvés combinés avec ceux de la pluralité.

On a été amené à en agir autrement par des considérations d'un ordre secondaire, et principalement par le désir de ne pas rembourser à la Banque le capital qu'on lui avait emprunté à un faible taux d'intérêt ; on a voulu lui laisser comme compensation le bénéfice de l'industrie de l'escompte, sans s'inquiéter des conditions auxquelles cette industrie serait exercée.

La combinaison bâtarde qui a été adoptée a gâté tout le système, et a plongé le commerce anglais dans les embarras inextricables, résultant d'une grande pénurie de moyens de crédit et d'une cherté de capitaux excessive.

Les vices de cet état de choses n'ont pas échappé à l'attention des publicistes et des hommes de finance de l'Angleterre.

Tous les esprits en sont préoccupés en ce moment, et l'on y remédiera certainement.

Le chancelier de l'Échiquier vient même tout récemment d'entrer dans une voie nouvelle en demandant au Parlement l'autorisation de lui présenter un *bill* ayant pour but de régulariser et de consolider la situation actuelle des Banques provinciales, de les relever de l'interdiction de faire des affaires à Londres et de faire payer leurs billets dans cette ville, de réduire de 65 à 3 milles de Londres le rayon au delà duquel elles pourront émettre des billets, de les autoriser enfin à augmenter le nombre de leurs associés, à fusionner entre elles et à céder leurs priviléges à d'autres Banques déjà investies du droit d'émission.

C'est, on ne peut se le dissimuler la plus grave atteinte qui pût être portée à l'état de choses créé par la charte actuelle de la Banque d'Angleterre ; ce n'est rien moins, en effet, que le rétablissement de la pluralité des banques.

Dans la dernière hypothèse que nous avons faite plus haut, il serait nécessaire :

Que le capital de la Banque de France fût augmenté, et que la totalité pût en être rendue disponible suivant les besoins de la circulation;

Qu'un certain rapport fût déterminé entre son encaisse et le montant de ses émissions;

Qu'elle acceptât la clause d'un taux maximum d'intérêt, soumis lui-même à révision à de certains intervalles ;

Qu'enfin elle admît le principe de deux taux d'intérêt, l'un pour les grands établissements, qui seraient ses intermédiaires naturels avec le commerce, l'autre pour ses clients ordinaires, dont le nombre devrait successivement décroître au fur et à mesure que ces établissements intermédiaires, venant à se multiplier, seraient assez puissants, assez respectables, offriraient en un mot des garanties morales et matérielles suffisantes pour remplir le rôle important que nous avons retracé plus haut.

Les capitaux circulant ainsi plus facilement par ces nouveaux canaux, les bienfaits du crédit ne tarderaient pas à se faire sentir dans toutes les parties du corps industriel.

Nous pensons avoir suffisamment indiqué notre dégagement de toute pensée exclusive en démontrant la possibilité de trouver des solutions dans l'un et l'autre des deux systèmes qui se disputent la prééminence.

Mais, si ces combinaisons devaient dépendre de la volonté de la Banque, nous aurions peu de foi dans leur réalisation, parce qu'il est dans la nature du monopole de se faire illusion et de ne laisser entamer aucun de ses priviléges.

Elles ne pourront se réaliser, en effet, tant que la Banque croira pouvoir compter sur l'appui de l'administration, toujours lente de sa nature à admettre la nécessité de certaines réformes, mais qui, désormais mieux éclairée, ne saurait tarder à se rendre à l'évidence.

Celle de la concurrence d'un nouvel établissement de crédit serait d'une exécution plus facile.

Peut-être même serait-elle plus conforme à l'intérêt général.

Aucune formalité législative n'en gênerait ni n'en retarderait la réalisation ; elle ne serait exclusive d'aucun développement nouveau, d'aucun progrès ultérieur (1).

(1) Voir l'excellent travail de M. Léonce de Lavergne dans la *Revue des Deux-Mondes*. (Livraison du 15 avril 1864.)

En résumé, les moyens que nous venons d'indiquer nous apparaissent comme les seuls qui, pour le moment, puissent aider à sortir de l'impasse dans laquelle on se trouve engagé.

Dans cette lutte du droit, de la vérité, du travail, contre l'erreur et contre des prétentions abusives, nous croyons être l'interprète de l'opinion publique, vivement émue par les dernières mesures de la Banque, par la prolongation d'un système dont l'inanité profonde se manifeste chaque jour davantage.

Les vieux préjugés ont fait leur temps. Arrivons enfin à la pratique des vrais principes de l'économie politique.

N'oublions pas, à cette occasion, que les exactions des usuriers étaient une des principales causes des dissensions intestines qui dévoraient la société romaine, des révolutions auxquelles elle était si fréquemment en proie.

Dans nos sociétés modernes, qui ne vivent que par le travail, de pareilles prétentions, des élévations indéfinies du taux de l'intérêt, comme celles dont nous sommes les témoins, n'auraient pas une influence moins marquée, des conséquences moins affligeantes, car le moindre chômage est, comme l'on sait, gros de misères et de calamités.

ANNEXES

RÉPONSE A " L'ÉCONOMIST ".

La publication de notre écrit a rencontré de la part d'une grande partie de la presse des sympathies qui nous ont été bien précieuses ; mais elle devait susciter et elle a effectivement suscité des critiques et des objections.

Notre premier devoir était de les étudier et d'en examiner sérieusement la valeur.

C'est ce que nous avons fait ; nous nous sommes efforcé d'y répondre dans cette nouvelle édition.

Parmi les journaux qui ont été les organes de ces critiques, il en est un qui, sous une inspiration que nous croyons étrangère à sa rédaction, nous avait attaqué dans des termes qui ne pouvaient rester sans réponse.

Tout en maintenant son opinion, ce journal nous a depuis donné pleine satisfaction par les sentiments qu'il a bien voulu nous témoigner.

Nous sommes heureux de constater et de reconnaître sa courtoisie, et si nous reproduisons ici la réponse que nous lui avons adressée, ce n'est nullement pour prolonger un débat complétement éteint, mais uniquement parce qu'elle résume à la fois et nos principales idées et les objections qui nous sont habituellement adressées.

A M. le Rédacteur en chef de l'ÉCONOMIST.

« Monsieur le rédacteur,

« Les droits de la critique sont fort étendus, je le reconnais, mais ils ne sauraient aller jusqu'à dénaturer la pensée d'un auteur et à incriminer gratuitement ses intentions.

« C'est ce qui a été fait cependant à mon égard, à votre insu sans doute, dans l'article que vous venez de publier sur mon écrit :

DE LA BANQUE ET DE L'ORGANISATION DU CRÉDIT EN FRANCE.

« J'aurais lieu d'être surpris d'un semblable procédé, étranger à vos habitudes, si je n'étais fondé à penser, d'après le ton même de cet article, d'après surtout l'usage qu'on en fait ici, qu'il n'a pu être inspiré par votre rédaction, ordinairement plus courtoise et mieux informée.

« *M. Pereire nie ou semble nier*, dit l'auteur de cet article, *qu'il soit nécessaire de conserver un stock métallique ;* et, partant de cette énonciation, il se donne le plaisir facile d'une victoire assurée.

« J'ai dit précisément le contraire, Monsieur, et ce que je me suis le plus attaché à démontrer, *c'est la nécessité d'une réserve métallique suffisante.*

« Permettez-moi de citer à l'appui de cette assertion les deux paragraphes suivants de ma brochure :

« Entre autres garanties que l'État a le droit et le devoir de « faire observer, il en est trois essentielles, savoir : l'existence « d'un capital proportionné à l'importance des services à « rendre, la disponibilité incessante de ce capital et le maintien « d'un *encaisse suffisant pour assurer constamment la converti-* « *bilité des billets en espèces.*

« Hors de là, il n'y a que trouble et confusion, danger de « crises sans cesse renaissantes, craintes sérieuses de rétablis- « sement du cours forcé. »

« Il est évident, comme vous le voyez, Monsieur, qu'un dissentiment quelconque ne saurait exister entre nous sur le fait même de la nécessité d'une réserve métallique; il ne pourrait naître qu'à l'occasion des moyens à employer pour former et entretenir cette réserve.

« L'auteur de l'article en question croit à l'efficacité de l'élévation du taux de l'escompte, et cette pratique, à mes yeux, est sans valeur; elle est non-seulement fausse et dangereuse de sa nature, mais funeste à tous les intérêts, ceux de la Banque exceptés.

« Elle place le commerce et l'industrie dans un état d'incertitude et de mobilité désespérant, elle entrave les affaires sans motifs réels, la relation entre l'offre et la demande des capitaux ne pouvant pas changer d'un jour à l'autre, dans la proportion qu'indiquent les fluctuations du taux de l'escompte; enfin elle ne peut agir, en aucun cas, qu'en produisant dans les affaires un ralentissement général, la suspension même de toute activité dans certaines industries.

« A quelle autre cause pourrait-on attribuer l'augmentation qui s'est manifestée récemment dans l'encaisse de notre Banque, lorsque l'analyse de ses comptes démontre qu'elle provient uniquement de la réduction du portefeuille et de l'accroissement des sommes sans emploi déposées en compte courant?

« La quantité même des billets en circulation a diminué, ce qui est une nouvelle preuve de ce que j'avance.

« Poursuivant le système adopté de me représenter comme indifférent à l'existence d'une réserve métallique, ce qui est le contraire de la vérité, votre rédacteur me blâme de critiquer le moyen, employé quelquefois par les banques, de se procurer de l'or par le procédé d'une émission surabondante de billets, et de donner la préférence à la *vente de quelques fractions d'une richesse véritable,* suivant ses propres expressions, comme, par exemple, celle des rentes que possède la Banque de France.

« Cependant, Monsieur, nul n'ignore les tristes résultats de l'expérience si souvent et si infructueusement tentée par les banques d'acheter de l'or avec des promesses de rembourser cet or à vue, au lieu de le faire avec une *richesse véritable.*

« Pendant les années 1855, 1856 et 1857, la Banque de France a fait sur une très-grande échelle des achats de cette nature au moyen d'émissions supplémentaires de billets ; mais, comme ces billets excédaient les besoins de la circulation, jamais elle n'a pu parvenir à les y maintenir.

« Durant cette période, ces achats d'or se sont élevés au chiffre énorme de UN MILLIARD TROIS CENT QUATRE-VINGT-QUATRE MILLIONS DE FRANCS, et, à cette opération, renouvelée de la fable du tonneau des Danaïdes, la Banque de France a perdu une somme de QUINZE MILLIONS HUIT CENT QUATRE-VINGT-TREIZE MILLE FRANCS, sans aucun profit, si ce n'est pour les changeurs ou pour les banquiers connus pour se livrer habituellement au commerce des métaux précieux.

« Je n'essayerai pas d'expliquer ici le mécanisme extrêmement simple à l'aide duquel la Banque de France pourrait être sûre de conserver l'or qu'elle pourrait obtenir, et qu'elle obtiendrait réellement par la vente des rentes qu'elle possède ; l'évidence ne se démontre pas.

« Je me bornerai seulement à établir que, toutes choses restant en l'état dans la situation actuelle de la Banque, la vente de ces rentes, qui s'élèvent au chiffre de 150 millions de francs, aurait pour effet certain d'augmenter d'une manière absolue son encaisse métallique de la même somme.

« Cette augmentation serait produite, en effet, soit par le mouvement naturel du retour dans la circulation des billets qui en auraient été retirés pour solder les rentes vendues, soit par l'emploi direct de ces mêmes billets ainsi rentrés dans ses caisses pour acheter de l'or en quantité correspondante au chiffre de ces rentes.

« L'or ainsi obtenu ne pourrait plus sortir des caisses de la Banque que par l'effet d'un nouveau développement d'affaires.

« Dans ce cas, la Banque devrait recourir à l'augmentation de son capital pour satisfaire aux nouveaux besoins qui se seraient manifestés.

« Mais, ici, on accumule les objections sur la difficulté d'obtenir cet accroissement de capital en temps utile.

« A la longue, dit-on, ce résultat peut être atteint ou peut être « manqué, mais il peut s'écouler tout d'abord des mois entiers « sans solution. »

« Permettez-moi de répondre que cette prétendue difficulté n'existe point, et, sans qu'il soit nécessaire d'indiquer ici les moyens nombreux de la surmonter, je me bornerai à vous dire qu'il suffirait de faire comme toutes les compagnies d'assurances qui, n'ayant besoin que d'un capital de garantie, n'exigent pas le versement intégral du montant de leurs actions, et stipulent certaines garanties, au besoin le dépôt de *fonds publics*, pour la portion du capital non appelée, portion qui demeure réservée pour certains cas extraordinaires.

« Je le regrette, Monsieur, mais tous les raisonnements de l'auteur de l'article n'ont pu réussir à me prouver que la réalisation des valeurs qu'on possède, de celles surtout qui ont un cours constant sur le marché, comme les fonds d'un grand État, ne soit pas pour les banques, comme pour tout le monde, le moyen le plus sûr de remplir ses caisses.

« Je ne puis pas davantage partager les craintes qu'il éprouve relativement à la possibilité d'approvisionner régulièrement une nation en métaux précieux ; je ne saurais pas plus m'en préoccuper que l'illustre Cobden, mon ami, et Robert Peel, ce grand homme d'État, ne se préoccupaient du danger de la famine qui pouvait, selon quelques alarmistes, résulter, pour l'Angleterre, de la liberté du commerce des grains.

« On a pu le voir, jamais l'Angleterre n'a été si bien alimentée de toutes choses que depuis l'établissement du *free-trade*.

« Soyez convaincu que l'approvisionnement d'un pays en métaux précieux rentre dans la loi générale qui règle le mouvement de toutes les autres marchandises, et que la fixation plus ou moins arbitraire du taux de l'intérêt par les banques est absolument sans influence sur l'abondance ou la rareté du numéraire.

« Les points de doctrine étant écartés, je ne puis me taire sur les sentiments que vous m'attribuez, et qui auraient pu être le mobile de l'écrit que je viens de publier.

« L'auteur de l'article auquel je réponds croit qu'il doit être le fruit de l'irritation que m'auraient causée les mesures de la Banque de France, comme étant particulièrement lié avec la partie la plus entreprenante du commerce français, et, à l'imitation de quelques journaux obscurs, au service de rancunes ou de spéculations privées, peut-être, à votre insu, sous la même inspiration, il affirme que ma brochure n'est que *le cri plaintif de l'esprit d'aventure se sentant entravé*.

« Il suffit de vous signaler, pour que vous la regrettiez, une pareille appréciation des entreprises patronnées par des hommes qui non-seulement ont été mêlés depuis trente années à toutes les grandes affaires d'utilité publique de ce siècle, mais qui les ont suivies et menées à bien, de concert avec les plus puissantes maisons de l'Europe, sans en excepter celles de votre pays. Je me bornerai à vous dire qu'aucune de ces entreprises n'est restée en souffrance ; qu'aucune n'a eu à réclamer le concours de la Banque de France ; que ni moi, ni mon frère, ni le Crédit mobilier, nous n'avons jamais eu besoin de cet établissement ; que nous lui avons donné du crédit au lieu d'en recevoir, comme le témoigne le chiffre élevé des sommes que nous avons habituellement en dépôt, dans ses caisses, sans intérêts.

« En effet, le solde créditeur du Crédit mobilier, à la Banque de France, est en ce moment de 25 millions de francs, et il a souvent dépassé ce chiffre dans le courant de la présente année, alors même que la dernière crise financière sévissait avec la plus grande intensité.

« Il y a un an, notamment au moment où l'encaisse métallique de la Banque était tombé au chiffre le plus bas, si nous avions été animés des sentiments de malveillance que vous nous supposez, n'aurions-nous pas pu, en retirant nos capitaux, plonger la Banque de France dans les plus cruels embarras?

« Pour ceux qui nous connaissent, je n'ai pas besoin de dire que de semblables actes ne peuvent entrer dans notre pensée, et que, malgré les attaques passionnées dont nous sommes l'objet, je n'aurais pas parlé d'une semblable possibilité, si aujourd'hui l'encaisse de la Banque de France n'atteignait un chiffre double de celui où il était tombé à cette époque.

« La brochure que je viens de publier est considérée, par votre rédacteur, comme un manifeste du Crédit mobilier. Je dois, par conséquent, déclarer que ma qualité de fondateur du Crédit mobilier n'a aucun rapport avec cette brochure ; tous les fondateurs de cet établissement ne partagent pas les principes qui y sont exposés ; ces principes ont été, de ma part, depuis près de quarante années, l'objet des plus sérieuses méditations, et, avant d'avoir été fortifiés par une pratique qui a acquis une assez grande notoriété, ils avaient été puisés, non à une expérience de Bourse, mais à la source des plus grands maîtres de la science économique.

« A ce dernier titre, je croyais avoir droit à plus d'égards de la part de votre journal. »

Paris, décembre 1864.

OPINIONS DE DIVERS ÉCONOMISTES ET PUBLICISTES A L'APPUI DE NOS IDÉES.

« Cessez donc, encore une fois, mon ami, cessez de vous égarer avec les spéculateurs politiques, qui cherchent à vous persuader que dans votre commerce vous pouvez profiter *aux dépens* des autres nations ; car un Dieu juste et bon a voulu que cela fût impossible, et que le commerce, de quelque manière qu'il s'exécutât, ne fût jamais que le fruit d'un avantage évidemment réciproque. Et reconnaissez une fois pour toutes ce principe fondamental et sans exception : que, dès que vous admettrez la pleine et entière liberté de la concurrence entre les vendeurs et les acheteurs de toute espèce, vous jouirez du commerce le plus avantageux possible, et de l'assurance de faire les meilleurs marchés possibles dans vos ventes et dans vos achats. Mais, dès que vous gênerez en quoi que ce soit cette liberté, vous vous exposerez à des pertes immenses et inévitables, dont la balance en argent de votre commerce, laquelle n'est point un avantage, ne vous dédommagera pas.

. . . .

« Nous n'avons point parlé de la masse d'argent monnayé qui circule dans le commerce de chaque nation, et que le vulgaire regarde comme la vraie richesse des États, parce qu'*avec de l'argent on peut acheter*, dit-on, *tout ce dont on a besoin*. Mais on ne se demande pas avec quoi on peut se procurer de l'argent; cependant cette richesse ne se donne pas pour rien, elle coûte autant qu'elle vaut à celui qui l'achète. C'est le commerce qui l'apporte aux nations qui n'ont pas de mines d'or ou d'argent; mais ces nations mêmes n'auraient ni or ni argent, si elles n'avaient pas de quoi les payer, et elles en auront toujours autant qu'elles voudront en acheter, ou qu'il leur conviendra d'en acheter, si elles ont des productions à donner en échange.

. . . .

« Qui ne sait pas que l'argent n'est qu'un *moyen d'échange?* que tous les jours même on le supplée par le crédit et le papier, de manière que les plus grandes affaires dans le commerce se font sans argent? Mais, tandis qu'il est divers expédients qui suppléent l'argent, il n'en est aucun pour suppléer les productions : quelle est donc la véritable richesse, ou de la chose dont on se passe très-bien, ou de celle dont on ne peut se passer ? »

. . . .

QUESNAY.

« On voit que ce serait une grande erreur de croire que le capital de la société ne consiste que dans sa monnaie. Un commerçant, un manufacturier, un cultivateur, ne possèdent ordinairement, sous la forme de monnaie, que la plus petite partie de la valeur qui compose leur capital ; et même, plus leur entreprise est active, et plus la portion de leur capital qu'ils ont en numéraire est petite relativement au reste.

. . . .

« Qu'on me permette de répéter ici que l'argent ne pleut point dans nos mains, ne croît point dans nos champs en nature : pour avoir de l'argent, il faut l'acheter, et, après cet achat, on n'est pas plus riche qu'on ne l'était auparavant ; on n'a fait que recevoir en argent une valeur égale à celle qu'on a donnée en marchandises.

. . . .

« Il est donc évident que ceux qui, pour apprécier la richesse d'une nation, ne font attention qu'à la quantité d'argent qu'elle possède prennent l'effet pour la cause ; car une richesse *en argent n'est que l'effet d'une richesse en productions, converties en argent par le moyen des échanges*. Entre ces deux sortes de richesses, il est une grande différence : la richesse en argent séparée de la source qui la reproduit, pour vous, se dissipe par vos dépenses, de sorte que vous ne pouvez en jouir sans vous appauvrir ; elle n'est ainsi que passagère, au lieu que la richesse en productions se nourrit et se perpétue par la consommation même, tant que cette consommation n'est point de nature à altérer les causes naturelles de la reproduction. »

MERCIER DE LA RIVIÈRE.

« Comme l'argent a la double fonction de servir et d'instrument de commerce et de mesure des valeurs, le peuple a dû naturellement faire consister la richesse dans l'or et l'argent monnayés.

. . . .

« L'argent, en sa qualité de mesure des valeurs, nous permet d'estimer celle de toutes les autres marchandises par la somme qu'il faut donner quand on veut l'échanger contre ces marchandises. Nous disons d'un homme riche et d'un homme pauvre que l'un a beaucoup, et l'autre peu d'argent. Nous disons d'un homme qui veut devenir riche, ou de celui qui a de l'économie, qu'il aime l'argent, et d'un individu généreux ou prodigue, que l'argent ne lui tient pas. Devenir riche, c'est gagner de l'argent ; en un mot, richesse et argent, dans le langage ordinaire, sont parfaitement synonymes.

« On suppose qu'un homme et une contrée riches possèdent beaucoup d'argent, et que le moyen le plus prompt d'enrichir un pays, c'est d'y entasser de l'argent et de l'or.

. . . .

« Nous sommes pleinement assuré que la seule liberté du commerce, sans aucun soin de la part du Gouvernement, nous fournira toujours le vin nécessaire : pourquoi donc ne pas en attendre avec la même sécurité tout l'or et tout l'argent dont nous avons besoin, soit pour la circulation de nos marchandises, soit pour tout autre usage ?

. . . .

« Lorsque la quantité d'or et d'argent qu'on importe dans un pays s'élève au-dessus de la demande effective, il n'est aucun Gouvernement dont la vigilance puisse arrêter l'exportation de ces métaux. Quel est l'effet de toutes ces lois sanguinaires de l'Espagne et du Portugal ? Comme ces deux royaumes reçoivent sans cesse du Pérou et du Brésil plus d'or et d'argent qu'il n'en faut pour satisfaire à la demande effective, cet excédant y réduit ces métaux à un prix inférieur à celui qu'en donnent les pays voisins. Si au contraire la quantité qu'un pays en possède se trouve tellement au-dessous de la demande effective qu'on y en donne plus cher que dans les contrées voisines, pourquoi le Gouvernement prendrait-il la peine de les faire importer, lui qui, s'il voulait les empêcher d'arriver, ne le pourrait pas ? Lorsque les Spartiates furent assez riches pour acheter de l'or et de l'argent, ces métaux rompirent toutes les barrières que les lois de Lycurgue avaient élevées pour leur défendre l'entrée de Lacédémone.

. . . .

« Si pourtant, malgré tant de facilités, la disette de l'or et de l'argent vient à se faire sentir dans un pays qui a de quoi en acheter, on a plus de moyens pour suppléer à ce défaut que d'expédients pour remplacer le manque de presque toutes les autres marchandises. Quand les manufactures sont privées de leurs matières premières, l'industrie s'arrête : si les vivres manquent, il faut que le peuple meure de faim ; mais, si c'est l'argent, on peut le suppléer par la voie des échanges, quoique ce moyen ne soit pas sans de nombreux inconvénients. *Le nombre de ceux-ci diminuerait à la vérité, si, en achetant et en revendant à crédit, les marchands prenaient le soin une fois, ou tous les mois ou tous les ans, de compenser leur crédit respectif.* Un papier-monnaie bien réglé serait non-seulement sans aucune sorte d'inconvénients, mais il produirait quelques avantages dans plusieurs circonstances. Ainsi la vigilance du Gouvernement ne fut jamais, sous tous les rapports, plus inutile que lorsqu'elle s'est occupée de conserver ou d'augmenter la quantité de l'or et de l'argent dans un pays.

« Cependant il n'est rien de plus commun que d'entendre les hommes se plaindre de la rareté de l'argent ; l'argent, comme le vin, est toujours rare chez ceux qui n'ont ni marchandises pour en acheter, ni crédit pour en emprunter. Avec l'un ou l'autre de ces deux moyens on a toujours de ces deux denrées autant qu'il en faut pour satisfaire au besoin. Les prodigues néanmoins ne sont pas toujours les seuls qui se plaignent de la rareté de l'argent.

. . . .

« Cette plainte générale ne prouve pas même toujours que le nombre ordinaire des pièces de monnaie ne circule pas dans le pays : elle prouve seulement qu'il y a des hommes qui en manquent, parce qu'ils n'ont rien à donner pour en avoir. »

. . . .

SMITH.

« On a vu que l'abondance de l'argent n'est pas même nécessaire en un pays pour y faciliter les ventes ; que ceux qui achètent n'achètent en réalité qu'avec des produits ; que c'est avec leur part des produits auxquels ils ont coopéré qu'ils achètent l'argent qui leur sert ensuite à acheter d'autres produits; et que, cet échange opéré, l'argent qui y a été employé n'a fait que passer entre leurs mains, comme une voiture dont ils se seraient servis pour porter leurs denrées au marché, et rapporter du marché ce qu'ils y ont acheté avec le prix de leurs denrées. Quelle qu'ait été dans un achat, dans une liquidation, la valeur de la monnaie qu'on a employée, on l'a donnée pour ce qu'on l'a reçue, et, l'affaire terminée, on n'en est ni plus pauvre ni plus riche. La perte ou le profit vient de la nature de l'affaire elle-même, et non de l'intermédiaire dont on s'est servi.

« De toutes manières, les avantages que les particuliers trouvent à recevoir du numéraire préférablement à des marchandises ne sont rien pour les nations. Lorsqu'une nation n'en a pas la quantité qui lui est nécessaire, sa valeur augmente, et les étrangers comme les nationaux sont intéressés à lui en apporter; lorsqu'il est surabondant, sa valeur baisse par rapport aux autres marchandises, et il convient de l'envoyer au loin, où il peut procurer des valeurs supérieures à ce qu'il peut procurer dans le pays. Si on le force à rester, on force à garder des matières qui sont à charge à leurs possesseurs.

. . . .

« On dit qu'en augmentant par une balance favorable du commerce la masse du numéraire, on augmente la masse des capitaux du pays, et qu'en le laissant écouler, on la diminue. Il faut donc répéter ici qu'un capital ne consiste pas dans une somme d'argent, mais qu'il consiste dans des valeurs consacrées à la consommation reproductive, et qui se trouvent successivement sous différentes formes.

. . . .

« Vous voulez, dites-vous, empêcher les capitaux de sortir : vous ne les arrêterez point en emprisonnant le numéraire. Celui qui veut envoyer ses capitaux au dehors y réussit aussi bien en expédiant des marchandises dont l'exportation est permise.

. . . .

« Si l'exportation du numéraire ne fait rien perdre aux capitaux de la nation, pourvu qu'elle amène des retours, son importation ne leur fait rien gagner. En effet, on ne peut faire entrer du numéraire sans l'avoir acheté par une valeur équivalente, et il a fallu exporter celle-ci pour importer l'autre.

. . . .

« Si un teinturier avait donné à l'étranger une commission pour du bois de Campêche, on lui ferait un tort réel de lui envoyer de l'or, sous prétexte qu'à égalité de valeur c'est une marchandise plus durable. Il a besoin, non d'une marchandise durable, mais de celle qui, périssant dans sa cuve, doit bientôt reparaître dans la teinture de ses étoffes.

« S'il ne fallait importer que la portion la plus durable des capitaux productifs, d'autres objets très-durables, le fer, les pierres, devraient partager cette faveur avec l'argent et l'or.

« Ce qu'il importe de voir durer, ce n'est aucune matière en particulier: c'est la valeur du capital. Or, la valeur du capital se perpétue, malgré le fréquent changement des formes matérielles dans lesquelles réside cette valeur. Il ne peut même rapporter un profit, un intérêt, que lorsque es formes changent perpétuellement; et vouloir le conserver en argent, ce serait le condamner à être improductif.

« Après avoir montré qu'il n'y a aucun avantage à importer de l'or e t de l'argent préférablement à toute autre marchandise, j'irai plus loin, et je dirai que, dans la supposition où il serait désirable qu'on obtînt une balance constamment favorable, il serait impossible d'y parvenir.

« L'or et l'argent, comme toutes les autres matières dont l'ensemble forme les richesses d'une nation, ne sont utiles à cette nation que jusqu'au point où ils n'excèdent pas les besoins qu'elle en a. Le surplus, occasionnant plus d'offres de cette marchandise qu'il n'y en a de demande, en avilit la valeur d'autant plus que l'offre est plus grande, et il en résulte un puissant encouragement pour s'en procurer en dedans à bon compte, afin d'en tirer parti au dehors avec bénéfice.

. . . .

« On dit qu'avec de l'or et de l'argent on peut se procurer de tout : c'est vrai; mais à quelles conditions? Ces conditions sont moins bonnes quand, par des moyens forcés, on multiplie cette denrée au delà des besoins; de là les efforts qu'elle fait pour s'employer au dehors. Il était défendu de faire sortir de l'argent d'Espagne, et l'Espagne en fournissait à toute l'Europe. En 1812, le papier-monnaie d'Angleterre ayant rendu superflu tout l'or qui servait de monnaie, et les matières d'or en général étant dès là devenues surabondantes par rapport aux emplois qui restaient pour cette marchandise, sa valeur relative avait baissé dans ce pays-là ; les guinées passaient d'Angleterre en France, malgré la facilité de garder les frontières d'une île, et malgré la peine de mort infligée aux contrebandiers.

. . . .

« Pourquoi faut-il que des notions si claires, si conformes au simple bon sens et à des faits constatés par tous ceux qui s'occupent de commerce, aient néanmoins été rejetées dans l'application par tous les Gouvernements de l'Europe, et combattues par plusieurs écrivains qui ont fait preuve d'ailleurs et de lumières et d'esprit ? C'est, disons-le, parce que les premiers principes de l'économie politique sont encore presque généralement ignorés; parce qu'on élève sur de mauvaises bases des raisonnements ingénieux dont se payent trop aisément, d'une part, les passions des Gouvernements (qui emploient les prohibitions comme une arme offensive ou comme une ressource fiscale), et d'une autre part l'avidité de plusieurs classes de négociants et de manufacturiers qui trouvent dans les priviléges un avantage particulier, et s'inquiètent peu de savoir si leurs profits sont le résultat d'une production réelle ou d'une perte supportée par d'autres classes de la nation.

. . . .

SAY.

« Il est de fait que chaque négociant pris isolément, fort attentif à sa propre *balance*, ne se préoccupe pas le moins du monde de la *balance générale du commerce*. Or, il est à remarquer que ces deux *balances* apprécient les choses d'une manière si opposée que ce que l'une nomme *perte*, l'autre l'appelle *profit*, et *vice versâ*.

« Ainsi, le négociant qui a acheté en France pour 10,000 fr. de vin, et l'a vendu pour le double de cette somme aux Etats-Unis, recevant en payement et faisant entrer en France 20,000 fr. de coton, croit avoir fait une bonne affaire. — Et la *balance du commerce* enseigne qu'il a perdu son capital *tout entier.*

« On conçoit combien il importe de savoir à quoi s'en tenir sur cette doctrine; car, si elle est juste, les négociants tendent invinciblement à se ruiner, à ruiner le pays, et l'État doit s'empresser de les mettre tous en tutelle, — ce qu'il fait.

« Ce n'est pas le seul motif qui oblige tout publiciste digne de ce nom à se faire une opinion sur cette fameuse balance du commerce ; car, selon qu'il y croit ou non, il est conduit *nécessairement* à une politique toute différente.

Si la théorie de la balance du commerce est vraie, si le profit national consiste à augmenter la masse du numéraire, il faut *peu acheter* au dehors, afin de ne pas laisser sortir des métaux précieux, et *beaucoup vendre*, afin d'en faire entrer. Pour cela, il faut empêcher, restreindre et prohiber. Donc, point de liberté au dedans ; — et comme chaque peuple adopte les mêmes mesures, il n'y a d'espoir que dans la force pour réduire l'étranger à la dure condition de *consommateur* ou de *tributaire.* De là les conquêtes, les colonies, la violence, la guerre, les grandes armées, les puissantes marines, etc.

Si, au contraire, la balance du négociant est un thermomètre plus fidèle que la *balance du commerce,* — pour toute valeur donnée sortie de France, il est à désirer qu'il entre la plus grande valeur possible, c'est-à-dire que le chiffre des importations surpasse le plus possible, dans les états de douane, le chiffre des exportations. Or, comme tous les efforts des négociants ont ce résultat en vue, dès qu'il est conforme au bien général, il n'y a qu'à les *laisser faire.* La liberté et la paix sont les conséquences nécessaires de cette doctrine. »

. . . .

BASTIAT.

« Les écrivains les plus estimés en économie politique ont supposé que les métaux précieux employés comme agents de la circulation des marchandises, antérieurement à l'établissement des banques, s'étaient répartis parmi les nations les plus civilisées du globe dans de certaines proportions, déterminées par la situation de leur commerce et de leur richesse, et conséquemment par le nombre et la fréquence de leurs payements. A la faveur d'une telle division, les métaux conservèrent partout la même valeur, et, comme les besoins respectifs des nations nécessitèrent la totalité du numéraire échu à chacune d'elles, il ne put y avoir jamais profit à les importer ou à les exporter.

« La quantité d'or et d'argent employée dans le monde comme monnaie serait extrêmement minime ou extrêmement abondante qu'elle n'altérerait en rien les proportions dans lesquelles ils se divisent parmi les nations. Le seul effet que produiraient ces variations de quantité serait d'élever ou d'abaisser relativement le prix des marchandises avec lesquelles on les échange.

« Si, dans sa marche vers la richesse, une nation avançait plus rapidement que les autres, elle demanderait et obtiendrait une plus large portion des monnaies du monde. Son commerce, ses marchandises et ses payements s'accroîtraient, et la circulation métallique du globe se diviserait encore sous l'influence de nouvelles proportions : toutes les nations répondraient immédiatement à cet appel pour leur part respective.

« De même, si une nation dissipait une partie de sa richesse ou perdait une partie de son commerce, elle ne pourrait plus conserver la même quantité de ces agents de circulation : une portion serait exportée et divisée parmi les autres nations jusqu'à ce que les proportions habituelles fussent rétablies. »

. . . .

RICARDO.

« Dieu n'a donné à l'homme qu'une baguette magique : c'est le travail et la patience. Le Brésil a employé ce moyen, qui vaut mieux que les métaux précieux ; je vais vous en donner une preuve.

« Le Brésil a des métaux précieux, lui aussi ; il ne s'en est presque pas occupé. Il s'est livré à l'agriculture, et il a une branche d'agriculture admirable, le café. Savez-vous combien il donne chaque année de café au monde entier? A l'heure qu'il est, plus de 200 millions!

. . . .

« On dit : Mais si nous avions là-bas quelque chose qui ressemblât à la Californie, cela ne serait pas à dédaigner, et nous n'aurions pas à regretter nos sacrifices et nos efforts.

. . . .

« Il s'est produit un miracle, j'en conviens, admirable, le seul qui soit resté. Ce miracle, qui l'a produit? qui en a profité? Je vais vous le dire :

« Eh, mon Dieu! une bonne créature qui ne fait pas de bruit, qui ne promet rien, mais qui travaille ; c'est l'agriculture.

« Savez-vous ce qui s'est passé en douze ans en Californie?

« Cette province, qui était inculte, est aujourd'hui aussi bien cultivée qu'une des plus belles provinces de France. Et comment s'est opéré le miracle? C'est que, parmi les chercheurs d'or, il y en a eu un certain nombre qui ont eu le bon sens d'acheter à très-bas prix quelques parties de ce sol qui est très-fertile; ils les ont cultivées, et aujourd'hui la Californie envoie des blés en Australie.

« Voilà le miracle. Oui, il y a une province magnifiquement cultivée de plus aujourd'hui dans les États-Unis.

« Mais le Gouvernement fédéral n'est pas dispensé d'employer le papier-monnaie, comme vous le savez, et, quant à l'État de la Californie, il n'y a presque rien gagné. »

. . . .

THIERS.

« Lorsque, dans son commerce extérieur, un pays se trouve avoir plus acheté que vendu, cela signifie simplement qu'il a convenu à une partie de la population de ce pays, et, par exemple, aux boulangers, aux forgerons, aux charpentiers, aux cordonniers, d'échanger leur numéraire contre du blé, du fer, du bois ou des cuirs.

. . . .

« Le pays, dit-on, perd dans cette opération une partie de son numéraire; mais qu'importe si, d'un autre côté, il gagne, en tous autres produits, une valeur au moins équivalente? Encore une fois, les achats n'ont eu lieu que parce que les acheteurs y ont trouvé leur convenance, parce qu'ils y ont vu un avantage, un profit, et comment veut-on que de l'ensemble de ces profits puisse résulter une perte?

« Nos neveux auront peine à s'expliquer qu'il ait fallu perdre tant de temps et de soins à discuter de pareilles misères; mais ce qui les étonnera davantage, c'est qu'après un demi-siècle de discussion, ces non-sens, ces âneries humiliantes, puissent encore former en ce moment le fonds de la doctrine commerciale de la plupart des hommes qui dirigent les affaires publiques.

. . . .

« Nous avons encore en France des personnages, et même des hommes d'État, partisans avoués de ce système; cependant il a considérablement perdu dans l'opinion générale : on est moins sûr de la convenance des mesures qui ont pour but d'accumuler dans un pays plus d'or et d'argent monnayés que ses habitants n'en veulent garder. L'exemple de la nation anglaise, qui est à la fois la plus riche du monde et l'une de celles qui ont le moins de numéraire, est de nature à faire croire que ce produit n'est pas le seul élément de la richesse; aussi les habiles ont-ils abandonné à peu près complétement l'ancienne doctrine de la balance du commerce. Ils maintiennent néanmoins le plus qu'ils peuvent les obstacles aux importations et les encouragements aux exportations, mais ce n'est plus pour faire affluer le numéraire dans le pays, c'est pour protéger le *travail national;* le système de la balance du commerce est ainsi devenu le *système protecteur.* »

« La théorie de la balance du commerce a été jugée de la même manière par tous les économistes. J.-B. Say est l'un de ceux qui ont traité la question avec le plus d'étendue. »

. . . .

A. Clément.

(*Dictionnaire de l'économie politique.*)

TABLEAUX DIVERS.

TABLEAU GÉNÉRAL DU COMMERCE DE LA FRANCE

avec ses colonies et les puissances étrangères de 1827 à 1864.

ANNÉES.	MARCHANDISES		NUMÉRAIRE	
	IMPORTÉES en France.	EXPORTÉES de la France.	IMPORTÉ en France.	EXPORTÉ de la France.
	FR.	FR.	FR.	FR.
1827	414,100,000	506,800,000	68,869,000	31,472,000
1828	453,700,000	511,200,000	208,101,000	28,572,000
1829	483,300,000	504,200,000	148,475,000	58,575,000
1830	489,200,000	452,900,000	220,948,000	59,597,000
1831	374,100,000	455,500,000	220,685,000	28,628,000
1832	505,000,000	507,400,000	133,174,000	110,879,000
1833	491,100,000	559,400,000	199,507,000	99,945,000
1834	503,900,000	509,900,000	192,408,000	97,287,000
1835	520,200,000	577,400,000	137,598,000	82,622,000
1836	564,300,000	628,900,000	116,781,000	102,401,000
1837	569,100,000	514,400,000	199,300,000	59,300,000
1838	656,300,000	659,000,000	172,600,000	57,200,000
1839	650,000,000	677,400,000	175,200,000	77,700,000
1840	747,400,000	695,000,000	217,100,000	73,500,000
1841	804,600,000	760,700,000	186,900,000	72,900,000
1842	846,600,000	644,000,000	147,400,000	65,100,000
1843	845,600,000	687,300,000	168,600,000	104,100,000
1844	867,400,000	790,400,000	159,400,000	80,000,000
1845	856,200,000	848,100,000	167,800,000	87,600,000
1846	920,000,000	852,300,000	117,200,000	76,900,000
A reporter	12,562,900,000	12,344,200,000	3,858,046,000	1,454,578,000

TABLEAU GÉNÉRAL DU COMMERCE DE LA FRANCE

avec ses colonies et les puissances étrangères de 1827 à 1864 (*suite*).

ANNÉES.	MARCHANDISES		NUMÉRAIRE	
	IMPORTÉES en France.	EXPORTÉES de la France.	IMPORTÉ en France.	EXPORTÉ de la France.
	FR.	FR.	FR.	FR.
Report..	12,562,900,000	12,344,200,000	3,358,646,000	1,454,578,000
1847	955,900,000	719,800,000	160,200,000	118,800,000
1848	474,300,000	690,000,000	275,900,000	25,600,000
1849	724,100,000	937,900,000	306,300,000	52,500,000
1850	790,700,000	1,068,100,000	221,300,000	127,200,000
1851	765,100,000	1,158,100,000	297,900,000	132,700,000
1852	989,400,000	1,256,900,000	242,800,000	226,000,000
1853	1,196,100,000	1,541,900,000	433,200,000	264,000,000
1854	1,291,600,000	1,413,700,000	612,400,000	329,035,000
1855	1,594,100,000	1,557,900,000	507,070,000	484,323,000
1856	1,989,800,000	1,893,000,000	575,900,000	483,400,000
1857	1,872,900,000	1,865,800,000	671,990,000	582,101,000
1858	1,562,770,000	1,887,300,000	717,870,000	242,405,000
1859	1,640,700,000	2,266,400,000	942,090,000	571,561,000
1860	1,897,330,000	2,277,100,000	604,340,000	447,503,000
1861	2,442,300,000	1,926,300,000	491,590,000	502,480,000
1862	2,198,600,000	2,242,700,000	536,420,000	455,910,000
1863	2,426,380,000	2,642,600,000	532,600,000	587,818,000
1864	2,480,214,900	2,909,400,000	733,500,000	655,406,000
TOTAL...	39,855,194,000	42,599,100,000	12,221,396,000	7,743,320,000
Différence .	2,743,906,000		4,478,076,000	

MOUVEMENT DES MATIÈRES D'OR ET D'ARGENT EN FRANCE

Année 1864.

	EXPORTATIONS.	IMPORTATIONS.	EXCÉDANTS d'exportations.	EXCÉDANTS d'importations.
	MILLIONS.	MILLIONS.	MILLIONS.	MILLIONS.
Angleterre	44.5	280.9	»	236.4
Belgique	35.1	29.9	4.3	»
Association allemande	9.8	104.1	»	94.3
Espagne	69.»	103.3	»	34.3
Royaume d'Italie	145.8	147.6	»	1.8
Suisse	22.5	12.1	10.4	»
États romains	10.4	0.9	9.6	»
Turquie	1.»	18.1	»	17.1
Égypte	65.5	5.9	59.6	»
États-Unis	».»	1.1	»	1.1
Indes anglaises	137 6	»	137.6	»
Chine	13.1	»	13.1	»
Russie	».6	»	».6	»
Cuba et Porto-Rico	1.6	0.1	1.5	»
Guadeloupe	»	0.5	»	0.5
Martinique	»	2.3	»	2.3
Cayenne	»	0.2	»	0.2
Mexique	»	3.9	»	3.9
Possessions anglaises (Méditerranée)	68.8	4.7	64.1	»
Grèce	».2	4.5	»	4.3
États barbaresques	4.2	3.0	1.2	»
Algérie	6.3	2.2	4.1	»
Côte occidentale d'Afrique	».1	0.2	»	0.1
Cochinchine	1.2	2.3	»	1.1
Sénégal (Gorée et Saint-Louis)	»	0.5	»	0.5
Brésil	»	2.4	»	2.4
Indes hollandaises	1.7	»	1.7	»
Indes françaises	».3	»	».3	»
Réunion	».3	»	».3	»
Possessions anglaises d'Amérique	1.2	»	1.2	»
Autres pays	14.6	2.8	11.8	»
	655.4	733.5	322.2	400.3
Excédants d'importations	**78 millions.**		**78 millions.**	

DIVIDENDES DE LA BANQUE DE FRANCE ET TAUX MOYEN DE L'ESCOMPTE.

ANNÉE.	DIVIDENDE.		TAUX moyen DE L'ESCOMPTE.	ANNÉE.	DIVIDENDE.		TAUX moyen DE L'ESCOMPTE.
	FR.	C.			FR.	C.	
VIII.	50	»	6 %	1832	71	»	4 %
IX.	100	»	»	1833	66	»	
X.	90	»	»	1834	80	»	»
XI.	113	70	»	1835	98	»	»
XII.	80	»	»	1836	112	»	»
XIII.	71	»	»	1837	126	»	»
XIV.	72	»	»	1838	114	»	»
1806	* 20	»	5,53	1839	144	»	»
1807	82	»	4,60	1840	139	»	»
1808	73	»	4 %	1841	126	»	»
1809	74	»	»	1842	136	»	»
1810	74	»	»	1843	126	»	»
1811	66	»	»	1844	107	»	»
1812	69	75	»	1845	133	»	»
1813	75	50	»	1846	159	»	
1814	60	»	4,75	1847	177	»	4,95
1815	64	»	5 %	1848	75	»	4 %
1816	76	»	»	1849	106	»	»
1817	87	50	»	1850	101	»	»
1818	99	80	»	1851	105	»	»
1819	66	»	»	1852	118	»	3,17
1820	64	50	4,08	1853	154	»	3,23
1821	84	»	4 %	1854	194	»	4,31
1822	73	»	»	1855	200	»	4,44
1823	81	50	»	1856	272	»	5,51
1824	92	»	»	1857	334	»	6,25
1825	98	»	»	1858	114	»	3,71
1826	91	50	»	1859	115	»	3,46
1827	74	»	»	1860	140	»	3,63
1828	111	»	»	1861	147	»	5,53
1829	64	»	»	1862	158	»	3,77
1830	85	»	»	1863	165	»	4,64
1831	81	»	»	1864	235	»	6,49

* Pour 100 jours, du 23 septembre au 31 décembre 1806.

VARIATIONS DU TAUX DE L'ESCOMPTE DE LA BANQUE D'ANGLETERRE
depuis son origine jusqu'à 1856 inclusivement.

ESCOMPTE.			ESCOMPTE.		
ANNÉES.	DATES.	TAUX.	ANNÉES.	DATES.	TAUX.
		Pour cent.			Pour cent.
1694	8 Août.	6	1847	24 Décembre.	5
1695	16 Janvier.	4 1/2	1848	29 Janvier.	4
»	19 Mai.	3	»	17 Juin.	3 1/2
1716	26 Juillet.	4	»	4 Novembre.	3
1719	30 Avril.	5	1849	24 id.	2 1/2
1722	23 Août.	4	1850	28 Décembre.	3
1742	18 Octobre.	5 et 4	1852	3 Janvier.	2 1/2
1746	4 Mai.	5	»	24 Avril.	2
1822	20 Juin.	4	1853	8 Janvier.	2 1/2
1825	13 Décembre.	5	»	22 id.	3
1827	5 Juillet.	4	»	4 Juin.	3 1/2
1836	21 id.	4 1/2	»	3 Septembre.	4
»	1er Septembre.	5	»	17 id.	4 1/2
1838	15 Février.	4	»	1er Octobre.	5
1839	16 Mai.	5	1854	13 Mai.	5 1/2
»	20 Juin.	5 1/2	»	5 Août.	5
»	1er Août.	6	1855	7 Avril.	4 1/2
1840	23 Janvier.	5	»	5 Mai.	4
1842	7 Avril.	4	»	16 Juin.	3 1/2
1844	29 Août.	1/2	»	8 Septembre.	4
1845	16 Octobre.	3	»	15 id.	4 1/2
»	8 Novembre.	3 1/2	»	29 id.	5
1846	29 Août.	3	»	6 Octobre.	5 1/2
1847	16 Janvier.	3 1/2	»	20 id.	6 et 7
»	23 id.	4	1856	24 Mai.	6
»	10 Avril.	5	»	31 id.	5
»	5 Août.	5 1/2	»	28 Juin.	4 1/2
»	1er Octobre.	6 1/2	»	4 Octobre.	5
»	25 id.	8	»	11 id.	6 et 7
»	22 Novembre.	7	»	15 Novembre.	7
»	4 Décembre.	6	»	6 Décembre.	6 1/2
			»	20 id.	6

VARIATIONS DU TAUX DE L'ESCOMPTE DE LA BANQUE D'ANGLETERRE depuis 1857.

ESCOMPTE.		
ANNÉES.	DATES.	TAUX.
		Pour cent.
1857	1er Janvier.	6
»	3 Avril.	6 1/2
»	18 Juin.	6
»	16 Juillet.	5 1/2
»	8 Octobre.	6
»	12 id.	7
»	22 id.	8
»	5 Novembre.	9
»	12 id.	10
»	24 Décembre.	8
1858	7 Janvier.	6
»	14 id.	5
»	28 id.	4
»	4 Février.	3 1/2
»	11 id.	3
»	9 Décembre.	1/2
1859	28 Avril.	3 1/2
»	5 Mai.	4 1/2
»	2 Juin.	3 1/2
»	9 id.	3
»	14 Juillet.	2 1/2
1860	19 Janvier.	3
»	31 id.	4
»	29 Mars.	4 1/2
»	12 Avril.	5
»	10 Mai.	4 1/2
»	24 id.	4
»	8 Novembre.	4 1/2
»	13 id.	5
»	15 id.	6
»	29 id.	5
»	31 Décembre.	6
1861	7 Janvier.	7
»	14 Février.	8
»	21 Mars.	7
»	4 Avril.	6
»	11 id.	5
»	16 Mai.	6
1861	1er Août.	5
»	15 id.	4 1/2
»	29 id.	4
»	19 Septembre.	3 1/2
»	7 Novembre.	3
1862	3 Janvier.	2 1/2
»	22 Mai.	3
»	10 Juillet.	2 1/2
»	24 id.	2
»	30 Octobre.	3
1863	15 Janvier.	4
»	28 id.	5
»	19 Février.	4
»	23 Avril.	3 1/2
»	30 id.	3
»	16 Mai.	3 1/2
»	21 id.	4
»	2 Novembre.	5
»	5 id.	6
»	2 Décembre.	7
»	3 id.	8
»	24 id.	7
1864	22 Janvier.	8
»	11 Février.	7
»	25 id.	6
»	16 Avril.	7
»	2 Mai.	8
»	5 id.	9
»	19 id.	8
»	26 id.	7
»	16 Juin.	6
»	25 Juillet.	7
»	4 Août.	8
»	8 Septembre.	9
»	10 Novembre.	8
»	24 id.	7
»	15 Décembre.	6
1865	12 Janvier.	5 1/2
»	26 id.	5

VARIATIONS DES TAUX DE L'ESCOMPTE

Depuis la mise en vigueur de la charte de la Banque d'Angleterre.

BANQUES DE FRANCE ET D'ANGLETERRE.							
ANNÉES	DATES.	FRANCE.	ANGLETERRE.	ANNÉES	DATES.	FRANCE.	ANGLETERRE.
		Pour cent.	Pour cent.			Pour cent.	Pour cent
1844	31 Août.	4	2 1/2	1856	1er Avril.	5	»
1845	16 Octobre.	»	3	»	24 Mai.	»	6
»	8 Novembre	»	3 1/2	»	31 —	»	5
1846	29 Août.	»	3	»	28 Juin.	»	4 1/2
1847	14 Janvier.	5	3 1/2	»	26 Septembre	6	»
»	23 —	»	4	»	4 Octobre.	»	5
»	10 Avril.	»	5	»	11 —	»	6 7
»	5 Août.	»	5 1/2	»	15 Novembre	»	7
»	1er Octobre.	»	6 1/2	»	6 Décembre	»	6 1/2
»	25 —	»	8	»	20 —	»	6
»	22 Novembre	»	7	1857	3 Avril.	»	6 1/2
»	4 Décembre	»	7	»	18 Juin.	»	6
»	24 —	»	5	»	26 —	5 1/2	»
»	27 —	4	»	»	16 Juillet.	»	5 1/2
1848	29 Janvier.	»	4	»	8 Octobre.	»	6
»	17 Juin.	»	3 1/2	»	12 —	»	7
»	4 Novembre	»	3	»	13 —	6 1/2	»
1849	24 —	»	2 1/2	»	21 —	7 1/2	»
1850	28 Décembre	»	3	»	22 —	»	8
1852	3 Janvier.	»	2 1/2	»	5 Novembre	»	9
»	5 Mars.	3	»	»	12 —	10 9 8	10
1853	8 Janvier.	»	2 1/2	»	26 —	9 8 7	»
»	22 —	»	3	»	7 Décembre	8 7 6	»
»	4 Juin.	»	3 1/2	»	18 —	6	»
»	3 Septemb.	»	4	»	24 —	»	8
»	17 —	»	4 1/2	»	29 —	5	»
»	1er Octobre.	»	5	1858	7 Janvier.	»	6
»	7 —	4	»	»	14 —	»	5
1854	20 Janvier.	5	»	»	28 —	»	4
»	13 Mai.	4	5 1/2	»	4 Février.	»	3 1/2
»	5 Août.	»	5	»	8 —	4 1/2	»
1855	7 Avril.	»	4 1/2	»	11 —	»	3
»	5 Mai.	»	4	»	19 —	4	»
»	16 Juin.	»	3 1/2	»	11 Juin.	3 1/2	»
»	8 Septemb.	»	4	»	24 Septembre	3	»
»	15 —	»	4 1/2	»	9 Décembre.	»	2 1/2
»	29 —	»	5	1859	5 Mai.	4	»
»	5 Octobre.	5	»	»	28 Avril.	»	3 1/2
»	6 —	»	5 1/2	»	5 Mai.	»	4 1/2
»	18 —	6	»	»	2 Juin.	»	3 1/2
»	20 —	»	6 7	»	9 —	»	4 1/2

VARIATIONS DES TAUX DE L'ESCOMPTE

Depuis la mise en vigueur de la charte de la Banque d'Angleterre. (*Suite*).

BANQUES DE FRANCE ET D'ANGLETERRE.

ANNÉES	DATES.	FRANCE.	ANGLETERRE.	ANNÉES	DATES.	FRANCE.	ANGLETERRE.
		Pour cent.	Pour cent.			Pour cent.	Pour cent.
1859	14 Juillet.	4	2 1/2	1863	12 Mars.	4 1/2	4
»	5 Août.	3 1/2	»	»	26 —	4	»
1860	19 Janvier.	»	3	»	23 Avril.	»	3 [illegible]
»	31 —	»	4	»	30 —	»	3
»	29 Mars.	»	4 1/2	»	7 Mai.	3 1/2	»
»	12 Avril.	»	5	»	16 —	»	3 1/2
»	10 Mai.	»	1/2	»	21 —	»	4
»	24 —	»	4	»	11 Juin.	4	»
»	8 Novembre	»	4 1/2	»	8 Octobre.	5	»
»	12 —	4 1/2	»	»	2 Novembre	»	5
»	13 —	»	5	»	5 —	»	6
»	15 —	»	6	»	6 —	6	»
»	29 —	»	5	»	13 —	7	»
»	31 Décembre	»	6	»	2 Décembre	»	7
1861	3 Janvier.	5 1/2	»	»	3 —	»	8
»	7 —	»	7	»	24 —	»	7
»	9 —	7	7	1864	22 Janvier.	»	8
»	14 Février.	»	8	»	11 Février.	»	7
»	15 Mars.	6	»	»	25 —	»	6
»	21 —	5	7	»	24 Mars.	6	»
»	4 Avril.	»		»	16 Avril.	»	7
»	11 —	»	5	»	2 Mai.	»	8
»	16 Mai.	»	6	»	5 —	»	9
»	1er Août.	»	5	»	6 —	7	»
»	15 —	»	4 1/2	»	10 —	8	»
»	29 —	»	4	»	19 —	»	8
»	19 Septembre	»	3 1/2	»	20 —	7	»
»	27 —	5 1/2	»	»	26 —	6	7
»	2 Octobre.	6	»	»	16 Juin.	»	6
»	7 Novembre	»	3	»	25 Juillet.	»	7
»	22 —	5	»	»	4 Août.	»	8
1862	3 Janvier.	»	2 1/2	»	8 Septembre	»	9
»	22 —	4 1/2	»	»	9 —	7	»
»	7 Février.	4	»	»	13 Octobre.	8	»
»	27 Mars.	3 1/2	»	»	3 Novembre	7	»
»	22 Mai.	»	3	»	10 —	»	8
»	10 Juillet.	»	2 1/2	»	24 —	6	7
»	24 —	»	2	»	8 Décembre	5	»
»	30 Octobre.	»	3	»	15 —	»	6
»	7 Novembre	4	»	»	22 —	4 1/2	»
1863	15 Janvier	5	4	1865	12 Janvier.	»	5 1/2
»	28 —	»	5	»	26 —	»	5
»	19 Février.	»	4	»	9 Février.	4	»

BÉNÉFICES DE LA BANQUE DE FRANCE ET DIVIDENDES DISTRIBUÉS.

EXERCICE.	CHIFFRES DES ESCOMPTES	TOTAL DES RECETTES.		DÉPENSES.		BÉNÉFICES NETS		DIVIDENDES distribués.
	FR.	FR.	C.	FR.	C.	FR.	C.	FR.
1848...	1,643,728,634	13,006,562	42	6,092,166	63	6,014,395	79	6,843,750
1849...	1,025,066,213	11,923,642	71	2,202,057	08	9,721,585	63	9,672,500
1850...	1,176,423,896	11,176,380	87	1,919,250	92	9,257,129	95	9,216,250
1851...	1,241,412,880	11,441,300	25	1,860,050	25	9,581,250	»	9,581,250
1852...	1,824,469,438	12,775,458	34	2,007,958	34	10,767,500	»	10,767,500
1853...	2,842,930,285	17,020,741	38	2,963,218	84	14,057,522	54	14,052,500
1854...	2,944,643,591	21,489,241	19	3,760,007	57	17,729,233	62	17,702,500
1855...	2,746,142,448	26,110,164	31	7,859,809	61	18,250,354	70	18,250,000
1856...	4,674,000,000	37,079,226	40	12,218,163	92	24,861,062	49	24,820,000
1857...	5,596,979,044	40,831,550	07	10,296,928	17	30,534,621	90	30,477,500
1858...	4,561,127,193	29,200,252	19	8,393,575	68	20,806,676	51	20,805,000
1859...	4,947,536,547	31,140,279	65	9,868,981	84	21,271,297	81	20,987,500
1860...	5,083,356,500	35,823,763	40	10,190,642	53	25,633,120	87	25,550,000
1861...	5,329,087,437	46,758,505	20	13,032,163	87	33,726,341	33	26,827,500
1862...	5,431,595,647	41,409,155	99	10,845,450	07	30,553,701	92	28,335,000
1863...	5,688,234,664	44,871,539	68	11,557,928	75	33,313,610	93	30,112,500
1864...	6,550,755,400	57,717,485	52	13,503,444	46	44,214,041	52	42,887,500

DIVIDENDES DISTRIBUÉS AUX ACTIONS DE LA BANQUE D'ANGLETERRE.

(ACTIONS DE 100 £.)

ANNÉES.	DIVIDENDES.	ANNÉES.	DIVIDENDES.	ANNÉES.	DIVIDENDES.
	£		£		£
1695	8	1724	6	1753	4 1/2
1696	8	1725	6	1754	4 1/2
1697	8	1726	6	1755	4 1/2
1698	7	1727	6	1756	4 1/2
1699	9 1/2	1728	5 1/2	1757	4 1/2
1700	10 3/4	1729	5 1/2	1758	4 1/2
1701	9	1730	5 3/4	1759	4 1/2
1702	12	1731	5 3/4	1760	4 1/2
1703	16 1/2	1732	5 3/4	1761	4 1/2
1704	15 3/4	1733	5 1/2	1762	4 1/2
1705	15 1/2	1734	5 1/2	1763	4 1/2
1706	18 1/4	1735	5 1/2	1764	4 3/4
1707	7 3/4	1736	5 1/2	1765	5
1708	12 1/2	1737	5 1/2	1766	5
1709	8 1/2	1738	5 1/2	1767	5 1/4
1710	7 1/2	1739	5 1/2	1768	5 1/2
1711	7	1740	5 1/2	1769	5 1/2
1712	8	1741	5 1/2	1770	5 1/2
1713	8	1742	5 1/2	1771	5 1/2
1714	8	1743	5 1/2	1772	5 1/2
1715	7 3/4	1744	5 1/2	1773	5 1/2
1716	8	1745	5 1/2	1774	5 1/2
1717	8	1746	5 1/2	1775	5 1/2
1718	8	1747	5	1776	5 1/2
1719	7 1/2	1748	5	1777	5 1/2
1720	7 1/2	1749	5	1778	5 1/2
1721	6	1750	5	1779	5 1/2
1722	6	1751	5	1780	5 1/2
1723	6	1752	5	1781	5 3/4

DIVIDENDES DISTRIBUÉS AUX ACTIONS DE LA BANQUE D'ANGLETERRE.

(ACTIONS DE 100 £.) (*Suite.*)

ANNÉES.	DIVIDENDES.	ANNÉES.	DIVIDENDES.	ANNÉES.	DIVIDENDES.
	£		£		£
1782	6	1810	10	1838	8
1783	6	1811	10	1839	7
1784	6	1812	10	1840	7
1785	6	1813	10	1841	7
1786	6	1814	10	1842	7
1787	6	1815	10	1843	7
1788	7	1816	10	1844	7
1789	7	1817	10	1845	7
1790	7	1818	10	1846	7
1791	7	1819	10	1847	7
1792	7	1820	10	1848	7
1793	7	1821	10	1849	7
1794	7	1822	10	1850	7
1795	7	1823	8	1851	7
1796	7	1824	8	1852	7 1/2
1797	7	1825	8	1853	8
1798	7	1826	8	1854	9
1799	7	1827	8	1855	8
1800	6 3/4	1828	8	1856	9 1/2
1801	7	1829	8	1857	10
1802	7	1830	8	1858	9 1/2
1803	7	1831	8	1859	8 1/2
1804	7	1832	8	1860	9 1/2
1805	7	1833	8	1861	10
1806	7	1834	8	1862	8 1/2
1807	10	1835	8	1863	8 3/4
1808	10	1836	8	1864	11
1809	10	1837	8		

SITUATIONS DE LA BANQUE DE FRANCE

DE 1848 A 1864 INCLUSIVEMENT.

ACTIF

1848

MOIS.	NUMÉRAIRE.	PORTEFEUILLE et effets échus.	AVANCES sur LINGOTS.	AVANCES sur EFFETS publics.	AVANCES sur ACTIONS et obligations.	AVANCES à L'ÉTAT.	RENTES de la réserve et des fonds disponibles.	IMMEUBLES.	DÉPENSES d'administration.	DIVERS.	TAUX de L'ESCOMPTE	COURS moyen de la rente 3 °/o.
	FR.	FR.	FR.	FR.	FR.	FR.	FR.	FR.	FR.		FR.	FR.
Janvier*..	107,550,114	185,197,695	442,100	11,769,803	»	»	12,773,992	4,000,000	»	6,348,408	4	74.42
Février ...	»	»	»	»	»	—	»	»	»	»	4	74.16
Mars......	123,843,509	309,053,810	3,050,600	13,203,483	»	—	21,660,197	4,000,000	230,976	13,132,137	4	47.88
Avril	92,344,197	296,644,451	2,684,900	11,632,183	»	50,000,000	21,660,197	4,000,000	419,502	11,340,315	4	40.14
Mai.......	92,031,450	260,115,673	6,991,200	10,344,982	»	50,000,000	21,660,197	4,000,000	541,857	25,747,653	4	47.53
Juin......	146,173,617	274,692,487	10,192,900	28,492,682	»	50,000,000	34,404,695	6,515,105	1,352,134	983,788	4	46.14
Juillet	159,088,081	253,001,992	13,868,300	38,204,782	»	50,000,000	34,055,508	6,523,241	86,717	1,208,087	4	47.67
Août......	182,329,573	226,445,342	15,976,217	39,173,832	»	75,000,000	36,199,949	6,523,241	254,058	1,156,926	4	44.13
Septembre.	220,723,994	199,610,868	14,411,004	35,344,900	»	75,000,000	56,709,155	6,521,574	436,268	1,032,141	4	44.61
Octobre ...	229,032,560	180,851,862	13,556,535	33,925,396	»	75,000,000	56,709,155	6,524,088	657,075	7,405,970	4	44.34
Novembre.	235,277,223	169,706,951	14,123,916	32,894,646	»	100,000,000	57,593,030	6,524,717	858,850	7,656,002	4	42.06
Décembre .	241,314,186	167,893,406	15,062,825	33,603,746	»	100,000,000	57,593,030	6,478,824	1,591,869	7,418,966	4	45.21

* Fin 1847.

PASSIF

1848										
MOIS.	CAPITAL de la BANQUE.	RÉSERVE.	BILLETS au PORTEUR.	BILLETS à ORDRE.	COMPTE courant du TRÉSOR.	COMPTES courants particuliers.	DIVIDENDES t ARRÉRAGES.	ESCOMPTES et réescomptes.	DIVERS.	OBSERVATIONS.
	FR.	FR.	FR.	FR.	FR.	FR.	FR.	FR.	FR.	FUSION
Janvier....	67,900,000	14,000,000	233,182,200	1,704,723	65,342,280	49,335,135	6,700,629	»	1,450,472	DES BANQUES.
Février....	Id.	Id.	»	»	»	»	»	»	»	DÉCRETS *du 28 avril et du 5 mai* 1848.
Mars......	Id.	Id.	273,404,250	3,896,262	42,255,092	81,617,660	423,444	2,905,991	1,840,977	
Avril.....	Id.	Id.	309,537,700	2,880,100	45,977,428	61,747,941	261,991	3,835,759	2,325,826	**BANQUE**
Mai.......	Id.	Id.	311,896,800	2,076,623	13,292,038	69,926,558	209,320	4,179,921	2,933,946	de **FRANCE**.. 67,900 actions. Rouen .... 3,000 —
Juin......	91,250,000	16,980,650	359,535,200	457,374	17,028,061	95,226,954	147,592	2,712,117	733,488	Lyon...... 2,000 — Havre..... 4,000 —
Juillet....	Id.	Id.	376,261,075	481,273	17,352,168	99,815,264	1,488,001	2,248,289	459,884	Lille...... 2,000 —
Août......	Id.	Id.	366,900,275	689,512	18,725,583	105,698,555	1,024,363	1,812,927	324,432	Tonlouse.. 1,200 — Orléans ... 1,000 —
Septembre.	Id.	Id.	371,603,000	981,828	41,128,328	103,200,118	847,455	2,606,794	189,159	Marseille.. 4,000 —
Octobre...	Id.	Id.	389,689,375	644,207	16,920,247	99,961,361	241,135	2,726,868	325,084	Nantes.... 3,009 — Bordeaux.. 3,150 —
Novembre.	Id.	Id.	402,365,825	413,171	19,305,538	103,417,190	204,510	5,605,434	161,218	
Décembre..	Id.	Id.	406,568,950	508,252	26,272.402	104,839,716	180,517	8,576,274	176,073	TOTAL... 91,250 actions de 1,000 francs.

ACTIF

1849

MOIS.	NUMÉRAIRE.	PORTEFEUILLE et effets échus.	AVANCES sur LINGOTS.	AVANCES sur EFFETS publics.	AVANCES sur ACTIONS et obligations.	AVANCES à L'ÉTAT.	RENTES de la réserve et des fonds disponibles.	IMMEUBLES.	DÉPENSES d'administration.	DIVERS.	TAUX de L'ESCOMPTE	COURS moyen de la rente 3 %
	FR.	FR	FR.	FR.	FR.	FR.	FR.	FR.	FR.	FR.		
Janvier ...	269,165,179	164,487,075	20,551,113	31,953,423	»	100,000,000	52,622,313	6,273,658	44,752	978,408	4	45,63
Février ...	288,063,630	149,835,682	19,269,026	31,494,720	»	100,000,000	52,581,488	6,273,731	264,060	536,966	4	48,71
Mars......	320,114,221	138,148,094	19,656,775	31,207,039	»	100,000,000	52,581,488	6,273,788	461,753	557,533	4	55,89
Avril	325,304,439	133,113,736	16,834,006	28,836,799	»	100,000,000	52,581,488	6,283,787	697,012	556,291	4	56,70
Mai.......	338,602,292	127,573,194	15,916,682	27,187,492	»	100,000,000	52,541,488	6,283,787	870,760	977,289	4	54,88
Juin......	337,723,202	124,322,847	10,877,551	26,388,397	»	100,000,000	52,581,488	6,284,652	1,067,609	914,858	4	52,73
Juillet	342,612,539	128,104,227	7,134,455	23,700,950	»	100,000,000	52,581,488	6,223,200	57,530	495,956	4	53,61
Août......	362,057,245	126,982,566	6,574,556	23,581,750	»	100,000,000	52,581,488	6,396,225	245,705	147,501	4	54,29
Septembre.	396,835,744	121,071,226	10,042,736	21,416,151	»	100,000,000	52,581,488	6,587,000	420,162	172,849	4	56,08
Octobre...	401,099,695	120,529,236	8,142,237	22,980,631	»	100,000,000	52,581,488	6,607,312	631,911	151,158	4	55,65
Novembre.	411,848,517	123,001,837	5,730,889	22,811,542	»	100,000,000	52,581,488	6,733,765	841,275	214,945	4	56,62
Décembre .	420,263,705	116,588,730	5,605,859	22,611,532	»	100,000,000	52,529,988	7,038,125	1,138,104	9,963	4	56,61

PASSIF

1849.

MOIS.	CAPITAL de la BANQUE.	RÉSERVE.	BILLETS au PORTEUR.	BILLETS à ORDRE.	COMPTE courant du TRÉSOR.	COMPTES courants particuliers.	DIVIDENDES et ARRÉRAGES.	ESCOMPTES et réescomptes.	DIVERS	OBSERVATIONS.
	FR.	FR.	FR.	FR.	FR.	FR.	FR.	FR.	FR.	
Janvier...	91,250,000	16,980,750	430,803,125	456,727	25,819,694	100,645,916	1,860,570	1,511,624	166,814	
Février...	Id.	Id.	423,441,650	860,380	30,620,667	105,230,550	481,561	2,242,127	121,716	
Mars......	Id.	Id.	420,814,525	884,377	53,959,179	105,829,800	342,758	2,746,316	130,000	
Avril.....	Id.	Id.	422,758,175	1,003,894	31,497,129	117,426,971	266,690	5,135,605	204,189	
Mai.......	Id.	Id.	411,641,000	1,189,861	34,950,212	124,455,085	230,477	5,598,633	338,618	
Juin......	Id.	Id.	389,757,725	840,691	26,845,370	137,432,748	201,584	6,359,510	367,741	
Juillet....	Id.	Id.	409,528,575	750,351	32,069,785	112,328,760	1,330,971	1,877,341	166,663	
Août.....	Id.	Id.	410,578,625	600,224	50,776,364	107,835,394	782,517	2,202,625	842,655	
Septembre.	Id.	Id.	407,336,350	939,016	79,314,842	110,696,079	497,720	2,756,169	744,233	
Octobre...	Id.	Id.	437,819,150	813,455	54,020,455	107,744,820	398,895	4,628,591	447,975	
Novembre.	Id.	Id.	447,088,475	903,800	52,597,930	115,359,837	315,798	5,380,552	398,667	
Décembre..	Id.	Id.	431,781,050	1,471,528	75,428,392	107,410,251	263,791	5,783,159	479,291	

ACTIF

1850

MOIS.	NUMÉRAIRE.	PORTEFEUILLE et effets échus.	AVANCES SUR LINGOTS	AVANCES SUR EFFETS publics.	AVANCES SUR ACTIONS et obligations.	AVANCES à L'ÉTAT.	RENTES de la réserve et des fonds disponibles.	IMMEUBLES.	DÉPENSES d'administration.	DIVERS.	TAUX de L'ESCOMPTE	COURS moyen de la rente 3 0/0.
	FR.	FR.	FR.	FR.	FR.	FR.	FR.	FR.	FR.	FR.	FR.	FR.
Janvier...	438,244,011	120,218,036	4,024,162	21,336,710	»	100,000,000	65,341,529	6,975,275	45,021	767,002	4	57.67
Février....	465,582,085	108,412.248	3,802,815	22,035,746	»	100,000,000	64,341,529	7,233,534	260,703	2,215,019	4	57.96
Mars......	477,191,582	104,254,218	4,296,958	21,881,436	»	100,000,000	65,341,529	7,239,831	430,477	1,086,013	4	56.77
Avril	471,444,819	105,700,465	2,901,629	20,000,966	»	100,000,000	65,341,529	7,249,987	644,337	306,486	4	55.45
Mai.......	472,413,268	105,149,989	1,333,800	20,506,254	»	100,000,060	65,221,029	7,432,371	846,664	281,607	4	55.52
Juin......	473,331,296	99,732,753	961,053	20,644,526	»	100,000,000	65,347,442	7,479,274	1,062,991	575,083	4	56.82
Juillet	451,143,611	119,727,420	3,357,710	20,613,719	»	100,000,000	65,347,442	7,340,194	47,307	2,367,414	4	57.83
Août......	446,815,243	126,622,269	9,592,610	20,026,474	»	100,000,000	63,347,442	7,342,765	217,086	1,857,169	4	58.44
Septembre.	457,781,645	122,835,711	8,238,810	18,160,102	»	100,000,000	65,347,442	7.494,712	398,281	1,642,955	4	57.55
Octobre...	441,521,443	128,931,588	6,093,442	17,464,370	»	100,000,000	65,287,463	7,514,712	585,248	233,791	4	57.21
Novembre.	442,808,138	136,737,041	5,609,624	11,112,880	»	100,000,000	65,179,963	7,522,574	794,152	1,896,447	4	57.39
Décembre.	454,800,335	139,675,422	7,659,697	10,861,499	»	100,000,000	65,179,963	7,534,574	984,820	2,155,080	4	57.57

PASSIF

1850										
MOIS.	CAPITAL de la BANQUE.	RÉSERVE.	BILLETS au porteur.	BILLETS à ORDRE.	COMPTE courant du Trésor.	COMPTES courants des particuliers.	DIVIDENDES et ARRÉRAGES.	ESCOMPTES et réescomptes.	DIVERS.	OBSERVATIONS.
	FR.	FR.	FR.	FR.	FR.	FR.	FR.	FR.	FR.	
Janvier ...	91,250,000	16,980,750	455,653,000	1,8 5,361	71,545,591	105,199,543	2,938,091	1,073,287	295,911	
Février ...	91,250,000	16,980,750	465,373,300	1,846,397	83,217,969	99,275,463	695,595	1,319,704	479,795	
Mars......	91,250,000	16,980,750	466,135,000	1,890,717	89,591,790	100,500,281	463,993	1,803,443	476,079	
Avril	91,250,000	16,980,750	483,429,875	1,775,080	37,859,664	122,474,011	325,761	4,102,793	1,507,029	
Mai.......	91,250,000	16,980,750	481,095,125	11,836,177	34,753,345	126,369,413	267,376	4,486,974	2,311,478	
Juin......	91,250,000	16,980,750	478,416,325	12,497,502	50,888,886	109,964,140	216,144	5,071,226	723,513	
Juillet	91,250,000	16,980,750	503,064,875	9,008,166	46,515,083	95,387,786	2,051,586	795,145	678,844	
Août......	91,250,000	16,980,750	500,144,300	7,744,657	62,369,240	92,708,719	823,426	1,274,297	344,213	
Septembre.	91,250,000	16,980,750	484,605,650	7,330,013	85,142,969	89,267,291	535,132	1,853,539	377,527	
Octobre...	91,250,000	16,980,750	497,329,925	7,687,218	51,285,060	93,412,199	432,936	3,797,983	732,609	
Novembre.	91,210,000	16,980,750	503,655,725	7,609,395	48,254,689	93,697,593	343,838	4,992,844	384,733	
Décembre.	91,250,000	16,980,750	485,257,325	6,739,086	73,014,150	105,201,106	269,706	5,513,444	483,164	

ACTIF

MOIS.	NUMÉRAIRE.	PORTEFEUILLE et effets échus.	AVANCES SUR LINGOTS.	AVANCES SUR EFFETS publics.	AVANCES SUR ACTIONS et obligations.	AVANCES à L'ÉTAT.	RENTES de la réserve, et des fonds disponibles.	IMMEUBLES.	DÉPENSES d'administration.	DIVERS.	TAUX de L'ESCOMPTE	COURS moyen de la rente 3 $^0/_0$.
1851												
	FR.	FR.	FR.	FR.	FR.	FR.	FR.	FR.	FR.	FR.	FR.	FR.
Janvier ...	475,347,685	152,628,425	4,284,640	11,547,386	»	100,000,000	65,402,235	7,458,728	45,510	1,831,267	4	57,10
Février ...	491,385,229	147,343,311	3,951,860	11,098,618	»	100,000,000	65,628,221	7,480,873	141,081	1,828,960	4	58,05
Mars......	521,192,215	126,479,886	3,015,711	10,355,993	»	100,000,000	Id	7,615,672	244,846	1,335,928	4	57,87
Avril	541,400,601	120,622,455	2,608,174	10,101,712	»	100,000,000	64,509,973	7,617,657	340,277	2,696,900	4	56,60
Mai.......	556,043,207	119,762,716	3,482,977	10,298,990	»	100,000,000	63,630,843	7,629,194	426,975	980,876	5	55,90
Juin......	586,532,868	106,066,296	4,139,925	10,556,675	»	100,000,000	Id.	7,629,194	542,052	1,191,741	4	55,50
Juillet.....	587,457,063	110,225,412	3,528,410	10,523,271	»	100,000,000	Id.	7,528,130	38,191	213,730	4	56,62
Août......	601,687,387	105,787,426	2,514,750	10,491,002	»	100,000,000	Id.	7,532,780	128,420	980,975	4	56,80
Septembre.	626,584,546	95,464,451	2,165,850	10,910,693	»	100,000,000	65,631,346	7,533,241	218,750	793,711	4	55,98
Octobre ...	616,289,371	95,936,692	3,023,550	11,247,039	»	100,000,000	65,531,646	7,550,874	311,652	187,939	4	55,77
Novembre.	600,676,000	99,345,121	2,308,000	10,508,822	»	100,000,000	Id.	7,560,746	425,957	826,477	4	56,30
Décembre .	593,789,715	110,033,225	3,472,626	10,897,782	»	100,000,000	Id.	7,560,746	497,890	1,508,499	4	60,87

PASSIF

1851

MOIS.	CAPITAL de la BANQUE.	RÉSERVE.	BILLETS au PORTEUR.	BILLETS à ORDRE.	COMPTE courant du TRÉSOR.	COMPTES courants particuliers.	DIVIDENDES et ARRÉRAGES.	COMPTES et réescomptes.	DIVERS.	OBSERVATIONS.
	FR.	FR.	FR.	FR.	FR.	FR.	FR.	FR.	FR.	
Janvier.. .	91,250,000	16,980,750	498,805,850	9,560,464	86,173,347	99,168,569	1,532,645	1,226,202	1,503,266	
Février ...	Id.	16,980,750	513,218,975	12,588,789	86,455,048	102,525,030	742,991	1,271,154	1,004,033	
Mars......	Id,	16,980,750	505,906,825	13,803,824	113,574,033	92,195,584	581,654	2,130,558	721,864	
Avril......	Id.	16,980,750	526,141,375	15,290,271	86,016,119	110,279,666	393,285	4,495,409	829,027	
Mai.......	Id.	16,980,750	506,933,675	14,754,443	105,558,965	113,452,280	286,438	5,034,829	1,259,172	
Juin.......	Id.	16,980,750	504,196,750	16,176,222	117,671,582	129,709,876	246,926	5,284,345	1,446,775	
Juillet.....	Id.	16,980,750	532,288,350	17,100,687	110,035,610	113,095,125	1,577,938	1,045,174	2,685,933	
Août......	Id.	16,980,750	535,707,475	18,076,910	115,755,455	111,556,831	812,356	1,666,554	1,537,319	
Septembre.	Id.	16,980,750	514,913,475	20,655,078	126,988,483	135,791,896	584,839	1,784,507	1,455,778	
Octobre....	Id.	16,980,750	536,958,57	23,596,256	73,778,846	150,111,753	472,795	4,082,115	3,830,657	
Novembre..	Id.	16,980,750	545,225,075	23,662,245	54,709,736	150,255,903	401,890	4,452,244	1,481,342	
Décembre..	Id.	16,980,750	559,818,325	22,379,600	48,108,609	149,380,358	344,878	4,787,801	1,499,104	

ACTIF

1852

MOIS.	NUMÉRAIRE.	PORTEFEUILLE et effets échus.	AVANCES sur LINGOTS.	AVANCES sur EFFETS publics.	AVANCES sur ACTIONS et obligations.	AVANCES à L'ÉTAT.	RENTES de la réserve et des fonds disponibles.	IMMEUBLES.	DÉPENSES d'administration.	DIVERS.	TAUX de L'ESCOMPTE	COURS moyen de la rente 3 0/0.
	FR.	FR.	FR.	FR.	FR.	FR.	FR.	FR.	FR.	FR.	FR.	FR.
Janvier...	567,806,570	135,938,679	3,873,350	16,319,219	»	125,000,090	65,630,347	7,418,159	39,400	2,219,318	4. »	68.38
Février...	564,059,074	137,059,074	3,867,915	28,008,309	»	125,000,000	55,635,766	Id.	65,332	2,047,592	4. »	65.20
Mars......	574,539,070	115,886,338	3,431,752	20,762,700	»	125,000,000	55,635,766	7,416,771	415,132	2,007,061	3.13	69.80
Avril.....	590,905,085	117,373,964	3,159,758	17,000,899	»	125,000,000	55,639,766	Id.	464,062	1,654,175	3. »	71.58
Mai.......	597,784,913	130,360,580	5,245,676	70,344,909	8,734,455	125,000,000	65,635,896	7,571,772	932,384	2,459,815	3. »	70.61
Juin......	621,361,009	127,678,592	4,363,284	52,924,129	14,395,815	125,000,000	65,635,896	7,680,661	1,175,851	94,885	3. »	70.65
Juillet....	600,942,962	157,420,862	5,015,729	48,422,378	23,974,777	125,000,000	65,635,896	7,672,948	70,876	2,886,923	3. »	71.96
Août......	600,627,805	182,485,975	4,494,971	43,126,259	28,934,045	100,000,000	65,635,896	7,676,360	275,875	587,907	3. »	75.88
Septembre.	600,104,254	188,953,751	3,594,451	38,363,153	29,520,089	75,000,000	55,635,896	7,699,360	459,171	644,753	3. »	77.23
Octobre...	585,917,795	214,285,519	3,186,929	37,536,280	36,873,994	75,000,000	55,642,241	7,722,394	712,077	303,301	3. »	81.08
Novembre.	548,939 598	246,035,194	3,552,779	70,393,984	53,885,218	75,000,000	55,642,241	7,711,709	654,284	456,137	3. »	85.13
Décembre.	511,437,917	274,348,446	2,233,375	85,364,709	70,593,951	75,000,000	55,640,491	7,714,709	1,203,823	148,891	3. »	82.27

PASSIF

1852

MOIS.	CAPITAL de la BANQUE.	RÉSERVE.	BILLETS au PORTEUR.	BILLETS à ORDRE.	COMPTE courant du TRÉSOR.	COMPTES courants des particuliers.	DIVIDENDES et ARRÉRAGES.	ESCOMPTES et réescomptes.	DIVERS.	OBSERVATIONS.
	FR.	FR.	FR.	FR.	FR.	FR.	FR.	FR.	FR.	
Janvier....	91,250,000	16,980,750	593,932,900	18,910,955	52,186,126	161,503,978	4,196,035	604,786	2,179,075	
Février....	91,250,000	16,980,750	600,344,900	20,138,310	64,805,143	147,322,972	1,550,694	898,171	401,245	
Mars......	91,250,000	16,980,750	572,157,500	19,133,797	91,159,783	131,931,078	602,074	1,293,819	415,098	
Avril	91,250,000	16,980,750	553,095,725	17,351,482	100,427,435	146,847,266	494,632	1,578,516	416,517	
Mai	91,250,000	16,980,750	636,302,725	24,159,277	87,895,718	172,021,255	300,776	3,211,366	1,725,862	
Juin	91,250,000	16,980,750	612,421,775	22,898,215	92,850,215	187,117,564	251,885	3,728,720	2,223,080	
Juillet	91,250,000	16,980,750	626,752,175	21,569,245	119,677,217	156,264,043	2,969,208	692,374	862,646	
Août......	91,250,000	16,980,750	622,111,500	21,487,240	133,427,280	145,463,415	939,194	1,463,325	607,421	
Septembre.	91,250,000	16,980,750	615,616,250	20,454,178	137,375,694	132,996,206	703,729	2,271,589	644,753	
Octobre ...	91,250,000	16,980,750	634,953,950	17,997,821	119,885,226	140,242,011	535,904	3,191,453	1,811,500	
Novembre .	91,250,000	16,980,750	661,654,150	18,889,700	122,032,679	152,914,994	462,202	5,031,573	3,681,908	
Décembre .	91,250,000	16,980,750	671,993,425	20,579,324	130,277,861	154,950,805	68,934	5,932,755	1,884,465	

ACTIF

1853												
MOIS.	NUMÉRAIRE.	PORTEFEUILLE et effets échus.	AVANCES sur LINGOTS.	AVANCES sur EFFETS publics.	AVANCES sur ACTIONS et obligations.	AVANCES à L'ÉTAT.	RENTES de la réserve, fonds disponibles et rentes immobilières	IMMEUBLES.	DÉPENSES d'administration.	DIVERS.	TAUX de L'ESCOMPTE	COURS moyen de la rente 3 %.
	FR.	FR.	FR.	FR.	FR.	FR.	FR.	FR.	FR.			
Janvier ...	482,430,759	317,052,370	3,904,275	76,673,996	69,819,066	75,000,000	65,593,095	7,596,377	86,443	694,946	4	80,06
Février....	478,794,672	307,529,186	2,942,735	53,525,311	65,811,821	75,000,000	65,526,744	7,594,250	368,593	156,470	4	79,88
Mars......	484,729,139	271,947,977	3,172,426	46,792,936	64,567,069	75,000,000	65,376,291	7,674,250	584,402	166,157	3.13	80,27
Avril	497,441,625	249,995,778	1,919,042	46,772,936	66,663,074	75,000,000	65,397,271	7,674,250	584,597	178,320	3	80,15
Mai.......	511,482,091	235,610,785	1,998,330	46,724,296	72,079,309	75,000,000	65,451,514	7,674,250	1,064,230	221,096	3	81,09
Juin......	534,215,830	231,831,712	1,695,380	45,446,186	78,437,957	75,000,000	65,451,514	7,875,324	1,316,372	545,922	3	77,15
Juillet	478,669,522	284,937,845	2,574,074	47,842,046	87,826,604	70,000,000	65,451,514	7,841,813	81,455	280,921	3	77,40
Août......	479,539,526	291,409,729	7,376,143	47,596,436	87,133,354	70,000,000	65,451,514	7,844,812	378,153	125,147	3	79,70
Septembre.	452,640,855	294,394,356	1,875,693	46,050,986	86,048,996	70,000,000	65,451,514	7,844,814	561,360	119,587	3	77,11
Octobre ...	380,460,998	379,704,618	2,799,343	46,714,936	94,298,054	70,000,000	65,453,580	7,921,872	909,386	161,164	3.81	72,89
Novembre.	330,942,197	394,684,946	3,560,793	47,447,386	93,999,724	70,000,000	65,453,580	7,928,423	1,181,465	157,866	4	73,84
Décembre .	316,973,055	385,107,363	4,485,093	44,903,405	88,697,374	70,000,000	65,453,580	8,084,907	1,509,632	194,211	4	74,75

PASSIF

1853

MOIS.	CAPITAL de la BANQUE.	RÉSERVE.	BILLETS au PORTEUR.	BILLETS à ORDRE.	COMPTE courant du TRÉSOR.	COMPTES courants particuliers.	DIVIDENDES et ARRÉRAGES.	ESCOMPTES et réescomptes.	DIVERS.	OBSERVATIONS.
	FR.	FR.	FR.	FR.	FR.	FR.	FR.	FR.	FR.	
Janvier ...	91,250,000	16,980,750	686,048,975	17,745,399	138,551,697	143,943,750	2,183,641	1,498,493	795,622	
Février....	91,250,000	16,980,750	670,912,275	17,919,386	116,695,162	138,002,694	844,269	2,164,147	2,269,099	
Mars......	91,250,000	16,980,750	662,452,775	17,185,405	98,412,335	127.420,810	584,850	3,358,280	2,496,380	
Avril.....	91,250,000	16,980,750	669,652,325	15,641,220	71,949,131	139,453,629	432,185	4,419,838	2,170,601	
Mai.......	91,250,000	16,980,750	669,774,859	14,287,013	73,681,587	141,789,371	377,507	5,312,753	3,889,038	
Juin......	91,250,000	16,980,750	628,855,150	15,611,870	88,023,829	192,362,932	309,899	6,195,139	2,283,639	
Juillet....	91,250,000	16,980,750	654,187,650	18,603,414	72,958,069	184,106,913	2,421,569	1,359,522	3,674,905	
Août......	91,250,000	16,980,750	667,530,475	20,049,105	71,321,975	177,749,067	1,085,720	2,337,558	3,550,160	
Septembre.	91,250,000	16,980,750	661,016,375	20,805,937	69,801,784	158,748,173	805,585	3,351,176	2,255,379	
Octobre...	91,250,000	16,985,750	659,520,975	18,526,262	55,711,749	198,247,699	636,560	5,252,967	2,386,986	
Novembre.	91,250,000	16,980,750	655,260,775	18,525,040	50,350,608	173,223,074	502,504	6,831,640	2,426,986	
Décembre.	91,250,000	16,980,750	632,094,525	17,343,060	59,372,896	156,699,773	417,045	8,408,549	2,941,927	

ACTIF

1854

MOIS.	NUMÉRAIRE.	PORTEFEUILLE et effets échus.	AVANCES sur LINGOTS.	AVANCES sur EFFETS publics.	AVANCES sur ACTIONS et obligations.	AVANCES à L'ÉTAT.	RENTES de la réserve et des fonds disponibles.	IMMEUBLES	DÉPENSES d'administration.	DIVERS.	TAUX de L'ESCOMPTE	COURS moyen de la rente 3 0/0.
	FR.	FR.	FR.	FR.	FR.	FR.	FR.	FR.	FR.	FR.	FR.	FR.
Janvier....	294,889,208	403,439,193	3,938,493	42,946,155	84,562,824	70,000,000	65,453,580	7,837,039	62,790	1,886,095	4,39	70,38
Février....	280,636,619	411,681,464	3,941,543	37,747,836	73,323,830	100,000,000	65,505,958	7,881,739	345,744	524,195	5	68,04
Mars......	291,943,447	382,185,682	3,395,638	33,513,846	64,157,822	100,000,000	65.505,958	7,886,048	595,436	1,304,844	5	65,29
Avril......	369,167,764	382,454,031	2,575,788	28,603,836	55,923,920	100,000,000	65,447,573	8,018,783	900,211	935,254	5	63,23
Mai.......	409,630,576	338,013,736	2,307,293	25,786,086	50,732,220	100,000,000	65,447,573	8,019,088	1,158,433	2,098,401	4,39	67,17
Juin......	468,554,540	292,767,824	3,526,193	25,538,986	49,333,979	100,000,000	65,447,573	8,034,088	1,401,415	1,276,425	4	72,30
Juillet....	451,940,803	275,557,619	2,158,633	25,535,786	52,273,370	65,000,000	65,447,573	7,764,198	77,927	1,135,740	4	71,57
Août......	474,574,498	261,146,663	1,654,933	25,030,686	53,421,970	65,000,000	65,447,573	7,766,484	306,437	703,151	4	72,62
Septembre.	498,354,198	242,386,824	1,394,083	25,443,486	53,904,220	65,000,000	62,546,059	7,793,687	547,899	69,843	4	74,45
Octobre...	477,076,191	255,785,287	1,571,433	26,921,936	57,116,800	65,000,000	65,448,559	7,809,320	832,451	74,084	4	76,03
Novembre.	437,324,610	270,325,782	2,118,683	27,280,736	62,496,700	95,000,000	65,448,559	7,825,710	1,139,384	74,046	4	72, »
Décembre.	395,071,034	301,913,835	1,995,040	29,442,236	64,867,800	95,000,000	65,448,559	8,444,120	930,490	76,338	4	69,45

PASSIF

1854										
MOIS	CAPITAL de la BANQUE.	RÉSERVE.	BILLETS au PORTEUR.	BILLETS à ORDRE.	COMPTE courant du TRÉSOR.	COMPTES courants particuliers.	DIVIDENDES et ARRÉRAGES.	ESCOMPTES et réescomptes.	DIVERS.	OBSERVATIONS.
	FR.	FR.	FR.	FR.	FR.	FR.	FR.	FR.	FR.	
Janvier....	91,250,000	16,980,750	643,115,875	15,891,377	48,424,110	152,777,266	2,983,796	2,616,095	976,108	
Février....	Id.	16,980,750	623,707,175	17,253,191	56,036,949	162,514,913	1,054,948	4,804,743	886,258	
Mars......	Id.	16,980,750	598,712,775	18,033,561	60,331,849	157,189,752	716,191	6,576,643	697,199	
Avril......	Id.	16,980,750	595,305,025	18,175,495	77,204,400	101,734,025	505,502	9,082,737	3,788,215	
Mai.......	Id.	16,980,750	590,153,075	20,171,616	74,589,499	196,113,965	442,804	11,079,200	2,412,438	
Juin	Id.	16,980,750	582,964,175	18,191,884	85,870,391	205,750,071	324,094	12,250,964	2,298,584	
Juillet.....	Id.	16,980,750	601,075,075	16,153,624	68,177,950	142,028,648	3,558,175	1,841,885	5,429,611	
Août......	Id.	16,980,750	609,937,025	16,671,832	62,654,913	148,378,205	1,380,581	2,887,428	4,890,660	
Septembre.	Id.	16,980,750	606,454,750	17,573,315	70,204,547	149,258,815	1,019,434	5,050,687	3,618,001	
Octobre....	Id.	16,980,750	632,573,050	16,873,182	45,292,593	140,661,135	794,511	5,233,996	7,976,845	
Novembre.	Id.	16,980,750	634,733,000	16,977,856	58,249,837	136,356,942	647,577	5,777,144	7,061,103	
Décembre..	Id.	16,980,750	628,378,950	17,167,184	67,026,718	129,246,142	518,529	6,947,180	5,673,999	

ACTIF

1855

MOIS.	NUMÉRAIRE.	PORTEFEUILLE et effets échus.	AVANCES sur LINGOTS.	AVANCES sur EFFETS publics.	AVANCES sur ACTIONS et obligations.	AVANCES à L'ÉTAT.	RENTES de la réserve et des fonds disponibles.	IMMEUBLES.	DÉPENSES d'administration.	DIVERS.	TAUX de L'ESCOMPTE	COURS moyen de la rente 3 0/0.
	FR.	FR.	FR.	FR.	FR.	FR.	FR.	FR.	FR.	FR.		
Janvier ...	362,854,325	357,548,120	3,178,240	32,472,486	70,674,600	95,000,000	65,448,559	8,452,122	98,216	1,743,128	4	67,45
Février....	422,484,403	371,668,883	3,219,650	33,315,586	73,867,300	65,000,000	65,448,559	8,692,425	424,097	359,766	4	66,92
Mars......	440,879,495	326,686,758	2,881,502	32,146,086	77,711,100	65,000,000	65,553,704	8,692,045	688,638	66,375	4	69,45
Avril	432,624,797	323,338,971	5,252,752	35,960,286	78,069,200	65,000,000	65,448,204	8,728,415	985,466	80,551	4	69,30
Mai.......	420,914,028	311,055,987	5,103,552	36,448,386	79,171,500	65,000,000	65,448,204	8,748,560	1,239,461	643,830	5,32	68,85
Juin......	397,498,813	310,557,869	2,384,852	41,497,686	83,928,400	65,000,000	65,448,204	8,863,460	764,002	75,903	6	67,88
Juillet	314,629,614	382,268,603	3,435,552	45,858,186	93,111,604	100,000,000	65,274,791	8,866,057	113,860	570,825	6	66,32
Août......	338,784,444	464,210,497	3,345,602	61,013,636	115,130,109	100,000,000	65,169,791	9,110,108	572,535	70,583	6	67,00
Septembre.	288,645,333	431,929,192	2,057,252	54,495,936	114,219,700	100,000,000	65,243,034	9,146,007	852,127	84,518	6	66,60
Octobre ...	232,346,982	482,238,463	5,799,652	57,000,536	104,653,900	100,000,000	65,169,534	9,191,139	1,299,985	3,812,697	6	64,66
Novembre.	211,550,218	456,811,092	5,931,852	49,465,936	79,538,500	100,000,000	65,169,534	9,225,959	2,523,114	97,574	6	65,22
Décembre .	218,901,684	421,140,268	4,557,400	41,904,436	55,422,500	100,000,000	65,169,534	9,096,861	3,993,330	98,395	6	64,93

PASSIF

1855										
MOIS.	CAPITAL de la BANQUE.	RÉSERVE.	BILLETS au PORTEUR.	BILLETS à ORDRE.	COMPTE courant du TRÉSOR.	COMPTES courants des particuliers.	DIVIDENDES et ARRÉRAGES.	ESCOMPTES et INTÉRÊTS.	DIVERS.	OBSERVATIONS.
	FR.	FR.	FR.	FR.	FR.	FR.	FR.	FR.	FR.	
Janvier....	91,250,000	16,980,750	650,591,650	15,797,039	73,259,598	141,116,947	3,100,469	2,389,874	2,983,528	
Février....	91,250,000	16,980,750	636,980,850	15,489,611	121,444,689	151,931,832	1,302,339	3,710,385	8,390,213	
Mars......	91,250,000	16,980,750	631,367,750	15,694,345	81,093,765	173,190,771	900,443	4,949,969	4,887,910	
Avril......	91,250,000	16,980,750	653,352,050	15,580,256	78,648,044	147,092,887	630,801	6,688,715	5,265,139	
Mai.......	91,250,000	16,980,750	642,061,800	15,349,120	52,298,398	163,785,988	480,079	8,053,458	3,513,913	
Juin......	91,250,000	16,980,750	636,881,650	16,689,545	55,494,663	142,243,967	370,257	8,552,930	7,555,425	
Juillet.....	91,250,000	16,980,750	663,520,100	14,831,318	58,685,721	152,273,891	3,557,101	2,737,719	10,292,487	
Août......	91,250,000	16,980,750	614,334,050	12,132,959	257,101,144	154,132,915	1,446,239	4,622,586	5,286,651	
Septembre.	91,250,000	16,980,750	658,101,350	13,303,494	131,319,123	146,465,728	926,698	6,585,388	1,740,566	
Octobre...	91,250,000	16,980,750	649,826,700	11,608,595	101,741,934	174,831,682	737,434	9,563,793	4,971,998	
Novembre.	91,250,000	16,980,750	614,219,800	11,590,182	71,121,315	157,640,544	584,612	11,911,991	4,914,583	
Décembre..	91,250,000	16,980,750	592,855,300	12,002,505	72,398,825	115,863,440	467,567	13,174,502	5,291,518	

ACTIF

1856													
MOIS.	NUMÉRAIRE.	PORTEFEUILLE et effets échus.	AVANCES sur			AVANCES à l'État et escompte au Trésor.	RENTES de la réserve et fonds disponibles.	IMMEUBLES.	DÉPENSES d'administration.	DIVERS.	TAUX de L'ESCOMPTE	COURS moyen de la rente 3 %.
			LINGOTS.	EFFETS publics.	ACTIONS et obligations.							
	FR.	FR.	FR.	FR.	FR.	FR.	FR.	FR.	FR.	FR.	FR.	FR.
Janvier ...	199,610,458	447,333,326	4,750,700	47,575,486	45,356,900	100,000,000	65,169,534	9,055,095	108,864	1,610,142	6	66. »
Février....	214,376,925	440,290,814	3,190,100	67,110,536	44,066,100	100,000,000	65,169,534	9,064,731	1,502,505	3,058,718	6	73.24
Mars......	214,097,234	432,869,830	4,826,500	86,066,236	45,837,400	100,000,000	65,305,293	9,085,064	2,125,519	1,257,746	6	72.91
Avril	268,230,319	431,893,201	4,220,500	84,887,636	48,435,200	100,000,000	65,171,543	9,181,316	2,015,136	988,247	5	73.83
Mai.......	286,340,436	423,442,009	3,841,100	108,315,836	54,916,750	100,000,000	65,171,543	9,232,304	3,835,260	78,243	5	75.29
Juin......	286,296,196	383,398,817	5,582,100	116,341,836	57,930,450	100,000,000	65,171,543	9,169,444	3,849,963	778,375	5	71.89
Juillet	231,986,685	471,488,291	7,456,800	114,815,836	63,278,840	95,000,000	65,171,543	8,706,621	449,624	592,095	5	71.29
Août......	247,534,967	462,335,537	3,535,775	101,803,866	57,206,140	95,000,000	65,171,543	8,813,661	1,611,861	64,545	5	70.75
Septembre.	235,802,491	441,249,013	4,072,875	90,296,436	55,454,000	95,000,000	65,280,546	8,908,307	2,319,898	75,347	5,17	70.18
Octobre ...	166,469,946	512,184,210	7,472,875	87,942,886	55,271,100	95,000,000	65,170,796	9,256,495	3,317,284	84,551	6	66.86
Novembre.	163,610,449	519,783,170	6,603,400	45,695,186	38,100,100	95,000,000	65,170,796	9,371,728	4,300,723	3,515,351	6	66.47
Décembre .	198,314,409	514,550,852	4,891,200	33,371,546	25,558,300	95,000,000	65,170,796	9,255,668	3,973,553	129,723	6	67.70

PASSIF

1856

MOIS.	CAPITAL de la BANQUE.	RÉSERVE.	BILLETS au PORTEUR.	BILLETS a ORDRE.	COMPTE courant du TRÉSOR.	COMPTES courants particuliers.	DIVIDENDES et ARRÉRAGES.	ESCOMPTES et réescomptes.	DIVERS.	OBSERVATIONS.
	FR.	FR.	FR.	FR.	FR.	FR.	FR.	FR.	FR.	
Janvier ...	91,250,000	16,980,750	607,937,550	9,579,806	51,372,584	129,791,369	4,217,121	4,558,800	3,972,522	
Février....	91,250,000	16,980,750	627,745,550	9,741,211	59,020,252	132,942,771	1,232,614	7,382,074	1,534,743	
Mars......	91,250,000	16,980,750	619,111,700	10,242,617	85,834,248	125,581,872	832,047	10,036,436	1,599,151	
Avril	91,250,000	16,980,750	616,289,550	9,775,636	99,825,760	163,469,837	652,615	13,283,442	4,495,506	
Mai.......	91,250,000	16,980,750	626,775,350	9,546,331	90,956,251	195,714,288	556,653	15,559,330	7,834,532	
Juin......	91,250,000	16,980,750	612,079,650	8,790,498	103,469,181	175,617,176	347,430	16,802,500	3,188,537	
Juillet	91,250,000	16,980,750	632,247,300	9,140,349	90,182,253	202,053,591	4,775,391	4,083,625	8,233,076	
Août......	91,250,000	16,980,750	639,447,100	9,798,832	102,139,314	170,668,301	1,310,027	6,774,979	4,708,693	
Septembre.	91,250,000	16,980,750	620,526,600	9,457,411	118,818,302	125,483,741	1,141,905	9,110,214	5,689,986	
Octobre ...	91,250,000	16,980,750	621,093,800	7,794,639	101,412,547	143,065,710	916,431	12,877,891	6,776,874	
Novembre.	91,250,000	16,980,750	595,401,175	7,440,542	90,078,177	127,294,956	678,355	16,307,948	4,718,999	
Décembre .	91,250,000	16,980,750	583,110,575	7,158,131	92,753,313	140,833,796	530,214	10,649,517	6,949,739	

ACTIF

1857

MOIS.	NUMÉRAIRE.	PORTEFEUILLE et effets échus.	AVANCES sur LINGOTS.	AVANCES sur EFFETS publics.	AVANCES sur ACTIONS et obligations.	AVANCES à l'État et escompte au Trésor.	RENTES de la réserve et fonds disponibles.	IMMEUBLES.	DÉPENSES d'administration.	DIVERS.	TAUX de L'ESCOMPTE.	COURS moyen de la rente 3 %.
	FR.	FR.	FR.	FR.	FR.	FR.	FR.	FR.	FR.	FR.	FR.	FR.
Janvier ...	191,431,593	566,776,623	3,826,500	30,885,236	23,304,870	95,000,000	65,170,796	9,126,683	314,586	294,612	6	67,74
Février ...	195,098,373	530,157,480	3,079,600	27,936,436	20,972,300	95,000,000	65,170,796	9,117,620	1,159,483	538,820	6	69,04
Mars......	222,285,453	501,910,740	2,646,700	25,586,336	20,156,150	95,000,000	65,234,860	9,150,523	1,890,534	774,880	6	86'04
Avril	235,039,651	519,492,418	2,572,300	29,528,236	19,594,950	55,000,000	65,180,110	9,336,274	2,645,514	850,583	6	69,65
Mai........	233,332,570	533,227,326	3,333,800	30,267,636	18,821,050	55,000,000	65,170,110	9,311,260	3,259,827	343,442	6	69,28
Juin......	284,753,611	501,948,956	2,920,800	36,305,336	17,563,300	55,000,000	65,170,110	9,069,147	3,937,931	1,087,787	5,92	68,61
Juillet	262,376,379	585,672,697	2,298,800	29,203,886	20,144,300	50,000,000	65,170,110	8,793,188	244,126	685,845	5,50	67,07
Août......	245,154,186	602,099,110	2,710,500	28,392,306	26,036,500	50,000,000	65,170,110	9,003,402	897,222	1,040,477	5,50	67,09
Septembre.	247,979,256	583,253,085	2,062,000	28,315,506	27,010,450	50,000,000	65,170,110	9,013,992	1,462,468	529,148	5,50	67,15
Octobre...	225,565,152	609,502,716	3,651,000	29,726,486	28,546,850	50,000,000	65,170,232	9,128,211	2,091,166	452,124	6,47	67,27
Novembre.	189,544,907	589,312,211	4,938,900	29,761,386	32,737,000	50,000,000	65,170,232	9,364,609	2,834,533	1,025,635	8,92	66,96
Décembre .	236,021,592	512,243,649	4,883,500	24,798,186	31,639,500	50,000,000	65,170,232	9,635,592	3,633,017	1,260,240	7,19	67,31

PASSIF

1857

MOIS.	CAPITAL VERSÉ.	RÉSERVE.	BILLETS au PORTEUR.	BILLETS à ORDRE.	COMPTE courant du TRÉSOR.	COMPTES courants particuliers.	DIVIDENDES et ARRÉRAGES.	ESCOMPTES et réescomptes.	DIVERS.	BÉNÉFICES en addition au capital.	OBSERVATIONS.
	FR.	FR.	FR.	FR.	FR.	FR.	FR.	FR.	FR.	FR.	
Janvier....	91,250,000	16,980,750	612,480,475	8,836,909	76,479,128	161,482,912	11,948,290	4,527,991	2,164,961	»	
Février....	91,250,000	16,980,750	595,420,875	9,533,394	80,958,137	141,749,190	2,579,959	8,344,888	1,414,714	»	
Mars.. ...	91,250,000	16,980,750	580,376,275	9,447,002	103,490,235	128,720,762	1,850,860	11,147,608	1,392,684	»	
Avril	91,250,000	16,980,750	594,450,025	8,579,593	68,819,093	139,520,561	2,833,334	13,880,501	2,916,178	»	
Mai.......	91,250,000	16,980,750	582,946,700	10,342,168	81,537,611	146,444,466	2,004,637	17,772,239	2,588,449	»	
Juin......	91,250,000	16,980,750	569,084,000	8,889,094	113,549,943	142,387,356	1,780,704	19,804,104	4,030,377	»	
Juillet.....	84,939,350	26,105,750	608,625,700	9,611,332	114,082,269	164,573,248	9,608,221	4,982,818	2,060,642	»	
Août......	93,383,225	26,105,750	609,569,500	9,960,721	118,886,966	159,401,899	2,827,888	8,617,077	1,750,779	»	
Septembre.	104,886,700	26,105,750	592,895,800	11,013,735	121,577,183	143,755,972	1,758,837	11,094,545	1,707,492	»	
Octobre....	112,206,700	26,105,750	605,350,300	11,275,916	87,444,110	162,140,567	1,982,353	14,309,939	3,017,001	»	
Novembre.	115,351,600	26,672,962	581,259,800	10,158,433	72,376,995	144,553,668	3.226,712	18,174,249	2,915,091	567,212	
Décembre..	126,632,375	27,415,838	532,303,900	7,478,878	73,741,685	146,724,153	1,830,970	20,337,594	2,820,013	1,310,088	

ACTIF

MOIS.	NUMÉRAIRE.	PORTEFEUILLE et effets échus.	AVANCES sur LINGOTS.	AVANCES sur EFFETS publics.	AVANCES sur ACTIONS et obligations.	AVANCES à L'ÉTAT.	RENTES de la réserve, et fonds disponibles	IMMEUBLES.	DÉPENSES d'administration.	DIVERS.	TAUX de L'ESCOMPTE.	COURS moyen de la rente 3 %.
1858												
	FR.	FR.	FR.	FR.	FR.	FR.	FR.	FR.	FR.	FR.	FR.	FR.
Janvier ...	251,353,676	544,649,582	4,747,500	31,706,400	49,501,608	50,000,000	65,170,232	9,641,334	110,228	1,153,858	5	69,61
Février ...	282,854,074	476,400,105	4,178,900	31,366,180	63,086,441	50,000,000	65,170,232	9,663,617	466,494	4,438,550	4,45	69,64
Mars......	337,727,284	437,032,369	3,855,360	33,743,480	67,722,086	50,000,000	65,170,232	9,673,222	802,612	5,587,321	4	69,55
Avril.	382,830,261	416,851,396	3,459,500	35,066,000	84,697,108	50,000,000	65,168,853	9,687,309	1,167,988	3,327,947	4	69,42
Mai.......	442,633,951	380,385,113	3,053,200	35,914,100	79,015,872	50,000,000	65,168,853	9,935,573	1,463,685	5,721,674	4	69,67
Juin......	510,388,154	349,671,695	3,144,200	33,496,700	67,189,492	50,000,000	65,168,853	10,027,364	1,733,850	7,029,765	3,67	68,38
Juillet	527,956,984	393,895,870	3,060,800	38,434,600	59,174,545	45,000,000	65,168,8[illegible]3	9,939,768	133,059	4,340,215	3,50	68,30
Août......	561,509,603	394,851,749	2,511,700	40,965,950	60,481,104	45,000,000	65,168,853	10,276,595	553,935	2,219,828	3,50	69,02
Septembre.	593,753,989	369,922,794	2,692,100	43,804,650	61,702,604	45,000,000	65,168,853	10,377,922	840,415	6,323,283	3,38	72,69
Octobre ...	549,375,415	403,485,735	2,660,900	62,627,710	69,120,350	45,000,000	65,168,852	10,617,585	1,269,894	6,058,917	3	73,38
Novembre.	526,415,604	422,977,546	2,305,200	50,325,910	74,170,530	45,000,000	65,168,852	10,645,548	1,617,469	4,405,253	3	74,15
Décembre .	554,364,741	418,121,224	2,111,100	56,421,600	79,974,800	45,000,000	65,168,852	10,707,431	1,954,194	4,567,319	3	73,37

PASSIF

1858

MOIS.	CAPITAL VERSÉ.	RÉSERVE.	BILLETS au PORTEUR.	BILLETS à ORDRE.	COMPTE courant du TRÉSOR.	COMPTES courants particuliers.	DIVIDENDES et ARRÉRAGES.	ESCOMPTES et réescomptes.	DIVERS.	BÉNÉFICES en addition au capital	OBSERVATIONS.
	FR.	FR.	FR.	FR.	FR.	FR.	FR.	FR.	FR.	FR.	
Janvier....	136,878,152	26,105,750	581,468,250	8,656,742	62,779,723	175,034,487	9,006,647	4,398,706	2,270,455	1,435,506	
Février....	140,385,427	26,105,750	572,701,840	8,910,750	78,635,287	146,016,463	3,582,361	6,648,829	3,222,270	Id.	
Mars......	154,297,331	26,105,750	563,265,500	8,276,840	94,137,131	149,886,029	2,109,097	8,329,585	3,471,197	Id.	
Avril......	170,695,575	26,105,750	585,834,100	9,088,670	92,886,752	158,625,788	3,706,523	9,866,060	3,137,129	Id.	
Mai.......	173,252,800	26,105,750	592,473,525	8,414,337	96,203,835	166,336,527	3,072,094	11,884,109	3,238,478	Id.	
Juin.......	183,371,425	26,105,750	585,548,375	9,771,430	112,039,627	169,677,453	1,885,339	13,355,909	3,179,549	1,436,610	
Juillet.....	190,598,150	26,105,750	632,937,775	10,734,159	108,688,133	169,693,820	11,978,465	2,092,959	1,887,016	1,513,468	
Août.. ...	191,147,325	26,105,750	636,640,075	12,140,794	126,339,003	184,815,494	3,375,782	3,842,768	6,723,856	Id.	
Septembre.	191,287,025	26,105,750	645,329,125	12,418,232	133,723,831	188,099,428	2,614,398	5,058,233	2,562,119	Id.	
Octobre ...	191,551,850	26,105,750	690,492,375	15,550,786	117,610,609	168,511,943	3,003,848	6,724,777	3,444,950	Id.	
Novembre..	191,573,300	26,105,750	690,844,025	13,925,860	105,821,100	165,769,749	3,849,234	8,278,058	4,476,387	Id.	
Décembre..	191,578,250	26,105,750	687,340,325	12,875,587	132,571,324	180,101,440	2,434,727	9,586,399	3,408,991	Id.	

ACTIF

1859												
MOIS.	NUMÉRAIRE.	PORTEFEUILLE et effets échus.	AVANCES SUR			AVANCES à L'ÉTAT.	RENTES de la réserve, des fonds disponibles et rentes immobilières	IMMEUBLES.	DÉPENSES d'administration.	DIVERS.	TAUX de L'ESCOMPTE.	COURS moyen de la rente 3 %.
			LINGOTS.	EFFETS publics.	ACTIONS et obligations.							
	FR.	FR.	FR.	FR.	FR.	FR.	FR.	FR.	FR.	FR.	FR.	FR.
Janvier …	525,892,942	461,230,733	1,999,700	56,563,600	104,480,100	45,000,000	65,178,853	10,841,553	118,136	4,492,425	3. »	69.44
Février …	524,272,670	483,889,265	1,260,900	39,723,000	111,947,620	45,000,000	65,178,853	10,860,503	485,462	2,936,217	3. »	67.94
Mars……	557,105,089	447,130,958	1,011,300	38,676,800	116,441,220	45,000,000	65,178,853	10,911,032	784,709	4,417,773	3. »	68.28
Avril. ….	543,969,359	445,347,421	569,700	40,068,100	126,814,200	45,000,000	65,179,088	10,787,597	1,219,162	4,222,531	3. »	66.25
Mai…….	518,345,625	512,204,268	895,000	44,337,100	146,680,200	70,000,000	65,179,088	10,871,419	1,637,648	7,210,600	3.87	61.18
Juin……	571,544,029	536,382,458	866,400	43,987,200	151,424,150	70,000,000	65,179,088	10,905,214	1,979,286	2,056,798	4. »	62.56
Juillet ….	560,209,433	532,801,777	638,300	42,662,600	151,528,909	65,000,000	65,179,088	10,731,822	190,042	7,832,009	4. »	67.19
Août……	627,743,164	466,550,850	881,500	40,586,000	83,298,738	65,000,000	65,179,088	10,679,269	526,140	5,654,065	3.56	69.29
Septembre.	644,520,181	441,670,239	1,061,600	40,186,200	81,432,150	65,000,000	65,179,088	10,716,012	835,065	4,491,316	3.50	68.93
Octobre. ..	592,225,689	475,879,672	1,188,000	41,912,400	83,960,600	65,000,000	65,179,082	10,719,450	1,274,851	5,741,602	3.50	69.54
Novembre.	573,423,717	505,094,600	651,700	42,823,000	86,713,150	65,000,000	65,179,082	10,722,505	1,624,752	2,660,069	3.50	70.03
Décembre .	579,224,036	489,582,722	631,600	42,860,300	85,236,050	65,000,000	65,179,082	10,725,932	2,014,444	1,854,413	3.50	69.97

PASSIF

1859

MOIS.	CAPITAL VERSÉ.	RÉSERVE.	BILLETS au PORTEUR.	BILLETS à ORDRE.	COMPTE courant du TRÉSOR.	COMPTES courants des particuliers.	DIVIDENDES et ARRÉRAGES.	COMPTES et réescomptes.	DIVERS.	BÉNÉFICES en addition AU CAPITAL.	OBSERVATIONS.
	FR.	FR.	FR.	FR.	FR.	FR.	FR.	FR.	FR.	FR.	
Janvier ...	182,486,250	26,105,750	734,779,575	12,448,295	71,093,959	213,980,143	8,020,978	2,132,029	3,240,535	1,510,528	
Février....	182,491,200	26,105,750	725,129,875	12,093,056	65,382,142	264,068,125	3,173,590	3,580,530	2,019,091	Id.	
Mars......	182,493,950	26,105,750	706,261,625	14,808,504	88,975,430	257,462,505	2,383,592	4,883,809	1,773,041	Id.	
Avril	182,495,875	26,105,750	730,371,825	15,456,621	76,238,579	238,028,945	2,885,063	6,622,681	3,461,277	Id.	
Mai.......	182,500,000	26,105,750	736,844,175	19,673,252	94,611,554	300,629,730	3,384,027	8,683,505	3,418,435	Id.	
Juin......	Id.	26,105,750	669,280,625	18,766,780	203,895,862	338,100,126	3,102,460	10,764,665	3,297,825	Id.	
Juillet	Id.	26,105,750	733,983,675	17,887,460	176,277,857	283,217,645	8,500,957	3,415,681	3,374,426	Id.	
Août......	Id.	26,105,750	735,894,725	15,908,174	178,731,992	212,681,845	3,811,044	5,192,871	3,761,883	Id.	
Septembre.	Id.	26,105,750	700,433,675	15,582,085	204,907,097	200,322,226	3,163,065	6,700,887	4,865,936	Id.	
Octobre ...	Id.	26,105,750	702,079,175	15,055,137	186,606,771	212,923,622	3,714,745	8,878,554	3,707,583	Id.	
Novembre.	Id.	26,105,750	705,920,775	14,382,244	199,573,304	204,324,424	4,470,901	10,728,408	4,376,339	Id.	
Décembre .	Id.	26,105,750	678,514,425	14,253,410	238,586,016	179,687,136	3,028,679	13,248,295	4,874,338	Id.	

ACTIF

1860

MOIS.	NUMÉRAIRE.	PORTEFEUILLE et effets échus.	AVANCES SUR			AVANCES à L'ÉTAT.	RENTES de la réserve, des fonds disponibles et rentes immobilisées	IMMEUBLES.	DÉPENSES d'administration.	DIVERS.	TAUX de L'ESCOMPTE.	COURS moyen de la rente 3 %.
			LINGOTS.	EFFETS publics.	ACTIONS et obligations.							
	FR.	FR.	FR.	FR.	FR.	FR.	FR.	FR.	FR.	FR.	FR.	FR.
Janvier...	534,158,129	535,002,600	688,600	43,975,700	86,107,500	65,000,000	166,689,611	10,648,896	107,036	2,443,905	3,50	68,57
Février...	539,895,807	517,584,267	422,500	42,215,100	86,465,200	40,000,000	166,689,611	10,596,146	445,106	2,112,105	3,50	67,81
Mars......	544,399,514	489,006,678	402,800	41,250,300	85,716,600	40,000,000	166,689,611	10,598,216	803,117	3,025,740	3,50	68,20
Avril.....	535,190,993	479,525,890	2,237,600	40,357,400	84,273,150	40,000,000	166,689,590	10,575,901	1,255,366	3,045,421	3,50	70,05
Mai.......	522,097,597	468,672,617	2,914,000	39,437,000	95,478,200	40,000,000	166,689,590	10,577,594	1,610,735	2,353,656	3,50	69,96
Juin......	531,432,921	437,981,583	3,262,800	40,384,000	109,088,450	40,000,000	166,689,590	10,394,172	1,924,407	4,192,010	3,50	68,78
Juillet....	514,309,580	492,400,044	5,193,000	40,375,300	123,130,550	35,000,000	166,689,590	10,388,548	171,352	4,414,673	3,50	68,58
Août......	549,149,101	503,106,159	4,507,100	41,578,200	78,557,030	35,000,000	166,689,590	10,388,548	527,420	1,759,577	3,50	68,10
Septembre.	530,890,411	491,655,973	4,805,800	41,656,600	79,370,700	35,000,000	166,689,590	10,386,728	1,005,606	1,127,167	3,50	68,14
Octobre...	459,188,055	523,059,926	7,974,260	42,196,100	81,141,300	35,000,000	166,582,990	10,196,771	1,488,517	1,865,617	3,50	68,94
Novembre.	434,565,287	564,368,265	7,001,460	43,092,300	82,404,900	35,000,000	166,689,578	10,195,366	1,899,930	1,907,246	4,13	70,06
Décembre.	431,795,941	540,193,397	7,055,160	39,279,000	79,937,500	35,000,000	166,689,578	10,075,788	2,287,383	9,464,973	4,50	68,94

PASSIF

1860

MOIS.	CAPITAL de la BANQUE.	RÉSERVE.	BILLETS au PORTEUR.	BILLETS à ORDRE.	COMPTE courant du TRÉSOR.	COMPTES courants des particuliers.	DIVIDENDES et ARRÉRAGES.	ESCOMPTES et réescomptes.	DIVERS.	BÉNÉFICES en addition au capital.	OBSERVATIONS.
	FR.	FR.	FR.	FR.	FR.	FR.	FR.	FR.	FR.	FR.	
Janvier...	182,500,000	26,105,750	748,304,225	14,041,554	267,714,121	187,702,166	5,113,339	7,960,281	3,870,071	1,510,528	
Février...	Id.	26,105,750	738,997,575	12,330,298	238,676,638	194,812,032	1,657,013	6,805,555	2,880,812	Id.	
Mars......	Id.	26,105,750	709,630,675	14,634,937	220,691,589	215,797,483	1,164,567	7,799,723	2,807,153	Id.	
Avril.....	Id.	26,105,750	741,681,875	17,417,592	167,381,051	209,777,440	831,709	11,454,438	4,499,987	Id.	
Mai.......	Id.	26,105,750	764,386,075	19,236,626	126,772,183	210,235,222	658,363	14,318,242	4,438,178	Id.	
Juin......	Id.	26,105,750	743,938,925	18,324,094	126,274,331	249,032,921	564,624	13,414,592	3,684,368	Id.	
Juillet....	Id.	26,105,750	787,406,325	18,573,894	127,564,406	230,262,002	5,466,766	8,643,360	3,949,405	Id.	
Août......	Id.	26,105,750	759,926,725	19,319,700	132,236,458	256,923,976	2,015,289	7,017,535	3,706,781	Id.	
Septembre.	Id.	26,105,750	747,608,275	18,397,065	134,577,042	241,846,490	1,281,557	8,267,455	2,485,412	Id.	
Octobre...	Id.	26,105,750	748,416,475	19,332,684	118,694,643	213,270,975	984,183	11,461,338	7,128,289	Id.	
Novembre.	Id.	26,105,750	757,413,025	16,592,122	133,342,637	210,013,132	811,410	14,588,876	4,276,871	Id.	
Décembre.	Id.	26,105,750	747,156,075	20,712,909	134,037,944	190,242,570	675,408	14,864,131	3,958,502	Id.	

ACTIF

1861

MOIS.	NUMÉRAIRE.	PORTEFEUILLE et effets échus.	AVANCES SUR LINGOTS.	AVANCES SUR EFFETS publics.	AVANCES SUR ACTIONS et obligations.	AVANCES à L'ÉTAT.	RENTES de la réserve, des fonds disponibles et rentes immobilisées	IMMEUBLES.	DÉPENSES d'administration.	DIVERS.	TAUX de L'ESCOMPTE.	COURS moyen de la rente 3 °/o.
	FR.	FR.	FR.	FR.	FR.	FR.	FR.	FR.	FR.	FR.	FR.	FR.
Janvier...	349,670,694	609,043,196	21,982,880	39,624,700	77,339,300	35,000,000	166,689,578	10,110,389	89,050	5,478,149	6.55	67.13
Février...	392,383,522	472,805,533	36,303,421	34,617,400	65,123,100	60,000,000	166,689,578	10,110,389	438,106	6,419,855	7. »	68.18
Mars......	395,980,277	445,082,769	39,036,563	27,637,500	55,999,400	60,000,000	166,689,578	10,110,509	814,670	6,935,116	6.10	68.10
Avril.....	377,855,102	457,330,000	43,079,083	27,334,550	53,001,200	60,000,000	166,689,582	10,111,286	6,181,050	5,923,651	5. »	67.99
Mai.......	392,891,504	499,077,767	43,516,079	28,126,150	62,331,000	60,000,000	166,689,582	10,111,286	1,537,844	5,636,791	5. »	69.38
Juin......	412,458,689	498,285,049	46,964,479	29,675,100	55,224,325	35,000,000	166,689,582	9,940,857	2,011,183	19,672,117	5. »	68.05
Juillet....	382,677,588	548,638,432	50,999,724	30,036,400	60,393,169	30,000,000	167,495,547	9,993,357	126,231	20,321,896	5. »	67.76
Août......	391,830,628	548 552,528	46,995,134	31,046,900	57,856,550	30,000,000	167,495,547	10,004,645	507,759	21,877,723	5. »	68.50
Septembre.	385,814,970	507,210,915	44,937,234	30,019,100	58,083,250	30,000,000	167,495,547	10,008,939	918,977	22,443,834	5.07	69.13
Octobre...	304,761,228	580,627,529	32,661,518	29,042,200	57,099,450	30,000,000	139,927,298	10,012,216	1,364,069	25,420,307	5.98	68.11
Novembre.	285,257,253	607,367,721	24,284,998	26,958,500	49,274,400	30,000,000	140,144,449	10,008,768	1,742,315	26,216,321	5.70	69.35
Décembre.	324,915,231	615,364,594	17,594,537	24,595,900	45,646,200	30,000,000	140,144,449	9,836,443	2,065,218	27,173,902	5. »	67.76

PASSIF

1861											
MOIS.	CAPITAL de la BANQUE.	RÉSERVE.	BILLETS au PORTEUR.	BILLETS à ORDRE.	COMPTE courant du TRÉSOR.	COMPTES courants des particuliers.	DIVIDENDES et ARRÉRAGES.	COMPTES et réescomptes.	DIVERS.	BÉNÉFICES en addition au capital.	OBSERVATIONS.
	FR.	FR.	FR.	FR.	FR.	FR.	FR.	FR.	FR.	FR.	
Janvier …	182,500,000	26,105,750	778,905,425	15,053,909	82,183,060	207,600,475	13,870,907	4,072,275	3,241,356	1,514,756	
Février …	Id.	26,105,750	735,839,025	14,719,229	64,181,132	196,399,349	4,345,004	6,607,349	2,336,277	1,857,786	
Mars……	Id.	26,105,750	722,441,875	15,610,718	78,739,573	166,339,967	3,156,111	9,059,682	2,149,165	2,183,540	
Avril…..	Id.	26,105,750	729,722 075	15,104,837	80,117,578	144,408,350	4,425,735	11,722,186	6,240,022	2,249,061	
Mai…….	Id.	26,105,750	744,378,975	14,873,529	120,848,800	155,491,495	3,782,984	14,312,707	4,377,664	2,254,119	
Juin……	Id.	26,105,750	713,381,725	15,704,793	124,593,833	186,774,230	2,625,697	17,775,606	4,204,399	2,255,347	
Juillet ….	Id.	26,105,750	731,073 675	12,221,909	121,405,836	201,466,937	13,329,587	4,201,960	6,060,187	2,316,504	
Août……	Id.	26,105,750	757,923,475	10,910,090	136,000,005	180,186,724	5,302,612	6,744,364	1,177,889	Id.	
Septembre.	Id.	26,105,750	757,199,875	11,321,837	119,827,098	143,842,133	3,619,818	9,181,921	1,017,631	Id.	
Octobre …	Id.	26,105,750	766,439,725	10,089,216	57,568,648	145,233,202	4,595,193	12,371,112	3,696,424	Id.	
Novembre.	Id.	26,105,750	728,566,125	10,496,519	56,646,536	157,301,837	4,400,196	16,667,596	12,253,061	Id.	
Décembre.	Id.	26,105,750	715,813,575	9,603,988	110,373,247	143,311,445	3,126,850	18,890,742	25,294,371	Id.	

ACTIF

1862

MOIS.	NUMÉRAIRE.	PORTEFEUILLE et effets échus.	AVANCES SUR			AVANCES à L'ÉTAT.	RENTES de la réserve, des fonds disponibles et rentes immobilisées	IMMEUBLES.	DÉPENSES d'administration.	DIVERS.	TAUX de L'ESCOMPTE.	COURS moyen de la rente 3 %.
			LINGOTS.	EFFETS publics.	ACTIONS et obligations.							
	FR.	FR.	FR.	FR.	FR.	FR.	FR.	FR.	FR.	FR.	FR.	FR.
Janvier ...	306,682,032	676,110,140	17,408,661	24,473,500	46,484,800	30,000,000	140,144,449	9,821,027	82,951	20,922,829	4.84	69.47
Février ...	354,276,120	663,246,388	16,431,339	46,542,200	56,653,200	30,000,000	140,132,449	9,920,128	250,558	22,626,972	4.11	70.94
Mars......	415,225,285	638,794,910	14,264,433	150,012,900	63,789,300	30,000,000	142,833,140	9,918,755	645,491	20,491,802	3.92	69.84
Avril	416,055,202	564,402,346	10,864,595	142,520,500	59,703,500	30,000,000	142,658,140	9,945,321	1,030,083	19,199,668	3.50	70.27
Mai.......	418,761,840	480,747,267	10,185,132	167,118,800	63,984,200	30,000,000	142,656,890	9,945,321	1,414,756	19,276,265	3.50	70.60
Juin......	416,637,648	487,071,440	10,352,984	130,019,000	70,692,600	30,000,000	142,656,890	9,770,126	1,810,279	21,676,535	3.50	68.89
Juillet	392,221,960	548,081,313	12,883,884	133,631,600	75,210,250	60,000,000	142,656,890	9,768,523	2,414,107	14,460,126	3.50	68.45
Août......	384,032,389	503,871,490	11,629,174	118,324,400	76,722,950	60,000,000	142,645,890	9,818,623	640,877	15,917,953	3.50	68.79
Septembre.	371,512,263	464,283,809	16,235,074	99,956,800	81,931,450	60,000,000	142,645,890	9,818,725	1,009,829	14,774,007	3.50	69.41
Octobre ...	341,869,316	526,843,061	11,815,774	98,795,800	87,463,150	60,000,000	142,552,140	9,818,725	1,434,786	16,301,102	3.50	71.45
Novembre.	295,302,745	608,802,468	6,095,250	108,064,100	96,456,550	60,000,000	142,552,140	9,818,725	1,862,046	15,151,338	3.90	70.53
Décembre.	319,175,240	573,468,199	6,118,954	86,989,400	94,888,850	60,000,000	142,552,140	9,651,228	2,246,676	8,943,659	4. »	70.27

PASSIF

MOIS.	CAPITAL de la BANQUE.	RÉSERVE.	BILLETS au PORTEUR.	BILLETS à ORDRE.	COMPTE courant du TRÉSOR.	COMPTES courants des particuliers.	DIVIDENDES et ARRÉRAGES.	COMPTES et réescomptes.	DIVERS.	BÉNÉFICES en addition au capital.	OBSERVATIONS.
1862											
	FR.	FR.	FR.	FR.	FR.	FR.	FR.	FR.	FR.	FR.	
Janvier ...	182,500,000	26,105,750	762,148,725	10,669,299	75,734,947	176,327,896	14,807,828	5,274,589	16,334,870	2,316,504	
Février....	Id.	26,105,750	797,335,925	14,006,241	86,426,828	216,771,423	4,244,021	8,463,676	1,908,987	Id.	
Mars......	Id.	26,105,750	838,195,925	17,162,000	169,676,322	234,936,363	2,998,478	10,794,362	1,310,313	Id.	
Avril......	Id.	26,105,750	839,399,825	13,064,903	124,019,735	188,389,542	4,884,131	12,858,095	2,839,969	Id.	
Mai.......	Id.	26,105,750	818,843,325	13,358,377	104,314,519	181,765,440	6,114,578	14,972,780	2,799,197	Id.	
Juin......	Id.	26,105,750	760,461,075	10,010,052	125,930,438	190,365,272	3,268,950	16,970,218	2,759,242	Id.	
Juillet.....	Id.	26,105,740	794,113,175	10,444,951	134,599,1	217,500,654	15,001,198	2,884,010	5,863,255	Id.	
Août	Id.	23,105,750	782,420,125	9,859,439	109,168,371	200,103,641	4,828,577	5,173,110	2,039,229	Id.	
Septembre.	Id.	26,105,750	761,215,625	10,125,053	99,201,025	166,208,671	3,822,120	6,834,772	3,888,417	Id.	
Octobre...	Id.	26,105,750	792,221,775	12,156,901	86,959,201	175,767,460	5,724,080	8,893,187	4,248,997	Id.	
Novembre.	Id.	26,105,750	832,836,375	12,281,905	79,839,952	187,409,089	5,124,135	11,956,675	3,934,978	Id.	
Décembre.	Id.	26,105'750	781,615,575	10,141,417	105,655,849	171,517,919	3,582,624	14,453,404	5,640,667	Id.	

ACTIF

1863

MOIS.	NUMÉRAIRE.	PORTEFEUILLE et effets échus.	AVANCES SUR			AVANCES à L'ÉTAT.	RENTES de la réserve, des fonds disponibles et rentes immobilisées	IMMEUBLES.	DÉPENSES d'administration.	DIVERS.	TAUX de L'ESCOMPTE.	COURS moyen de la rente 3 %.
			LINGOTS.	EFFETS publics.	ACTIONS et obligations.							
	FR.	FR.	FR.	FR.	FR.	FR.	FR.	FR.	FR.	FR.	FR.	FR.
Janvier...	268,150,220	635,250,981	4,732,600	107,220,250	94,888,850	60,000,000	142,552,140	9,817,427	12,018	11,517,652	4.55	70.11
Févriei...	289,806,942	584,936,296	5,283,700	86,882,800	88,035,050	60,000,000	142,552,440	9,820,260	232,854	4,277,306	5. »	70.12
Mars......	343,993,566	523,574,659	6,378,330	58,566,240	82,796,250	60,000,000	143,334,084	9,881,521	636,004	9,702,064	4.61	69.57
Avril.....	376,674,369	505,506,202	9,442,500	82,918,300	82,183,450	60,000,000	143,139,334	10,010,711	1,012,088	6,765,043	4. »	69.68
Mai.......	394,149,545	498,923,396	11,613,500	87,589,800	90,872,000	60,000,000	143,526,477	10,042,553	1,585,759	7,655,354	3.60	69.55
Juin......	366,674,473	494,345,883	14,678,200	103,703,600	90,971,050	60,000,000	144,609,456	9,874,051	1,795,400	4,268,765	4.33	68.99
Juillet....	316,908,856	587,099,076	14,914,400	97,539,200	92,927,800	60,000,000	146,492,016	9,863,947	82,283	2,564,370	4. »	68.01
Août......	302,678,183	581,224,328	24,546,400	76,186,050	89,160,550	60,000,000	147,506,375	9,223,672	656,035	4,574,570	4. »	67.54
Septembre.	315,824,310	561,154,689	22,645,900	67,893,750	87,263,050	60,000,000	148,279,935	9,851,671	1,064,988	4,895,394	4. »	68.49
Octobre...	272,479,859	619,226,551	16,714,000	62,598,300	89,358,850	60,000,000	149,760,801	9,946,093	1,496,217	4,811,732	5.77	67.41
Novembre.	205,390,248	681,578,063	13,379,000	63,828,450	87,626,590	60,000,000	151,205,870	10,063,271	1,919,265	4,057,953	6.43	67.14
Décembre .	213,141,035	638,229,660	12,995,500	50,841,050	78,776,800	60,000,000	151,588,962	9,927,229	2,347,623	4,444,393	7. »	66.80

PASSIF

1863											
MOIS.	CAPITAL de la BANQUE.	RÉSERVE.	BILLETS au porteur.	BILLETS à ORDRE.	COMPTE courant du TRÉSOR.	COMPTES courants des particuliers.	DIVIDENDES et ARRÉRAGES.	ESCOMPTES et réescomptes.	DIVERS.	BÉNÉFICES en additions au capital.	OBSERVATIONS
	FR.	FR.	FR.	FR.	FR.	FR.	FR.	FR.	FR.	FR.	
Janvier ...	182,500,000	26,105,750	825,412,925	10,345,251	92,263,622	187,128,884	21,788,477	2,028,820	2,651,903	2,316,504	
Février....	Id.	26,105,750	815,755,075	9,864,140	67,301,962	160,878,234	4,950,005	6,717,397	846,917	Id.	
Mars......	Id.	26,105,750	764,387,175	12,066,954	76,243,904	161,600,669	3,418,893	9,389,047	833,802	Id.	
Avril	Id.	26,105,750	775,180,775	12,026,242	75,102,975	184,119,646	5,982,729	11,457,421	2,859,964	Id.	
Mai.......	Id.	26,105,750	773,448,075	9,614,475	94,866,954	194,564,073	5,205,756	14,463,697	2,873,097	Id.	
Juin......	Id.	26,105,750	747,460,075	8,769,487	107,761,730	180,471,399	3,649,204	16,688,129	5,198,600	Id.	
Juillet	Id.	26,105,750	798,317,775	8,931,693	69,268,810	204,667,566	18,634,296	3,248,460	14,421,093	Id.	
Août......	Id.	26,105,750	801,261,025	4,562,752	66,997,012	184,847,677	5,369,416	7,081,710	10,414,314	Id.	
Septembre.	Id.	26,105,750	807,651,525	9,236,609	67,143,751	160,203,211	4,195,178	9,203,119	10,318,041	Id.	
Octobre...	Id.	26,105,750	820,681,925	9,096,741	53,378,415	102,062,587	6,234,546	11,806,163	12,298,772	Id.	
Novembre.	Id.	26,105,750	807,699,725	8,420,218	67,251,695	151,798,362	5,022,230	16,105,486	11,828,650	Id.	
Décembre..	Id.	26,105,750	754,941,825	7,656,909	59,890,500	154,278,187	3,662,350	18,562,557	12,126,266	2,567,907	

ACTIF

1864												
MOIS.	NUMÉRAIRE.	PORTEFEUILLE et effets échus.	AVANCES SUR			AVANCES à L'ÉTAT.	RENTES de la réserve, des fonds disponibles et rentes immobilisées	IMMEUBLES.	DÉPENSES d'administration.	DIVERS.	TAUX de L'ESCOMPTE.	COURS moyen de la rente 3 %.
			LINGOTS.	EFFETS publics.	ACTIONS et obligations.							
	FR.	FR.	FR.	FR.	FR.	FR.	FR.	FR.	FR.	FR.	FR.	FR.
Janvier...	169,027,009	752,202,847	15,278,400	44,391,850	72,571,800	60,000,000	150,068,112	9,993,150	26,576	3,650,945	7. »	66.58
Février...	182,573,888	708,891,842	16,302,800	39,353,300	67,466,250	60,000,000	149,949,738	9,290,411	231,385	5,818,546	7. »	».46
Mars......	195,994,661	642,581,081	19,963,000	34,908,700	63,721,150	60,000,000	149,949,738	9,291,368	650,639	10,050,217	6.74	».24
Avril.....	219,320,720	644,149,251	14,663,200	31,559,400	58,460,550	60,000,000	149,847,738	9,310,089	1,085,403	9,328,215	6. »	».64
Mai.......	242,824,609	683,931,249	20,380,100	29,381,010	54,319,800	60,000,000	149,847,738	9,299,828	1,464,062	9,867,890	6.97	».71
Juin......	289,072,734	580,216,946	20,466,000	26,297,410	50,949,144	60,000,000	149,847,738	9,177,720	1,890,804	8,717,867	6. »	».45
Juillet....	266,890,961	667,660,981	27,248,397	26,537,950	49,273,300	66,000,000	149,847,738	8,341,002	113,418	2,504,902	6. »	».19
Août......	272,433,487	636,742,423	25,805,249	25,219,250	47,248,850	60,000,000	149,831,738	8,353,452	712,921	5,186,074	6. »	».37
Septembre.	281,021,082	618,591,812	16,404,429	24,033,450	45,965,650	60,000,000	149,831,738	8,384,352	1,147,234	5,059,030	7.35	».31
Octobre...	250,423,737	620,239,147	26,650,053	25,926,350	48,582,800	60,000,000	149,677,488	8,449,300	1,615,512	4,238,655	7.61	65.16
Novembre.	276,575,577	613,090,950	27,186,953	25,182,650	47,015,200	60,000,000	149,677,488	8,467,818	2,021,123	5,683,160	6.83	». »
Décembre.	355,640,597	567,506,229	20,685,563	23,098,710	44,035,840	60,000,000	149,677,488	8,396,485	2,460,764	7,574,517	5.05	».74

PASSIF

1864

MOIS.	CAPITAL de la BANQUE.	RÉSERVE.	BILLETS au porteur.	BILLETS à ORDRE.	COMPTE courant du TRÉSOR.	COMPTES courants des particuliers.	DIVIDENDES et ARRÉRAGES.	ESCOMPTES et réescomptes.	DIVERS.	BÉNÉFICES en addition au capital.	OBSERVATIONS.
	FR.	FR.	FR.	FR.	FR.	FR.	FR.	FR.	FR.	FR.	
Janvier . . .	182,500,000	26,105,750	813,490,825	6,885,770	49,759,065	159,797,667	15,209,757	6,980,338	13,161,628	3,319,888	
Février. . . .	Id.	Id.	775,096,775	6,937,774	57,110,022	160,110,225	5,538,719	10,595,872	11,964,499	3,918,524	
Mars.	Id.	Id.	746,610,375	5,890,248	51,670,154	142,925,719	3,874,714	13,535,214	9,664,445	4,333,935	
Avril	Id.	Id.	759,926,425	6,295,930	49,808,935	133,701,530	4,924,143	17,886,608	11,977,089	4,589,076	
Mai.	Id.	Id.	767,443,475	5,843,722	56,641,313	178,434,305	5,725,971	22,131,773	11,780,022	4,709,955	
Juin.	Id.	Id.	720,289,175	5,667,926	70,655,207	156,685,209	543,428	25,417,906	15,923,958	4,980,656	
Juillet. . . .	Id.	Id.	792,819,275	5,376,404	58,430,429	152,242,483	6,146,069	6,172,080	23,575,489	5,050,669	
Août.	Id.	Id.	777,023,925	6,233,349	57,968,339	148,866,812	2,468,710	9,713,576	15,838,120	5,114,862	
Septembre.	Id.	Id.	752,214,625	6,272,919	72,300,227	137,449,361	1,615,474	12,534,005	14,284,636	5,161,781	
Octobre . . .	Id.	Id.	754,479,725	5,679,107	66,934,450	120,525,826	6,133,903	16,432,358	11,289,234	5,722,689	
Novembre .	Id.	Id.	745,249,825	5,898,108	57,915,866	153,569,608	3,004,737	19,695,040	12,377,855	6,586,120	
Décembre.	Id.	Id.	722,291,475	5,865,493	81,169,733	178,968,028	2,206,195	22,766,719	10,339,379	6,863,421	

CHARTE

DE LA

BANQUE D'ANGLETERRE

CHARTE DE LA BANQUE D'ANGLETERRE.

CHAPITRE XXXII.

Des années 7 et 8 du règne de la reine Victoria.

Acte réglant l'émission des billets de banque et donnant au Gouverneur et à la Compagnie de la Banque d'Angleterre certains privilèges pour un temps limité.

(19 JUILLET 1844.)

Attendu qu'il importe de régulariser l'émission des billets ou mandats payables au porteur;

Attendu qu'il a été adopté dans la quatrième année du règne du dernier roi, feu S. M. Guillaume IV (29 août 1833), un acte intitulé : *Acte pour donner à la corporation du Gouverneur et de la Compagnie de la Banque d'Angleterre certains priviléges pour un temps limité à des conditions déterminées*, et qu'il convient de maintenir auxdits Gouverneur et Compagnie de la Banque d'Angleterre, avec les modifications contenues dans le présent acte et sous certaines conditions, les priviléges exclusifs accordés par l'acte ci-dessus,

S. M. la Reine, de l'avis et du consentement des Lords spirituels et temporels et des Communes, siégeant dans le présent Parlement et par l'autorité de ce dernier,

Ordonne :

La Banque d'Angleterre établira un département séparé pour l'émission des billets de banque.

I. — A partir du 31 août 1844, l'émission des billets du Gouverneur et de la Compagnie de la Banque d'Angleterre, payables au porteur, sera désormais séparée et tenue entièrement distincte des opérations générales de banque dudit Gouverneur et de ladite Compagnie ;

Les opérations relatives à cette émission seront désormais dirigées et conduites par ledit Gouverneur et ladite Compagnie dans un département séparé qui recevra le nom de « *Département d'Émission de la Banque d'Angleterre,* » conformément aux ordonnances et réglements énoncés ci-après.

La Cour des Directeurs, du Gouverneur et de la Compagnie de la Banque d'Angleterre, aura droit, si elle le juge convenable, de charger un ou plusieurs comités de directeurs de la direction du département d'émission de la Banque d'Angleterre, d'en renouveler les membres de temps en temps, et de spécifier, modifier et régulariser la constitution et les pouvoirs de ce comité, comme ils le jugeront convenable, conformément aux lois, règlements ou ordonnances qui pourront être rendus à cet égard ; sous la réserve toutefois que ledit département d'émission restera toujours séparé et distinct du département des opérations de banque desdits Gouverneur et Compagnie.

Organisation de l'émission des billets au porteur par la Banque d'Angleterre.

II. — Le 31 août 1844, le Gouverneur et la Compagnie de la Banque d'Angleterre devront transférer, déposer et mettre à part au département d'émission des valeurs publiques (*securities*) pour une somme de 14 millions de livres sterling dont la dette due par l'Etat au Gouverneur et à la Compagnie sera et restera réputée faisant part.

A la même époque, le Gouverneur et la Compagnie de la Banque d'Angleterre devront transférer, déposer et mettre à part audit département d'émission la quantité de monnaies d'or ou de lingots en or ou en argent appartenant à la Banque d'Angleterre et qui ne seront pas réclamés par le département des opérations de banque.

Le département d'émission délivrera par contre audit département des opérations de banque une quantité de billets de la Banque d'Angleterre équivalente, avec les billets de la Banque d'Angleterre déjà en circulation, au montant réuni des valeurs publiques (*securities*), espèces métalliques et lingots remis audit département d'émission de la Banque d'Angleterre.

Le montant total des billets de la Banque d'Angleterre en circulation, y compris ceux délivrés, comme il vient d'être dit, au département des opérations de banque de la Banque d'Angleterre, sera considéré comme étant émis au crédit des valeurs publiques (*securities*), espèces et lingots, ainsi appropriés et affectés audit département d'émission.

A partir de la même époque, le Gouverneur et la Compagnie de la Banque d'Angleterre ne pourront plus augmenter le montant des valeurs publiques (*securities*) déposées alors au département d'émission, sauf comme il sera dit ci-après; mais ils pourront diminuer le montant de ces valeurs et l'augmenter ensuite de temps en temps, suivant qu'ils le jugeront opportun, toutefois sans dépasser au total la somme de 14 millions de livres sterling.

A partir de la remise et du transfert dont il vient d'être parlé au département d'émission, le Gouverneur et la Compagnie ne pourront émettre de billets de la Banque d'Angleterre, soit pour le département des opérations de banque de la Banque d'Angleterre, soit à des particuliers quelconques, qu'en échange d'autres billets de la Banque d'Angleterre ou de monnaies d'or, ou de lingots d'or ou d'argent, reçus ou achetés par ledit département d'émission, en vertu des dispositions du présent acte, ou en échange de valeurs publiques (*sécurities*) acquises et acceptées par ledit département d'émission en vertu des dispositions du présent acte.

Il est bien entendu que le Gouverneur et la Compagnie de la Banque d'Angleterre pourront toujours émettre dans leur département de la Banque tous les billets de la Banque d'Angleterre qu'ils recevront, à quelque époque que ce soit, dudit département d'émission ou d'ailleurs, pourvu que cette émission soit faite dans les mêmes conditions sous tous les rapports que pour toute autre personne.

Proportion des lingots d'argent qui peuvent être gardés au département d'émission.

III.— Attendu qu'il est nécessaire de limiter le montant des *lingots d'argent* sur lesquels le département d'émission de la Banque d'Angleterre aura le droit d'émettre des billets de banque:

La Banque d'Angleterre ne pourra jamais garder au département d'émission une quantité de lingots d'argent dépassant le quart de l'or, en espèces ou en lingots, qui se trouvera alors en possession dudit département d'émission.

Toute personne peut demander au département d'émission des billets contre de l'or en lingots.

IV. — A partir du 31 août 1844, toute personne aura le droit de demander au département d'émission de la Banque d'Angleterre des billets en échange de lingots d'or, au taux de trois livres dix-sept schellings et neuf pence par once d'or au titre légal (*standard*), sous la réserve toutefois que le Gouverneur et la Compagnie aient toujours le droit d'exiger que ces lingots d'or soient affinés et essayés, et rémunérés aux frais des personnes qui présentent ces lingots par des experts approuvés par le Gouverneur et la Compagnie.

Faculté d'augmenter les valeurs publiques (securities) au département d'émission et d'émettre des billets additionnels.

V. — Il est entendu que si un banquier qui, le 6 mai 1844, émettait ses propres billets de banque, cesse d'en émettre, Sa Majesté en Conseil pourra en tout temps, à la suite de cette cessation, et sur la demande desdits Gouverneur et Compagnie, leur donner l'autorisation et le pouvoir d'augmenter le montant des valeurs publiques dans ledit département d'émission au delà de 14 millions de livres sterling, et d'émettre en conséquence des billets additionnels de la Banque d'Angleterre ne dépassant pas le montant accru desdites valeurs spécifié dans ledit ordre en Conseil, et cela de temps en temps.

Il est bien entendu que ce montant accru des valeurs publiques spécifié dans l'ordre en Conseil ne pourra, dans aucun cas, dépasser la proportion de deux tiers du montant des billets de banque que le banquier qui aurait cessé d'en émettre était autorisé à émettre, aux termes du présent acte ; tout ordre en Conseil de cette nature sera publié dans le prochain numéro de la *Gazette de Londres*.

Publication du bilan de la Banque d'Angleterre.

VI. — Le relevé du montant des billets de la Banque d'Angleterre émis par le département d'émission, de la monnaie d'or, des lingots d'or et d'argent et des valeurs publiques (*sécurities*) dudit département d'émission, ainsi que le relevé du capital, des dépôts, des espèces métalliques et des valeurs publiques, appartenant auxdits Gouverneur et Compagnie dans le département de la Banque, seront transmis, chaque semaine, au jour que fixeront les commissaires du timbre et des contributions directes, par le Gouverneur et la Compagnie de la Banque d'Angleterre auxdits commissaires, dans la forme indiquée à l'annexe A.

Cette situation de la Banque d'Angleterre sera publiée par lesdits commissaires dans le plus prochain numéro de la *Gazette de Londres* où elle pourra être convenablement insérée.

La Banque d'Angleterre est exemptée du droit de timbre sur ses billets.

VII. — A partir du 31 août 1844, le Gouverneur et la Compagnie de la Banque d'Angleterre seront affranchis et déchargés du payement de tout droit de timbre ou de toute redevance relative au droit de timbre, en ce qui touche leurs billets payables au porteur; ces billets seront dès à présent et continueront à être libres et entièrement exempts de toute espèce de droit de timbre.

Annuité de 180,000 liv. par an à payer par la Banque d'Angleterre.

VIII. — A partir du 31 août 1844 cessera le payement ou la déduction de l'annuité de 180,000 livres faite par le Gouverneur et la Compagnie, en vertu de l'acte passé la quatrième année du règne du feu roi Guillaume IV (29 août 1833), sur les sommes qui leur étaient allouées à titre de frais d'administration de la dette publique non amortie;

Et au lieu et place de ce payement lesdits Gouverneur et Compagnie, en considération du privilége exclusif des opérations de banque et de l'exemption du droit de timbre que leur concède le présent acte, déduiront et alloueront à l'Etat, tant que ces priviléges leur seront conservés, et tant qu'ils jouiront de cette exemption, mais pas plus longtemps, une annuité de 180,000 livres sur les sommes actuellement payables en vertu de la loi, auxdits Gouverneur et Compagnie pour les frais d'administration de la dette publique non amortie, et ce, nonobstant tout acte ou tous actes du Parlement ou toute convention contraire.

Il est bien entendu qu'une pareille déduction ne préjudiciera ou ne touchera en rien aux droits que le Gouverneur et la Compagnie ont d'être payés pour l'administration de la dette publique au taux et aux conditions établis par l'acte passé la quarante-huitième année du règne de feu Sa Majesté le roi George III (27 février 1808), intitulé : *Acte qui autorise, à certaines conditions, l'avance, pour le service public, d'une partie proportionnelle du solde restant à la Banque d'Angleterre pour le payement des dividendes non réclamés, des annuités et des lots de loterie, et qui règle les allocations à faire pour le service de la dette nationale.*

La Banque accorde au Trésor public des bénéfices sur l'augmentation de sa circulation.

IX. — Dans le cas où, en vertu des dispositions ci-dessus énoncées, les valeurs déposées audit département d'émission de la Banque d'Angleterre seraient augmentées, à une époque quelconque, au delà de la somme totale de 14 millions de livres, lesdits Gouverneur et Compagnie seront tenus, l'année même de cette augmentation, et tant qu'elle durera, de payer ou allouer au trésor public, en outre de ladite annuité de 180,000 livres, une somme additionnelle égale au montant du bénéfice net réalisé audit département d'émission pendant l'année courante sur les valeurs additionnelles, déduction faite du montant des dépenses occasionnées par l'émission complémentaire pendant la même période.

Ces dépenses comprendront le montant de toute indemnité ou de tout payement à faire par lesdits Gouverneur et Compagnie à tout banquier, en considération de la cessation à quelque époque que ce soit de l'émission de billets de banque par ces banquiers.

Ce payement complémentaire ou allocation à faire à l'État par lesdits Gouverneur et Compagnie sera, chaque année, tant que l'État y aura droit, déduit de la somme légalement versée auxdits Gouverneur et Compagnie pour les frais d'administration de la dette publique non rachetée, de la même manière que ladite annuité de 180,000 livres en est déduite.

Interdiction de toute nouvelle banque d'émission.

X. — A dater du jour de l'adoption du présent acte, nul individu autre que les banquiers qui, le 6 mai 1844, émettaient légalement leurs propres billets de banque, ne pourra créer ni émettre de billets de banque en quelque localité que ce soit du Royaume-Uni.

Restrictions apportées à l'émission des billets de banque.

XI. — A partir du jour de l'adoption du présent acte, aucun banquier ne pourra tirer, accepter, créer ou émettre en Angleterre ou dans le pays de Galles aucune lettre de change, billet à ordre, aucune promesse en payement de sommes payables au porteur, ni emprunter, devoir ou accepter en Angleterre ou au pays de Galles aucune somme d'argent sur les billets de banque payables à vue au porteur et émis par ce banquier.

Toutefois, tout banquier qui, le 6 mai 1844, exerçait le commerce de banque en Angleterre ou au pays de Galles, et qui était alors légalement autorisé, en vertu de sa patente, à émettre en Angleterre ou au pays de Galles ses propres billets, pourra continuer à les émettre dans les limites et aux conditions ci-après mentionnées, mais pas au delà ni autrement.

Le droit de toute compagnie ou société de continuer à émettre des billets de banque ne recevra, en aucune manière, d'atteinte ou de préjudice par suite des changements qui pourront être faits ultérieurement dans la composition du personnel de ladite compagnie ou société, soit par le transfert d'une ou de plusieurs actions, soit par l'admission d'un nouvel associé ou actionnaire, soit par la démission d'un des associés ou actionnaires actuels.

Toutefois, aucune compagnie ou société actuellement composée de six membres seulement, ou de moins de six membres, ne pourra plus émettre de billets de banque à partir du moment ou le nombre des associés excéderait six en tout.

Le banquier qui cessera d'émettre des billets ne pourra plus en émettre de nouveau.

XII. — Tout banquier établi dans une localité quelconque du Royaume-Uni et autorisé, après adoption du présent acte, à émettre des billets de banque, qui ferait faillite, ou qui cesserait de s'occuper d'affaires de banque, ou qui cesserait d'émettre des billets de banque, soit d'un commun accord avec le Gouverneur et la Compagnie de la Banque d'Angleterre, soit autrement, ne pourra plus, dans l'avenir, reprendre l'émission de billets de banque.

Droit des banques d'émission existant actuellement de continuer sous certaines conditions.

XIII. — Tout banquier qui, aux termes du présent acte, réclamera le droit de continuer à émettre des billets de banque en Angleterre ou dans le pays de Galles devra, dans le courant du mois qui suivra la promulgation du présent acte, en adresser la demande écrite aux commissaires du timbre et des contributions, au siége de leur administration à Londres, en indiquant le siége de sa banque, le nom et la raison sociale sous lesquels ledit banquier a émis les billets pendant les douze dernières semaines qui ont précédé le 27 avril dernier. Sur cet avis, lesdits commissaires devront s'assurer qu'à la date du 6 mai 1844, ce banquier s'occupait d'affaires de banque, et avait le droit d'émettre ses propres billets de banque en Angleterre ou dans le pays de Galles ; et, cela constaté, lesdits commissaires détermineront la moyenne du montant des billets de banque de ce banquier qui étaient en circulation pendant les douze semaines précédant le 27 avril dernier, d'après les états dressés par ce banquier, aux termes de l'acte passé les quatrième et cinquième années de Sa présente Majesté (4 juin 1841), intitulé : « *Acte contenant des dispositions* « *complémentaires sur les états que doivent fournir les banques du* « *montant de leurs billets en circulation.* »

Lesdits commissaires, ou deux quelconques d'entre eux, certifieront de leur main que ledit banquier avait la moyenne du montant établie comme ci-dessus, et ce banquier aura le droit de continuer à émettre ses propres billets après l'adoption du présent acte.

Toutefois, à partir du 10 octobre 1844, ce banquier ne pourra, à aucune époque, avoir en circulation d'après celle établie pour une période moyenne de quatre semaines, comme il est dit ci-après, un montant de billets supérieur à celui ainsi certifié.

Exception en faveur des banques qui se fusionnent.

XIV. — S'il appert aux commissaires du timbre et des contributions directes que deux ou plusieurs banques, par contrat ou par convention écrite (lesquels contrats ou conventions devront être communiqués auxdits commissaires), se sont fusionnés dans les douze semaines qui ont précédé le 27 avril 1844, lesdits commissaires auront le droit de constater la moyenne du montant des billets de chacune de ces banques de la manière qui vient d'être indiquée, et certifieront le total des billets émis par ces deux ou plusieurs banques ainsi fusionnées, afin de déterminer le montant des billets que la nouvelle banque fusionnée sera désormais autorisée à émettre d'après les dispositions du présent acte.

Publication dans la Gazette du duplicata des certificats.

XV. — Au moment de remettre à un banquier les certificats tels qu'ils viennent d'être formulés, les commissaires du timbre et des contributions directes publieront également une copie de leur certificat dans le plus prochain numéro de la *Gazette de Londres*.

La Gazette fait foi.

Le numéro de la *Gazette* dans lequel paraîtra cette publication fera foi devant toutes les cours de justice du montant des billets de banque que le banquier désigné dans le certificat est autorisé par la loi à émettre et à avoir en circulation, comme il vient d'être dit.

Dans le cas où des banques se fusionnent, les commissaires doivent certifier le montant des billets de banque que chacune de ces banques était autorisée à émettre.

XVI. — Lorsque à l'avenir les commissaires du timbre et des contributions directes recevront l'avis que deux ou plusieurs banques, composées chacune de six personnes au plus, se sont, postérieurement à l'adoption du présent acte, fusionnées par contrat ou par convention écrite (lesquels contrat ou convention seront produits aux commissaires), lesdits commissaires devront, sur la demande de ces banques fusionnées, constater, dans la forme ci-dessus indiquée, le total des billets de banque que chacune de ces banques était autorisée à émettre pour son propre compte, et cela de temps en temps.

Chacun de ces certificats sera publié de la manière énoncée ci-dessus, et, à partir du jour de cette publication, le total des émissions autorisées sera considéré comme la limite du montant des billets de banque que la Banque réunie pourra mettre en circulation.

Il est bien entendu qu'aucune de ces banques fusionnées ne pourra plus émettre de billets de banque du moment que le nombre des associés aura dépassé le nombre de six.

Pénalité contre les banques qui font des émissions trop fortes.

XVII. — Toutes les fois que la moyenne de la circulation mensuelle des billets de banque d'un banquier quelconque, constatée de la manière indiquée ci-après, dépassera le montant des billets que ce banquier est autorisé à émettre et à avoir en circulation, en vertu du présent acte, ce banquier sera passible d'une amende égale à l'excédant de la moyenne de la circulation mensuelle établie comme il est dit ci-dessus.

Relevés à produire par les banques d'émission.

XVIII. — Tout banquier en Angleterre ou dans le pays de Galles qui, après le 10 octobre 1844, émettra des billets de banque devra, à partir du 19 octobre 1844, chaque semaine, à un jour de la semaine fixé par les commissaires du timbre et des contributions directes, transmettre auxdits commissaires :

Un relevé du montant de ses billets de banque en circulation chaque jour de la semaine finissant le *samedi* précédent, et un relevé de la moyenne du montant de ses billets de banque en circulation durant la même semaine.

En complétant la première période de quatre semaines et en complétant de même chaque période successive de quatre semaines, le banquier indiquera, dans son relevé, la moyenne du montant de ses billets de banque en circulation durant lesdites quatre semaines, ainsi que le montant des billets de banque qu'il est autorisé à émettre, en vertu du présent acte.

Chacun de ces relevés portera la signature du banquier ou de son caissier principal, ou, s'il s'agit d'une compagnie ou d'une société, il portera la signature du directeur ou de l'associé gérant, ou du caissier principal de cette compagnie ou société.

Enfin, les relevés seront faits selon le modèle annexé à cet acte (lettre B), et la partie relative à la moyenne hebdomadaire des billets de ces banques sera publiée par lesdits commissaires dans le plus prochain numéro de la *Gazette de Londres*, dans lequel elle pourra être convenablement insérée.

Tout banquier qui négligera ou refusera de fournir ce relevé dans la forme et dans le délai requis par cet acte, ou qui présentera un relevé faux, sera passible, pour chaque infraction de cette nature, d'une amende de cent livres sterling.

Mode de constater la moyenne des billets émis par chaque banquier pendant les quatre premières semaines après le 10 octobre 1844.

XIX. — Pour constater la moyenne du montant mensuel des billets de banque émis par chaque banquier, le montant total de ces billets en circulation pendant chaque jour ouvrable de la première période complète de quatre semaines commençant après le 10 octobre 1844 et finissant un samedi sera divisé par le nombre des jours ouvrables de ces quatre semaines. La moyenne ainsi obtenue sera considérée comme la moyenne des billets de banque de chaque banquier en circulation pendant cette période de quatre semaines.

Il sera ainsi procédé pour chaque période successive de quatre semaines, et cette moyenne ne devra jamais excéder le montant des billets, certifié, comme il a été dit, par les commissaires du timbre et des contributions directes.

Les commissaires du timbre et des contributions directes ont le droit d'exiger communication des livres des banquiers qui contiennent les relevés de leurs billets de banque en circulation.

XX. — Et attendu que, pour assurer l'exactitude et la fidélité des relevés du montant des billets de banque en circulation, comme il est prescrit par le présent acte, il est nécessaire d'autoriser les commissaires du timbre et des contributions directes à faire inspecter les livres des banquiers qui émettent des billets de banque,

Tout employé du timbre, délégué à cet effet en vertu d'un pouvoir signé par les commissaires du timbre et des contributions directes, ou du moins par deux d'entre eux, aura le droit d'inspecter et d'examiner, à tout moment convenable, les livres des banquiers qui contiennent le montant des billets en circulation, ou tout résumé, minute et mémorandum relatifs aux billets de banque émis ou à émettre par ce banquier ou dont l'inspection peut servir à la vérification des déclarations du montant des billets émis, comme le prescrit le présent acte.

En outre, l'employé délégué aura le droit de prendre des copies ou des extraits de tous les livres et relevés en question.

Pénalité contre ceux qui refusent de communiquer leurs livres.

Tout banquier, ou toute autre personne tenant de pareils livres, ou en ayant la garde ou la possession, ou ayant le pouvoir de les produire, qui refuse au délégué qui exhibera ses pouvoirs (s'il en est requis) de soumettre ces livres à son inspection, ou qui ne lui permettra pas de prendre des copies ou des extraits de ces livres, relevés, minutes ou mémorandum, sera puni par une amende de 100 livres sterling.

Il est toujours entendu que lesdits commissaires ne pourront exercer les pouvoirs accordés par le présent article qu'avec le consentement des commissaires du trésor de Sa Majesté.

Les banquiers doivent envoyer leurs noms une fois par an au bureau du timbre.

XXI. — Tout banquier, en Angleterre ou dans le pays de Galles, qui s'occupe actuellement ou s'occupera à l'avenir d'affaires de banque, devra, le premier jour de janvier ou dans la première quinzaine de chaque année, adresser aux commissaires du timbre et des contributions directes, au siége de leur administration, à Londres, un état contenant son nom, sa résidence et la nature de ses affaires, ou, s'il s'agit d'une compagnie ou société, le nom, la résidence et la profession de chaque personne faisant partie ou étant membre de ladite compagnie ou société, ainsi que la raison sociale sous laquelle ce banquier, cette compagnie ou cette société s'occupe d'affaires de banque, et le nom de la localité où il l'exercera.

Tout banquier, compagnie, société, qui négligera ou refusera de dresser cet état dans le délai de quinze jours à partir du 1er janvier, ou qui donne sciemment des indications fausses sur les personnes qui doivent y figurer, sera passible d'une amende de 50 livres sterling.

Les commissaires du timbre et des contributions directes publieront chaque année, le 1er mars ou avant, dans un journal circulant dans chaque ville ou comté respectivement, une copie de l'état ainsi envoyé par chaque banquier, compagnie ou société s'occupant d'affaires de banque dans ladite ville ou comté respectivement, selon le cas.

Obligation pour les banquiers de prendre une patente spéciale pour chaque place où ils émettent leurs billets ou mandats. — Exception en faveur des banquiers qui ont quatre de ces patentes en vigueur le 6 mai 1844.

XXII. — Tout banquier tenu par la loi de recevoir des commissaires du timbre et des contributions une patente l'autorisant à émettre des billets de banque devra, nonobstant toute disposition contraire d'un acte antérieur, prendre une patente spéciale et distincte pour chaque ville dans laquelle il émettra, par lui-même ou par ses agents, des billets de banque ou mandats dont l'émission ne peut avoir lieu qu'en vertu de cette patente.

Toutefois, tout banquier qui, le 6 mai 1844 ou auparavant, aura pris quatre de ces patentes encore valables ce 6 mai 1844, pour l'émission de billets de banque ou mandats dans plus de quatre villes ou places différentes, ne sera pas tenu, à l'avenir, de prendre ou de posséder en même temps plus de quatre de ces patentes, pour être autorisé à émettre des billets ou mandats dans toutes ou dans certaines villes désignées dans ces patentes en vigueur le 6 mai 1844, et dans lesquelles villes ou places respectivement ledit banquier aurait émis des billets ou mandats le 6 mai 1844 ou auparavant, en vertu de ces patentes ou de quelques-unes d'entre elles.

Indemnité à certains banquiers désignés dans l'annexe.

XXIII. — Attendu que divers banquiers dénommés dans l'annexe C ont cessé d'émettre leurs propres billets de banque, en vertu de certaines conventions conclues avec le Gouverneur et la Compagnie de la Banque d'Angleterre, et qu'il convient que ces conventions expirent le 31 décembre 1844, et que lesdits banquiers reçoivent, à titre de compensation, une indemnité, ainsi qu'il va être spécifié ci-après ;

Attendu qu'une liste de ces banquiers, avec l'état des sommes maximum pour lesquelles ces banquiers doivent recevoir une indemnité, a été délivrée aux commissaires du timbre et des contributions, signée par le caissier en chef de la Banque d'Angleterre,

Il est ordonné que les diverses conventions existant entre lesdits Gouverneur et Compagnie et les divers banquiers cesseront et expireront le 31 décembre prochain.

A partir de ce jour, lesdits Gouverneur et Compagnie payeront et alloueront aux divers banquiers désignés à l'annexe C, aussi longtemps que ces banquiers consentiront à la recevoir, une indemnité de 1 °/₀ par an de la moyenne du montant des billets de la Banque d'Angleterre émis respectivement par ces banquiers et demeurés effectivement en circulation.

La moyenne de ce montant sera constatée ainsi qu'il suit :

Un jour quelconque du mois d'avril 1845, fixé par lesdits Gouverneur et Compagnie de la Banque d'Angleterre, un relevé sera dressé des billets de la Banque d'Angleterre délivrés à ces banquiers respectivement par lesdits Gouverneur et Compagnie pendant les trois mois précédents, ainsi qu'un état des billets retournés par eux à la Banque d'Angleterre, et la balance sera considérée comme le montant des billets de la Banque d'Angleterre émis par ces banquiers respectivement et maintenus dans la circulation.

Un relevé semblable sera dressé tous les trois mois, et la moyenne des balances inscrites sur quatre desdits relevés sera considérée comme la moyenne du montant des billets de la Banque d'Angleterre émis par lesdits banquiers respectivement et maintenus dans la circulation pendant l'année 1845 ; et c'est sur cette moyenne que chacun desdits banquiers doit recevoir l'indemnité ci-dessus énoncée de 1 °/₀ pour l'année 1845.

Un état semblable sera fait chaque année, mais à des mois et à des jours différents de ceux de l'année précédente et fixés par le Gouverneur et la Compagnie de la Banque d'Angleterre.

Le montant de l'indemnité ainsi déterminée sera payé par lesdits Gouverneur et la Compagnie sur leurs propres fonds.

En cas de dissentiment entre un de ces banquiers, le Gouverneur et la Compagnie de la Banque d'Angleterre relativement à cette indemnité, le différend sera réglé par le Chancelier de l'Échiquier ou telle personne déléguée par lui, et la décision du Chancelier de l'Échiquier ou de son représentant sera définitive et sans appel.

Il est entendu néanmoins que tout banquier mentionné dans l'annexe C pourra renoncer à l'indemnité précitée ; mais il ne pourra plus malgré cela recouvrer le droit ou le titre d'émettre de nouveau des billets de banque.

Autorisation à la Banque d'Angleterre d'entrer en arrangement avec les banques d'Émission.

XXIV. Lesdits Gouverneur et Compagnie de la Banque d'Angleterre pourront convenir avec tout banquier autorisé, aux termes du présent acte, à émettre des billets de banque, de lui allouer une indemnité de un pour cent par an sur le montant des billets de la Banque d'Angleterre qui seront émis et conservés en circulation par ce banquier, à titre de compensation pour l'abandon qu'il fera de son privilége d'émettre ses propres billets de banque.

Toutes les dispositions du présent acte relatives à la vérification et à la détermination du montant de l'indemnité payable aux différents banquiers désignés à l'annexe C s'appliquent à tout autre avec lequel lesdits Gouverneur et Compagnie sont autorisés à contracter des engagements semblables.

Il est entendu que, toutes les fois qu'une augmentation des valeurs publiques déposées au département d'Émission aura été autorisée par un ordre en Conseil, le montant de l'indemnité payable à ces banquiers sera déduit de la somme payable à l'État par lesdits Gouverneur et Compagnie en vertu du présent acte.

Limitation des indemnités.

Il est entendu également que la somme totale payable chaque année à titre d'indemnité à un banquier, en vertu du présent acte, n'excédera pas :

Pour les banquiers désignés en l'annexe C, un pour cent des diverses sommes mises en regard des noms de ces banquiers respectivement dans la liste et l'état délivrés, ainsi qu'il est dit, aux commissaires du timbre et des contributions.

Pour d'autres banquiers, un pour cent du montant des billets de banque que ces banquiers auraient autrement été autorisés à émettre, en vertu du présent acte.

Les indemnités cesseront le 1er août 1856.

XXV. — Les indemnités payables aux divers banquiers désignés en l'annexe C et à tout autre banquier qui conviendrait avec lesdits Gouverneur et Compagnie de cesser l'émission de ses propres billets de banque cesseront et finiront le 1er août 1856, si elles ne l'ont pas été plus tôt par la volonté des banquiers ou par un acte du Parlement qui interdit l'émission des billets de banque.

Les banquiers situés dans un rayon de 65 milles de Londres peuvent tirer, accepter ou endosser des billets.

XXVI. — A partir du jour de l'adoption du présent acte, toute Société, ou Compagnie ou Association composée même de plus de six personnes, et faisant des affaires de banque à Londres ou dans un rayon de 65 milles autour de Londres, pourra tirer, accepter ou endosser des lettres de change non payables à vue au porteur, nonobstant toute disposition contraire dans l'acte passé la quatrième année du règne de S. M. le roi Guillaume IV (29 août 1833) ou dans tout autre acte.

Priviléges accordés à la Banque d'Angleterre.

XXVII. — Lesdits Gouverneur et Compagnie de la Banque d'Angleterre jouiront du privilége exclusif du commerce de banque que leur accorde le présent acte, aux termes et conditions de prendre fin à l'époque et de la manière qu'il est établi et spécifié par cet acte.

Tous les pouvoirs, autorisations, franchises, priviléges et avantages accordés ou confirmés soit par l'acte précité du 29 août 1833, soit par tout autre acte plus récent du Parlement, auxdits Gouverneur et Compagnie de la Banque d'Angleterre, seront et sont déclarés maintenus en vigueur et confirmés, sauf les changements y apportés par le présent acte. Les priviléges pourront néanmoins être rachetés aux termes et conditions ci-après :

Avis préalable donné douze mois à l'avance postérieurement au 1er août 1855 ;

Remboursement sans aucune déduction, escompte ou rabais quelconque par le Parlement, au Gouverneur et à la Compagnie de la Banque d'Angleterre de la somme de 11,015,100 livres, montant de la dette actuelle de l'État envers la Banque d'Angleterre ;

Payement auxdits Gouverneur et Compagnie ou à leurs successeurs de tous les arrérages de l'annuité de 100,000 livres mentionnée à l'acte précité du 29 août 1833, et de l'intérêt où des annuités payables sur ladite dette ou relativement à elle;

Remboursement de tout capital et intérêt dus auxdits Gouverneur et Compagnie ou à leurs successeurs, pour tous billets ou bons du Trésor ou fonds parlementaires que lesdits Gouverneur ou Compagnie ou leurs successeurs auront encore entre leurs mains ou auxquels ils auront droit à l'époque où pareil avis leur sera donné.

C'est seulement dans ce cas et non auparavant que lesdits priviléges exclusifs de commerce de banque garanti par le présent acte seront abolis à l'expiration des douze mois qui suivront l'avis précité.

Tout vote de la Chambre des Communes, revêtu de la signature de son Président, notifié au bureau public desdits Gouverneur et Compagnie de la Banque d'Angleterre, sera considéré et réputé comme un avis suffisant.

Clause interprétative.

XXVIII. — Le terme « *billets de banque* » (Bank Notes) employé dans cet acte s'étend et s'applique à tout billet (bill) ou mandat (note) emportant payement d'argent au porteur ou à vue, autres que les billets ou mandats du Gouverneur et de la Compagnie de la Banque d'Angleterre.

Le terme « *billets de la Banque d'Angleterre* » s'étend et s'applique aux « promesses » (Promissory Notes) ou billets à ordre du Gouverneur et de la Compagnie de la Banque d'Angleterre, payables à vue ou au porteur.

Le mot « *banquier* » s'étend et s'applique à toute corporation, société, association ou individu faisant le commerce de banque, ou émettant des billets de banque ou autrement, à l'exception seulement du Gouverneur et de la Compagnie de la Banque d'Angleterre.

Le mot *individu* employé dans le présent acte comprend les corporations.

Dans le présent acte, le singulier comprend en même temps le pluriel, et le pluriel le singulier, excepté dans le cas où quelque chose dans le texte répugne à une telle interprétation, et de même le masculin comprend le féminin, excepté dans le cas où quelque chose dans le texte répugne à cette interprétation.

Le présent acte peut être modifié.

XXIX. — Le présent acte peut être modifié ou rapporté par un autre acte qui serait adopté dans la présente session du Parlement.

PARIS, IMP. PAUL DUPONT, RUE DE GRENELLE-SAINT-HONORÉ, 45.

IMPRIMERIE ADMINISTRATIVE DE PAUL DUPONT,

RUE DE GRENELLE-SAINT-HONORÉ, 45

www.ingramcontent.com/pod-product-compliance
Ingram Content Group UK Ltd.
Pitfield, Milton Keynes, MK11 3LW, UK
UKHW021849190726
13855UKWH00001B/225

9 782013 401876